# 2020 2040
# 한국교회 미래지도 2

최윤식, 최현식 지음

생명의말씀사

## 2020·2040 한국교회 미래지도 2

ⓒ 생명의말씀사 2015

2015년 3월 20일 1판 1쇄 발행
2021년 9월 15일    10쇄 발행

**펴낸이** | 김창영
**펴낸곳** | 생명의말씀사

**등록** | 1962. 1. 10. No.300-1962-1
**주소** | 서울시 종로구 경희궁1길 6(03176)
**전화** | 02)738-6555(본사) · 02)3159-7979(영업)
**팩스** | 02)739-3824(본사) · 080-022-8585(영업)

**지은이** | 최윤식, 최현식

**기획편집** | 서정희, 장주연
**디자인** | 박소정
**인쇄** | 영진문원
**제본** | 정문바인텍

ISBN 978-89-04-16499-8 (03230)

저작권자의 허락없이 이 책의 일부 또는 전체를
무단 복제, 전재, 발췌하면 저작권법에 의해 처벌을 받습니다.

# 2020 2040
## 한국교회 미래지도 2

## Contents

■ 프롤로그 앞으로의 10년, 한국교회의 마지막 골든 타임 | 9

# 1부
# 대위기, 대담한 기회의 시작이다

### 1장. 한국교회, 위기를 공유하라 | 23
생각의 전환은 상황을 정확히 인식할 때만 가능하다
한국교회 위기는 2~3년 후부터 시작된다
앞으로 20~30년 동안 교회 빚을 갚아야 하는 교인들의 현재와 미래 경제력 예측
교회 빚은 교인들이 갚는다
한국교회 3가지 미래 시나리오
임박한 아시아 대위기 속의 한국교회
2~3년 후 한국은 금융 위기가 발생할 가능성이 크다
2~3년 후 한국 경제와 한국교회는 외통수에 걸릴 수 있다
통찰력 있는 지도자는 '설마'라는 시나리오까지 대비한다
2028년경 한국교회는 본격적으로 침몰하기 시작할 것이다
한국교회는 세 번의 재정 위기를 겪으면서 파산 직전에 몰릴 것이다
2030년경 초대형 교회 부도가 시작된다
남은 자의 고통
2050년 초고령화된 한국교회

### 2장. 위대한 기회가 새로운 부흥을 만든다 | 73
대위기는 대기회와 한 쌍이다
한국교회에 불어닥친 위기의 2가지 이유
고도화된 기술 사회가 새로운 부흥의 상황을 만들 것이다
근대화의 위기가 새로운 부흥의 상황을 만들 것이다
인구 대이동이 새로운 부흥의 상황을 만들 것이다
교회에 대한 마지막 기대가 새로운 부흥의 상황을 만들 것이다

통일 가능성이 새로운 부흥의 상황을 만들 것이다
경제 위기는 아프지만 첫 번째 반전의 계기다
**book in book 1**   한국교회 생명을 살리는 응급 처방 5가지

# 2부
# 한국교회를 위한 근본 해법

### 3장. 변하지 않는 해법 vs 변하는 해법  | 107

기회가 대이동하고 있다
한국교회, 기회의 대이동 3단계
미래를 먼저 읽고, 미래가 당신을 쫓아오게 하라
시대가 변해도 변하지 않는 해법 vs 시대가 변하면 변하는 해법
교회는 해법의 적용을 깊이 생각하라

### 4장. 성경이 말하는 근본 해법 1_믿음의 역사를 회복하라  | 117

본질을 깨달아야 교회가 산다
업의 본질을 깨닫는 것에서 '다움'은 시작된다
하나님이 기억하시는 교회의 3가지 조건
한국교회, 믿음의 역사를 회복하라
말씀을 온전히 선포할 때 성령께서 일하신다
미래에는 '자기 소견에 옳은 대로 믿는 것'을 버려야 산다
미래에는 타협하지 않는 말씀을 선포하는 교회가 성장한다
미래에는 진리 전쟁의 시대가 온다. 변증에 능한 교회가 성장한다
삶으로 예수를 변증한다는 것은 예수의 기준으로 산다는 것이다
거듭난 자의 기준이 되는 예수 그리스도의 말씀을 들어야 산다
제자도는 성경이 기준이다
경제에서도 성경적 기준을 타협 없이 가르쳐야 한다
**book in book 2**   스위스 라인 골짜기에서 일어난 삶의 개혁이 교회를 다시 살리다

### 5장. 성경이 말하는 근본 해법 2 _사랑의 수고를 회복하라 | 163

사랑의 수고는 신의 존재를 증명해 준다
사랑의 수고는 복음의 다리다
사랑의 수고는 교회를 지킨다
시대가 원하는 사랑의 수고를 하는 교회가 성장한다

### 6장. 성경이 말하는 근본 해법 3 _소망의 인내를 가져라 | 179

이 땅을 소망하는 대신 천국을 소망하도록 양육하라
목회의 본질, 한 사람 철학

## 3부
## 한국교회에 주어진 시대적 소명에 주목하라

### 7장. 교회를 리빌딩하라 | 189

큰일은 저절로 이루어진다
미련한 다섯 처녀 vs 슬기로운 다섯 처녀
시대 변화를 통찰하고 시대적 소명을 찾으라
교회 리빌딩의 7단계

### 8장. 한국교회에 주어진 공통 소명 | 207

공통 소명 1  3가지 씨를 뿌려야 다시 일어설 수 있다
공통 소명 2  교육 부서가 해답이다
     주일학교를 살리는 2가지 비법
     교사를 위한 변명
     교사의 열정이 주일학교를 살린다

'반사'를 기억하는가?
　　　　　　　무언가 하나에 열정을 기울이면 기적은 일어난다
　　　　　　　열정을 가지고 아이들의 삶으로 들어가라
　　　　　　　본질은 하나님의 사람을 세우는 것이다
　　　　　　　이 세대는 의미를 주어야 헌신한다
　　　　　　　미래의 교육과 학교는 어떤 모습일까?
공통 소명 3　고령화사회, 신중년 사역으로 반전의 기회를 만들라
　　　　　　　신중년, 그들은 누구인가?
　　　　　　　신중년, 사명은 끝나지 않았다
　　　　　　　교회는 이들을 위해 무엇을 할 것인가?
　　　　　　　신중년, 인터넷을 활용하라
　　　　　　　신중년이 준비된다면 제2의 선교 부흥이 가능하다
　　　　　　　더 늦기 전에
공통 소명 4　미래 준비 학교를 개설해 가정을 지키라
공통 소명 5　통일과 다민족 시대를 준비하라

### 9장. 한국교회에 주어진 개별 소명 | 261

개별 소명 1　지역적 특성, 인구 특성이 바뀐다. 목회 전략을 바꾸라
개별 소명 2　작은 교회, 아름답게 사라지는 교회를 꿈꾸는 것을 두려워하지 말라
　　　　　　　용기를 가지고 대담하게 행동하라



■ 에필로그　그래도 교회가 희망이다 | 271
book in book 3　하나님이 원하시는 경제 정의

■ 주 | 331

**프롤로그**

# 앞으로의 10년,
# 한국교회의 마지막 골든 타임

### 혼란, 위기, 기회

'혼란.' 현재 한국교회를 표현하는 단어다. 한국교회는 지금 위기이자 변화의 시기이고, 새로운 100년을 준비해야 하는 상황에 직면해 있다. '뒤죽박죽되어 어지럽고 질서가 없다'는 뜻인 혼란이 일어나는 것이 당연하다. 혼란은 시간이 지난 후 새로운 질서를 태동시킨다. 하나는 더 나은 세상이고, 다른 하나는 암흑이다. 따라서 혼란은 더 나은 세상의 전조일 수도 있고, 암흑기의 전조일 수도 있다.

한국 사회와 한국교회에 일어나고 있는 현재의 혼란은 어떤 시대의 전조일까? 이것을 평가하기 위해서는 혼란의 주변 상황이 아니라 혼란을 대하는 내부 상황을 들여다봐야 한다. 혼란에 대응하는 태도와 행동을 살펴봐야 한다. 불행하게도 지금 혼란은 암흑기의 전조다. 그러나 아직 우리에게는 흐름을 바꿀 골든 타임이 남아 있다.

한국교회를 향한 첫 번째 예측서인 『2020-2040 한국교회 미래지도』는 한국교회를 둘러싸고 있는 내외부의 위기를 진단했다. 변하지 않는다면 2040년까지 어떤 미래가 펼쳐질지, 어떤 위기가 엄습할지 예측했다. 이대로 가면 현재의 혼란이 한국교회 암흑기의 전조가 될 것이라고 경고했다. 이토록 어렵고 듣기 힘들고 거북스런 어조로 한국교회의 미래를 말한 것은 전문 미래학자를 넘어 한 사람의 목회자로서의 애정 때문이다.

### 깊이 없는 영성이 한국교회를 무너뜨리다

한국교회 혼란의 출발은 영적 침체다. 『2020-2040 한국교회 미래지도』에서 한국교회 영성의 현주소를 분석했다. 많은 사람이 공감하는 기복주의 신앙이나 물질 만능주의, 세속화되고 쇼로 전락한 예배, 타협하는 설교, 침체된 기도의 불길 등을 거론하지 않더라도 다양한 영적 문제가 한국교회 내에서 점점 퍼져 나가고 있다.

세계화 속에서 전 지구적으로 종교와 문화가 서로 교류, 확산, 교배되는 현상이 나타나면서 '교배된 영성'이 한국교회 내에서 일어나고 있다. 열린 사고, 진리의 상대성, 인권 존중 등을 핑계로 각 종교의 멋져 보이는 겉모습이 바알과 기독교가 섞이듯 혼합되고 교배되어 이상한 기독교를 만들어 가고 있다. 서양은 동양의 종교와 교배하고, 동양은 서양의 종교와 교배한다. 기독교 안에 요가, 명상, 뉴에이지 등이 무분별하게 수용되고 있다. '교회 안의 다종교 문화'라는 새로운 위험이 서서히 시작되고 있다. 자연스럽게 교인들의 사고와 행동도 교배된 영성을 따라 모호해지고 있다. 성경의 가르침에 입각한 사고와 행동보다는 효율성을 극대화해 경쟁력을 갖추려 한다. 교단의 구별성은 거의 사라졌다. 신학 노선보다는 목회자의 인기를 따라간다.

세계화 추세가 지속되고 종교의 혼합이 계속되면서 교단 공동체, 교회 공동체에 대한 의무감이나 소속감이 예전 같지 않다. 공동체가 자신을 보호해 주지 않을 것이라는 생각이 커지고 있다. '평생 교회'라는 개념이 사라진 지 오래다. 자신의 생존을 위해서는 국가도 버릴 수 있다는 생각이 받아들여지면서 자신에게 이득이 되지 않으면 소속 교회를 마음대로 바꿔도 문제가 없다는 식이다. 자신이 속한 교회가 어려움에 부딪치면 함께 기도하고 희생할 생각보다는 다른 대형 교회로 서슴지 않고 옮겨 간다.

교회가, 목사가, 교인이 마음에 들지 않거나 사업에 도움이 되지 않는다고 판단되면 언제든지 교회를 떠난다. 교회는 여기저기 많다는 식이다. 교회관이 무너지고 있다. 일부 교회 장로들은 담임목사를 '바지 사장' 정도로 여긴다. 시키는 대로 설교만 잘하고 나머지 교회 일에는 절대로 관여하지 말라고까지 요구한다. 반대로, 교회를 자기의 사리사욕에 따라 운영하는 목회자들도 있다.

목사, 장로, 집사, 교인 모두가 점점 자신만을 위해 신앙생활을 하려고 한다. 교회보다는 개인이 우선하는 '개인주의 신앙'이 팽배해 가고 있다. 기독교는 구원은 개인적 문제이지만 구원받은 이후에는 지체요, 공동체로 살 것을 요구한다. 개인 구원은 있어도, 개인주의 신앙은 비성경적이다. 물론 현대 한국교회의 교인들이 개인주의 신앙에 물드는 것은 사회 속에 만연해 가는 개인주의 윤리와 신뢰 결핍의 영향이 크다.

개인주의 신앙의 다른 형태는 '신유목 교인'이다. 지금 옳고 편안한 곳이 자기 교회가 되고, 자기의 기대치에 부합하지 않으면 유목인이 목초지를 따라 계속해서 이동하는 것처럼 이리저리 교회를 옮겨 다닌다. 교회 공동체에 속하지 않고, 관심이나 애착을 요구하지도 않는다. 자신 역시 교회를 위한 헌신과 봉사를 거부한다. 심지어 이 교회 저 교회를 중복해서 다니기도 한다. 소속은 의미가 없고, 자신의 기호에 맞는 예배만 필요할 뿐이다. 브랜드 교회 선호 현상이나 큰 교회 속에 숨어 버리는 '코쿠닝 성도' Cocooning Christian의 증가도 비슷한 맥락이다.

존 스토트 목사의 지적처럼, '깊이 없는 영성'이 한국교회를 물들여 가고 있다. 비정상적이고 비극적이고 불안한 역설이다. 그 어느 때보다 예수의 제자임을 강조하지만 점점 제자도는 사라져 가고 있다. '사랑'이라는 단어를 가장 많이 말하는 곳이 교회이지만 가장 냉정한 곳이 교회이듯 말이다. 성화를 위해 고군분투하지 말고, 신앙을 다운시프트 Downshift하자는 태도도 만연해 간다.

'다운시프트 신앙'은 얕은 영성을 지향하는 사탄의 달콤한 유혹이다. 얕은 영성이 다신주의와 결합하고, 상대주의와 하나 되면서 '친절한 불가지론' Friendly Agnosticism이 득세한다. 누구의 종교, 누구의 신앙, 누구의 성경 해석이 옳은지, 누구의 체험이 성경적인지는 아무도 모른다. 그러니 모든 사람의 생각과 경험을 다 인정해 주어야 한다고 친절하게 말한다.

친절한 불가지론이 교회를 장악하면, 감동만 있으면 모든 것이 용서되는 어처구니없는 일이 판을 치게 된다. 헌신과 희생보다는 편안함이 성경적인 것처럼 착각하게 한다. 교인을 예수님의 제자가 아닌 편안함의 제자로 만든다. 진리 앞에 자신을 복종시키고 회개하는 것이 아니라 감성적 터치에 위로받는 것이 기독교의 본질인 양 착각하게 한다. 기독교는 위로의 종교가 아니다. 기독교는 생명과 희생의 종교다. 그러나 진리의 기준이 상실되고 친절한 불가지론이 득세하면 위로나 감성적 터치가 유일한 기준이 된다.

친절한 불가지론을 허용하고 성경과 교회 이외의 것도 같은 수준에서 존중해 주어야 한다는 주장에 힘이 실리고 있다. 모든 것에 대해 평등한 것이 현대적이고 세련된 태도라고 주장한다. 전통적 신앙 태도와 성경 해석을 고수하는 교인들과 목회자들은 고리타분하거나 꽉 막힌 사람으로 취급된다. 힘든 신앙생활을 강요하는 것이 무례한 행동으로 비난받는다.

제사, 윤회설, 샤머니즘, 풍수지리, 현세적 신앙, 종교 다원론, 기술 숭배, 심리학, 명상, 요가 등 유사종교가 성경과 교회와 같은 위치로 올라선다. 성경과 교회를 버려서도 안 되지만 이런 것들도 버리지 말자고 한다. 너무 빡빡하게 굴지 말고 적당히 받아 주거나 모른 체하는 것이 전도를 위해서 낫지 않겠느냐고 한다.

다신주의는 하나님을 믿지 않는 것이 아니다. 한 사람이 여러 신을 섬기는 것이다. 하나님도 섬기고, 바알도 섬기고, 세상도 섬기는 것이 다신주의다. 냉정하게 말하면, 한국교회의 상당수 교인은 다신주의에 물들어 있다.

이 모든 것이 세속화된 영성의 단면이다. 한국교회 교인의 세속화된 영성에 큰 영향을 미치는 것은 물질 만능주의, 개인주의 윤리 철학, 신뢰 결핍, 진리의 상대성 추세, 3무(무기력, 무관심, 무의미) 현상 등이다. 이 모든 힘은 '자기 소견에 옳은 대로 믿는 교인', '무기력하고 무능력한 교인'을 대량으로 양산하고 있다. 내적으로 진리가 흔들리고, 외적으로 능력을 상실한 교인이다. 맛을 잃은 소금처럼, 빛을 잃은 등불처럼 길거리에 버려져서 이리 밟히고 저리 밟히는 교인이다. 위험 회피형 교인과 목회자다. 이 땅에서의 희망을 버리고 그냥 흘러가는 대로 살고자 하는 현상에 물든 기독교인이다. 염세주의적 태도를 가지고 세상을 저주하는 사람들도 비슷한 부류다.

한국교회는 지금 영적으로 서서히 무너지고 있다. 외부로 터져 나온 몇몇 교회와 목회자, 장로의 문제는 그냥 만들어진 것이 아니다. 영적으로 무너지고 오염되어 가는 한국교회라는 모판에서 피어난 추악한 꽃이다.

### 아직도 희망은 있다

어떤 목회자의 말이 떠오른다. "유럽교회는 몰락했고, 미국교회는 몰락해 가는 중이고, 한국교회는 몰락하기 시작했다." 유럽교회가 이런 평가를 받는 데 500년이 걸렸다. 미국교회는 300년 걸렸다. 그런데 한국교회는 100년밖에 되지 않았다. 자연적 성장 쇠퇴의 패턴을 고려해도 한국교회는 최소 100년은 더 간 후에 문제가 일어나야 한다. 가슴이 찢어지고 아픈 상황이다. 하나님이 한국교회를 이렇게 버리지 않으시리라 믿는다. 아니, 그러셔야 한다. 십자가에서 모든 것을 버리기까지 우리를 구원하신 주님은 한국교회를 버리지 않으신다. 그렇기에 한국교회를 향한 어렵고, 듣기 힘들고, 거북스런 경고와 메시지를 교회 내외부에서 듣게 하신다.

그런데 더 머뭇거리면 진짜 암흑기가 된다. 현재 국가의 미래도 위험하다. 의식이 있는 지식인들은 구한말 망국 때와 흡사하다고 평가한다.[1] 한국을 둘러싸고 있는 미국, 중국, 일본, 러시아, 유럽 등 열강의 동아시아에서의 움직임이 그렇다. 새로운 시기로 넘어가는 시점에서 강대국의 힘겨루기와 새로운 판 짜기가 그렇다. 한국 정치권의 시대를 읽지 못하는 어리석음과 파당을 지어 치열하게 싸우는 모습도 그렇다. 국민은 내부 분열 중이다. 미국을 대리하는 일본과 중국이 방공식별구역을 제멋대로 그려 가며 바다에서 한국을 압박하는 모습이 그렇다. 위안화와 엔화가 한국 경제를 압박하는 모습이 그렇다. 중국 기업의 무서운 추격과 일본 기업의 역습이 그렇다. 중국은 동아시아에서 미국의 영향력을 몰아내고 500년 전 G1의 위용을 되찾기 위해 한국에 위험한 선택(?)을 강요한다.

일본 아베 정부는 제2차 세계대전 이후 잃어버렸던 힘을 되찾기 위해 우경화에 박차를 가하고 있다. 미국은 한국에 호의적인 듯 보이지만 실은 자신의 국익을 최우선으로 하고, 한국과 일본을 저울질하고 있다. 100년 전에도 그랬듯 동아시아의 패권을 유지하기 위해 여차하면 일본과 뒷거래를 할 태세다. 점점 힘이 약해져 가는 북한 정권은 난폭함이 더해 간다.

한국은 또 어떤가? 정치권이나 시민 단체는 돌만 던지지 않았지, 디지털 짱돌을 던지면서 사나움을 더해 가고 있다. 단일민족이라는 공동체, 윤리와 가치를 우선하는 공동체는 깨지고 개인의 이익의 극대화를 따라 사회적 원자로 급속하게 분열 중이다. 정치인과 공무원, 사회의 지도자들은 자신의 책임을 회피하기 바쁘다. 분열, 해체, 정신적 붕괴

등 '대한제국 멸망'이라는 악몽을 떠올리게 한다. 지난 50년간 '한강의 기적'이라고 평가받았던 한국의 산업은 성장의 한계에 다다랐다. 세계적 기업이라고 치켜세웠던 삼성마저 침몰의 위기를 맞고 있다.

한국 사회와 한국교회는 내우외환의 상황에 직면해 있다. 그래서 그 어느 때보다 큰 혼란을 겪고 있다. 이런 상황 속에서는 하나님이 세상의 변화를 통해 어떻게 섭리하시는지 성경적 조명이 필요하다.

변화가 크다고 해서 교회가 무작정 세상의 변화를 여과 없이 수용하고 대응해서는 안 된다. 누군가 중간에서 양쪽의 전문성을 가지고 세상의 변화 가운데 하나님의 섭리와 뜻을 통찰하고 그 내용을 함께 나누는 것이 중요하다. 강력한 영적 전쟁도 준비해야 한다. 목회자뿐만 아니라 교인들도 깊은 신학적 훈련이 필요하다. 신학은 성경이 말하는 방향을 잘 찾도록 돕는 역할을 한다. 그래서 신학이 흔들리면 목회가 흔들리고 신앙이 흔들린다. 영성이 흔들리고 삶이 흔들린다. 신학이 곧 방향이다.

앞으로 10년이 한국교회의 마지막 골든 타임이 될 것이다. 절망을 이야기하는 것이 아니다. "아직도 마지막 희망은 있다"는 호소다. 문제가 더 심각해지기 전에 움직여야 한다는 절규다. 많은 이들이 한국교회의 현재 모습이 위기의 절정이라고 생각한다. 아니다. 지금은 위기의 시작에 불과하다. 이대로 가면 더 큰 위기가 찾아올 것이다. 한국교회 내부에서 일어나는 위기, 자중지란은 더 커지고 심해질 것이다. 한국교회를 둘러싸고 있는 한국 사회의 위기가 시작되면 한국교회의 위기, 신자들의 위기는 더욱 심해질 것이다.

일부 대형 교회 목회자와 신자들은 안전지대에 있다고 착각한다. 아니다. 지금이라도 한국교회를 살리기 위해 총력을 기울이지 않으면 초대형 교회도 다가오는 위기와 몰락을 피할 수 없다. 한국교회를 살리는 것은 위기에 처한 한국 사회를 살리는 것과 연결되어 있다. 지난 100여 년 동안 한국교회의 영성과 한국 사회의 윤리와 가치는 긴밀하게 연결되어 있었다. 한국교회의 부흥과 한국 사회의 성장 간에도 분명한 연결 고리가 있었다. 이것이 건강한 기독교인의 역사 이해와 미래 예측의 시각이다.

필자는 이 책에서 한국교회가 혼란을 헤쳐 나가고 더 나은 미래를 만드는 데 필요한 실마리를 '해법'이라는 낯부끄러운 말로 제시하려 한다. 대부분의 질병이 치료책이 있듯 대부분의 문제는 해법이 있다. 해법이 없거나, 치료책이 없어 망하거나 죽는 것이 아니다. 제때 사용하지 않아서 죽고, 시기를 놓치거나 순서를 뒤바꾸기 때문에 문제 해결에 실패하는 것이다. 하나님이 한국교회에 주신 마지막 골든 타임 10년을 잘 살리려면 정확한 해법을 정확한 순서와 타이밍에 맞게 구사해야 한다.

당연히 정확한 해법은 성경에서 찾아야 한다. 세상 문제는 시대가 변하면 해법도 변한다. 그러나 교회는 다르다. 시대가 변해도 변하지 않는 해법이 있다. 성경이 말하는 회복의 해법이다. 교회에도 시대가 변하면 변하는 해법이 있다. 그러나 그것조차도 성경에 원리가 있다. 필자는 그것을 추적해 보려고 한다. 필자의 추적이 완전하지 않음을 전제한다. 해법 전체를 말할 수도 없다. 단지 한국교회가 완전하고 완벽한 해법 전체를 찾아가는 여정에 불씨가 되었으면 한다.

성경에서 말하는 해법을 찾은 후에는 전략적으로 움직여야 한다. 전략적으로 움직인다는 것은 다음과 같은 순서대로 행동해야 한다는 말이다.

첫째, 위기를 공유하라.
둘째, 성령의 역사를 기도하라.
셋째, 해법을 깊이 생각하라.
넷째, 용기를 가지고 대담하게 행동하라.
다섯째, 상황을 역전시키는 성령의 역사를 인내하며 기다리라.

전략적으로 움직여야 하는 이유는 시간이 없기 때문이다. 단 한 번의 기회만 있을 뿐이다. 시간이 없고 기회가 한 번뿐이기 때문에 최대한 지혜롭게 대응해야 한다. "비둘기처럼 순결하고 뱀처럼 지혜로우라"라는 주님의 명령을 기억해야 한다.

필자는 교회 개혁가가 아니다. 미래를 예측하는 미래학자다. '썩어가는 한국교회'라 평하면서 이것저것 고쳐야 한다고 주장하는 것이 아니다. 기성세대에 속하는 목회자들이 모두 물러나야만 새로워진다고 말하는 것이 아니다. 초대형 교회를 개혁하고 해체하면 한국교회가 다시 살아날 수 있다고 주장하는 것도 아니다. 그런 식의 해법에 동의하지 않는다. 필자의 진심은 다가오는 위기를 인식하고 준비해야 한다고 말하는 것이다.

한국교회를 갱신하고 새롭게 하는 것은 독자들의 몫이다. 섬기던 교회가 사라진 유럽의 교회들처럼 되지 않게 하는 일은 당신의 몫이다. 필자의 몫은 통찰력을 잃고, 겉으로 보이는 현상적 지표가 만들어 낸

착시에 빠져 근거 없는 낙관론에 느긋하게 발을 담그고 있는 지도자들에게 깨어나야 한다고 말하는 것이다.

한국교회의 미래 방향을 바꾸는 데 가장 중요한 골든 타임은 짧게는 2~3년, 길어야 10년이다. 세월을 아끼라. 앞으로 2~3년이 위기를 막고 미래 방향을 바꾸는 첫 단추가 될 것이다.

2015년 3월
한국뉴욕주립대 미래연구원에서
최윤식

1장 | 한국교회, 위기를 공유하라

2장 | 위대한 기회가 새로운 부흥을 만든다

# 1부

# 대위기,
## 대담한 기회의 시작이다

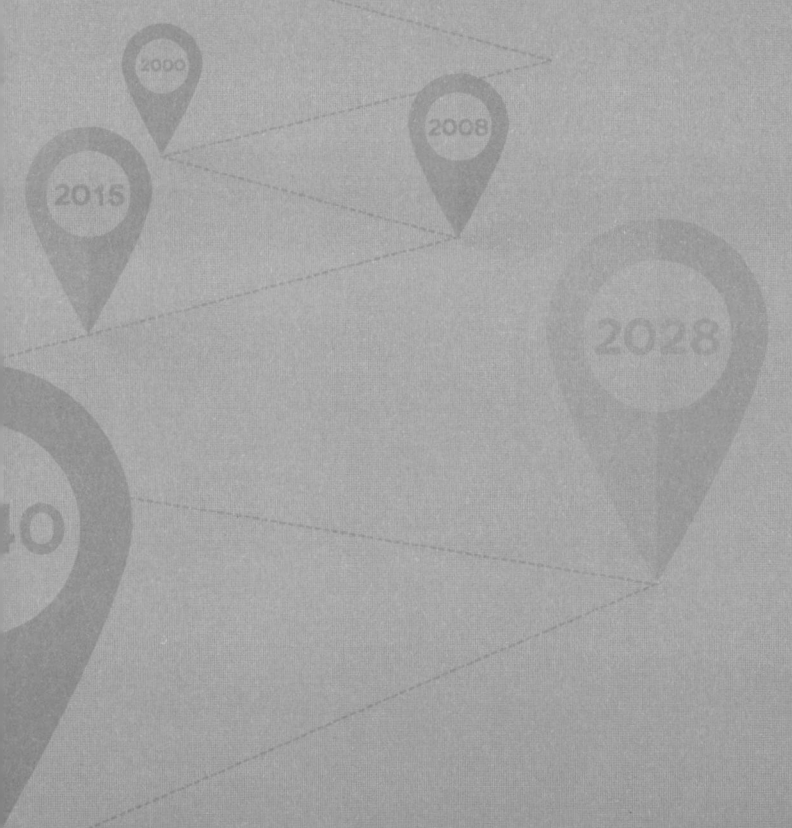

**위기를** 막기 위해서는 가장 먼저 위기의 실체를 좀 더 명확하게 이해해야 한다. 인간적인 방법으로 위기를 극복하기 위해서 알아야 하는 것이 아니다. 하나님께 올바로 구하기 위해 알아야 하는 실체다. 성령의 도우심을 온전히 갈망하기 위해 우리의 현실을 정확하게 알아야 한다. 그래야 무엇을 기도해야 하고, 무엇을 희생해야 하며, 무엇을 선포해야 하고, 무엇을 가르쳐야 하며, 어떻게 위로해야 하고, 어떻게 탈출해야 하며, 어떻게 다시 세울 수 있는지를 알 수 있다.

# 1장
# 한국교회, 위기를 공유하라

### 생각의 전환은 상황을 정확히 인식할 때만 가능하다

"달리는 말에 채찍질한다"는 말이 있다. 위기가 긴박할수록 침착해야 한다. 『2020-2040 한국교회 미래지도』를 읽었다면 마음이 급할 것이다. 그런데 문제 해결은 마음만으로 되지 않는다. 급한 마음에 무리한 행동을 시도하면 오히려 새로운 분란에 빠질 수 있다. 혼란을 틈타 사탄이 노리는 전형적인 전략이다.

급할수록 돌아가고 냉정해져야 한다. 행동하기 전에, 갱신과 변화를 시도하기 전에 먼저 필요한 것은 느끼고 있는 위기를 공유하는 것이다. 위기 공유. 이것이 변화를 성공적으로 이끄는 첫 번째 전략이자 기술이다.

위기 극복 해법을 찾는 첫걸음은 생각의 전환이다. 생각이 전환되어야 행동이 바뀐다. 생각의 전환은 그냥 이루어지지 않는다. 생각의 전환은 상황을 정확하게 인식할 때만 가능하다. 위기에 대한 인식과 공유가 중요한 이유다.

우리말로 하면 '변화를 이끄는 기술' 쯤 되는 『리딩 체인지 Leading Change』에서 존 카터는 조직을 변화시키는 순서와 기술에 대해 자신의 견해를 피력했다. 그 책에서 눈여겨본 것은 이것이다. "조직을 변화시키기 위해서 가장 먼저 해야 할 것은 무엇인가?" 옛말에 첫걸음이 중요하다고 했다. 시작이 반이라는 말도 있다. 첫 단추를 잘 끼워야 마지막 단추까지 잘 끼울 수 있다. 변화의 첫 단추는 무엇일까? 존 카터가 제시한 변화를 이끄는 첫 번째 기술은 '위기를 공유하라'다.

아무리 탁월한 능력을 갖춘 지도자라고 해도 위기 인식을 공유하지 않은 조직을 변화시키거나 갱신할 수는 없다. 더 나은 미래로 이끌고 갈 수 없다. 위기를 인식하지 않고 멈춰 서서 한가롭게 풀을 뜯고 있는 말에게 빨리 달려가자고 채찍을 가하면 성이 나서 날뛰는 바람에 떨어져 부상을 당할 수 있다. 위기를 공유한다는 것은 없는 위기를 부풀려 거짓말을 하는 것이 아니다. 위기를 있는 그대로 드러내야 한다는 말이다.

사람의 기본적 본성 중 하나는 "여기가 좋사오니"라는 복지부동의 법칙과 "가던 길이나 계속 가자!"라는 관성의 법칙이다. 교회라고 다르지 않다. 예수님의 제자인 베드로도 "여기가 좋사오니 여기에 초막 셋을 짓고 머무릅시다"라고 했다. 교회에서 가장 많이 나오는 말이 무엇인가? "이만하면 됐지", "하던 것이나 잘합시다"이다. 이 책을 읽고, 우리 교회도 변화해야겠다고 생각해 성급하게 밀어붙이면 곤란해질 것이다. 교회가 깨질 수도 있다. 느헤미야처럼 일을 시작하기 전에, 개혁을 시작하기 전에 기도하면서 하나님의 음성을 듣고 상황을 잘 살펴본 후 가장 먼저 당회원과 중직자부터 시작해 신자들에 이르기까지 위기감을 느낄 수 있도록 해야 한다.

한국교회에 예전보다는 위기에 대한 인식이 많아졌다. 지금이 위기라는 것을 깨닫기 시작했다. 그러나 필자가 보기에는 아직 부족하다. 변화를 위한 작은 수고 정도가 아니라 모든 것을 희생하고, 기득권을 내려놓고, 우리 교회와 한국교회를 새롭게 하는 데 헌신할 정도의 위기감은 아니다. 위기에 대한 실체 파악도, 공감도 부족하다. 정확한 정보의 전달이 중요하다. 그렇지 않으면 역효과를 불러일으킨다. 어설픈 위기감 공유는 혼란을 부채질한다. 위기를 감추는 이유는 이것이다. 가뜩이나 어려운데 위기를 말하면 더욱더 큰 혼란에 빠질 수 있다는 걱정이다.

위기를 전 교회 차원으로 공유하기 시작하면 잠시 더 큰 혼란이 발생할 수 있다. 잠시 혼란이 있겠지만, 곧 하나로 뭉치는 일이 일어날 것이다. 그렇게 되지 않는다면 지금까지의 목회는 실패한 것이다. 위기 앞에 함께 기도하고, 아파하고, 눈물 흘리고, 손을 붙잡을 수도 없는 무능하고 사악한 제자들만을 양육한 것이다. 양육한 신자들의 마음속에서 역사하시는 성령을 믿어야 한다. 한국교회의 몰락 앞에 눈물 흘리고 아파하는 당신을 만드신 성령께서 그들에게도 동일하게 역사하신다는 것을 믿어야 한다.

정확히 상황이 어떤지, 어떻게 될 것인지에 대해 솔직하게 공유해야 한다. 우리 앞에 놓인 미래가 위기인지, 기회인지를 솔직하게 이야기해야 한다. 이를 위해 필자는 한국교회를 둘러싼 미래 위기를 『2020-2040 한국교회 미래지도』에서 예측했던 것보다 좀 더 구체적으로 묘사하려 한다. 효과적인 전략을 구사하기 위해 위기가 시간별로 어떻게 전개되는지를 예측해 보려고 한다.

위기 묘사를 시작하기 전에 한 가지 전제할 것이 있다. 위기에 대해 예측하다 보면 가장 많이 듣는 질문이 "미래를 너무 부정적으로 보는 것이 아닙니까?"이다. 위기를 예측하면 대개 미래를 부정적으로 본다고 오해한다. 미래는 부정적으로 봐서도 안 되고, 긍정적으로 봐서도 안 된다. 미래는 객관적으로 보려고 노력해야 한다. 객관적으로 미래를 예측한다는 것은 창세기 41장의 요셉처럼 풍년이 있으면 흉년도 있다는 것을 정직하게 말하는 것이다. 하나님이 앞으로 한국 사회와 한국 교회로 하여금 어떤 상황 가운데를 지나게 하실지에 대해 객관적으로 통찰하려고 노력해야 한다.

사람들은 위기를 매우 싫어한다. 그저 잘 된다고 하면 좋아한다. "위기는 언제나 있었으니 그렇게 호들갑을 떨 필요가 없다. 시간이 지나면 다 잘 될 거다. 괜히 두려움을 주지 마라. 하나님이 우리와 함께하실 거다. 몇몇 교회만 문제가 해결되면 한국교회는 다시 성장하고 부흥할 것이다"라는 말을 듣는 것을 좋아한다. 이것이 타협이다. 구약성경에서도 이스라엘 백성은 이사야 선지자와 예레미야 선지자의 위기 경고를 듣지 않고, 잘 될 것이라는 근거 없는 낙관론과 신학적으로 균형을 상실한 믿음관을 주장하는 거짓 선지자들을 더 좋아했다. 결국 이스라엘 백성은 하나님이 주신 마지막 기회를 잃어버리고 나라를 빼앗기고 말았다.

지도자는 자신을 따르는 사람들에게 환상이나 공포가 아니라 지금 처한 상황이 오르막인지, 내리막인지 정확하게 이야기해야 한다. 오르막이면 오르막에 대한 해법을 제시하고, 내리막이면 내리막을 대비하면 된다.

▼ ▼ ▼

## 한국교회 위기는 2~3년 후부터 시작된다

『2020-2040 한국교회 미래지도』에서 한국교회의 위기를 진단하고 예측했다. 그런데 그 책에서는 위기가 발생하는 원인과 위기 간의 복잡하게 얽힌 관계에 대해서는 자세하게 설명하지 않았다. 『2020-2040 한국교회 미래지도』가 출간된 후 많은 분들이 한국교회의 위기를 불러오는 교회 외부의 상황에 대해서 좀 더 자세히 알기를 원했다. 위기에 선제적으로 대응하고 근본적인 해법을 찾기 위해 비록 어렵더라도 좀 더 자세하고 구체적으로 우리를 둘러싸고 있는 경제, 사회, 정치, 글로벌 패권 등의 변화 상황을 알고 싶어 했다. 특히 한국 경제의 미래가 어떻게 전개될 가능성이 있는지에 대해서 좀 더 자세하게 알고 싶어 했다.

그래서 필자는 이번 책에서 이 부분에 대해 최대한 쉽게 설명하려고 한다. 어려운 경제 이야기와 숫자들이 나오더라도 너그러운 마음으로 이해하고 읽어 주길 부탁한다. 한국교회 위기의 규모와 수준에 대해 알아보고 위기 극복에 대한 전략을 수립하기 위해서는 반드시 필요한 정보이기 때문이다.

특히 한국교회의 재정적 위기 문제는 생각보다 심각하다. 평범한 믿음으로는 감당하기 힘든 규모와 수준으로 달려가고 있다. 지난 몇 년 동안 한국교회의 위기를 불러온 원인은 일부 지도자들의 성 윤리, 부적절한 재정 운용, 학문적 비윤리 등이었다. 하지만 앞으로 2~3년 후부터는 일부 목회자들로 인해 발생하는 위기가 아니다. 상당수 교회에서 재정적 위기가 발생하면서 한국교회의 이미지를 훼손하기 시작할 것이다. 상당수 교인에게 재정적 위기가 발생하면서 교회 내부가 큰 혼란에 빠질 것이다. 2~3년 후부터 시작될 한국교회의 재정적 위기는 상당수 교회 지도자들의 도덕적 해이, 거짓말, 신비주의적이고 기복적인 해법의 유혹, 무리한 재정 집행을 추가로 불러일으키며 교회의 분란을 발생시킬 수 있다. 2~3년 후부터 시작될 교인들의 개인적 경제 위기가 교회 내부의 자중지란 발생의 도화선이 될 수 있다.

지금까지 일어난 위기는 외부적으로 한국교회의 이미지가 흔들리고 전도가 막히는 위기였지만 2~3년 후부터 시작될 위기는 내부적으로 한국교회 교인들이 흔들리고 내부적인 사역이 흔들리는 위기가 될 것이다.

위기를 막기 위해서는 가장 먼저 위기의 실체를 좀 더 명확하게 이해해야 한다. 인간적인 방법으로 위기를 극복하기 위해서 알아야 하는 것이 아니다. 하나님께 올바로 구하기 위해 알아야 하는 실체다. 성령의 도우심을 온전히 갈망하기 위해 우리의 현실을 정확하게 알아야 한다. 그래야 무엇을 기도해야 하고, 무엇을 희생해야 하며, 무엇을 선포해야 하고, 무엇을 가르쳐야 하며, 어떻게 위로해야 하고, 어떻게 탈출해야 하며, 어떻게 다시 세울 수 있는지를 알 수 있다.

지난 5년 동안 교회들의 연체율이 5배가 늘었다는 사실을 알 것이다. 이자조차 감당할 수 없을 정도로 빚을 내 교회를 짓다가 경매에 넘겨진 사례가 5년 전에 연간 181건이었던 것이 2013년에는 312건으로 70% 이상 증가했다. 종교 단체 전체의 경매물에서도 교회 건물이 80%를 넘을 정도로 압도적이다. 한국교회 역사상 가장 큰 526억 원 규모의 예배당이 경매에 넘어갔다.

2013년 기준으로 은행들이 교회에 대출해 준 금액은 총 4조 5천억 원이다.[1] 매년 한국교회가 부담해야 할 이자는 2,250~5천억 원가량이다. 매달 드려지는 헌금 중 187~416억 원이 이자로 나간다. 이 규모의 이자를 꼬박꼬박 내려면 매주 1~2천 원씩 주일 헌금을 드리는 학생이나 교인들을 기준으로, 500~800만 명의 교인들이 필요하다. 원금까지 갚으려면 매주 지금보다 2~3배 더 헌금해야 한다. 현재 목회자와 장로들이 은퇴하고 난 후에도 교인들은 교회에 남아 20~30년을 계속 헌금해서 갚아야 한다.

필자의 분석에 의하면, 2005년 기준으로 한국의 기독교인 숫자는 (이단을 포함해) 870만 명 정도였다. 지금 한국교회는 정상적인 헌금과 재정 운영상으로는 이자만 겨우 낼 수 있을 뿐이고, 은행에서 빌린 원금은 거의 갚을 수 없는 상황에 이르렀다. 교회는 기업처럼 제품과 서비스를 생산해 부를 창출하는 기관이 아니다. 신자들의 믿음과 경제적 능력을 기반으로 재정을 운용한다. 즉 신자들의 믿음과 경제적 능력의 상황 변화에 따라 교회가 진 빚을 갚을 수 있느냐 없느냐가 판가름 난다.

▼ ▼ ▼

## 앞으로 20~30년 동안 교회 빚을 갚아야 하는 교인들의 현재와 미래 경제력 예측

한 사람의 경제력은 크게 두 가지로 구성된다. 하나는 월급이나 자영업 순수익 같은 '소득'이고, 다른 하나는 현재 소득의 일부나 미래 소득을 미리 당겨 빚을 마련해 투자한 '자산'이다. 자산은 주식, 부동산, 채권, 저축 등이다. 이런 자산은 현재와 미래의 소득 상황에 직결된다. 현재 40세가 넘은 교인이 미래에 직장을 잃거나 운영하는 가게가 파산하면 빚을 내 투자한 자산도 위험에 빠진다. 소득이 급감하고, 빚 돌려막기를 하다가 재정 파탄에 빠질 수도 있다. 현재 한국교회 장년 가운데 가장 많은 연령대는 40~50대다. 40~50대 교인이 재정 파탄에 빠지면 최소 10년, 길게는 20년 이상 경제적 고통 가운데 처한다. 재정 파탄 상황에서 탈출해도 65세 이상의 고령자가 된다. 그 상태로 나머지 30년을 살아야 한다.

2014년 초 기준으로 한국 국민 중 빚 돌려 막기 채무자는 328만 명에 이른다. 이들이 진 빚은 317조 원이다.[2] 독일 금융회사 알리안츠가 발표한 〈2014 글로벌 부(富) 보고서〉를 보면, 한국의 가계 부채 비율은 GDP 대비 92.9%로 아시아에서 가장 높다.[3] 비율이 문제가 아니다. 2008년 이후 가계 부채 증가율도 가장 빠르고 규모도 크다. 비영리단체가 진 빚까지 합치면 GDP 대비 100%를 훌쩍 넘는다. 2011년에는 한국의 가계 부채 비율이 세계 최상위급이어서 시간이 지날수록 위험이 커지는 구조라는 경고를 무디스로부터 받기도 했다.

직장이 흔들리면 교인들의 미래 경제 능력도 불안해지거나 크게 흔들린다. 이들의 미래를 가늠해 보기 위해 필자의 저서 『2030 대담한 미래』에서 분석한 한국 산업과 일자리 문제를 요약해 보고자 한다. 한국의 산업계는 1997년 IMF 사태 이후 최고의 위기에 직면해 있다. 2014년 현재, 대기업들은 전년보다 더 강도 높은 구조조정을 했다. 한국을 대표하는 세계 최고 기업인 삼성그룹도 창사 이래 최고의 위기에 직면해 있다. 현대기아자동차그룹도 초긴장 상태다. 2014년 2분기에만 1조 2천억 원이라는 사상 최대의 영업 적자를 낸 현대중공업은 260여 명의 임원 전원에게 일괄 사표를 받았다. 한국 기업의 이런 상황은 2015년에도 크게 호전되지 않을 것이다. 가장 먼저 위기 징후가 시작된 곳이 산업계다.

국가든 기업이든 장기적 침체와 쇠퇴에 빠지기 전에 기존 시스템이 성장의 한계에 부딪히는 소리가 난다. 제2차 세계대전 이후 아시아에서 공산주의 세력의 확대를 막기 위해 미국은 1949년부터 일본 경제를 본격적으로 지원했다. 이후 일본 경제는 1965년 베트남전쟁을 기반으로 고속 성장했다. 그리고 1980년대에 무서운 기세로 세계 경제를 호령했다. 하지만 지금 일본은 '잃어버린 30년'을 말할 정도로 참담하게 무너져 내렸고, 군국주의 부활과 우경화라는 부정적인 결과를 낳았다. 이 모든 것은 기존 산업이 성장 한계에 봉착했기 때문이다.

한국도 1950년 6·25전쟁의 폐허를 딛고 공업 국가로 전환하는 데 성공했다. 그러나 한국을 2만 달러의 기적으로 이끌었던 건설, 석유화학, 철강 금속, 전기 전자, 자동차, 조선 등 기존 산업이 2005년부터 성장의 한계에 봉착했다. 아래로는 중국에 쫓기고, 위로는 미국, 유럽, 일본 등 선진국이 집중적인 견제를 시작했다. 이것을 가리켜 '넛크래커

Nut-cracker 현상'이라고 부른다.

앞으로 10년 동안 두 개의 갈림길에 서게 될 것이다. 하나는 넛크래커 상황에서 빠져나오지 못하고 기업 성장이 완전히 멈춰 버리는 것이고, 다른 하나는 기업의 주력 산업을 전면적으로 새롭게 바꾸고 이를 뒷받침하는 한국 경제 내부 시스템을 철저히 개혁해 새로운 성장의 계기를 얻어 기사회생하는 것이다. 둘 중의 어느 하나를 선택하든 비정상적인 경제구조, 부의 불균형 분배, 높은 수준의 실업률, 수출 둔화로 말미암은 무역수지 악화 등의 위기가 앞으로 최소 10~15년 정도 지속될 것이다. 여기에 저출산 고령화라는 엄청난 위협 요소가 한국을 강타 중이다.

앞으로 5~10년 동안 기업이 구조조정을 거세게 하고 주력 산업을 바꾸는 과정에서 고용의 불안정성이 더욱더 커지게 되면서 직업과 고용의 불안에 쫓기는 국민의 숫자가 늘어나게 된다. 2009년 기준으로 우리나라의 실질 실업률(취업 준비생, 구직 단념자 포함)은 13%를 넘어섰다. 2005년에서 2009년까지 우리나라 10대 그룹은 불과 1.22%의 일자리를 추가로 창출했다. 그런데 사회적 비용이 지속해서 상승하고 빚 부담이 커지면서 그동안 일을 하지 않아도 되었던 주부와 은퇴자도 생존을 위해, 빚을 갚기 위해 일자리가 필요해졌다.

고용 안정성이 파괴되고 종신 고용이 붕괴되면 직업의 안정성이라도 지켜져야 한다. 한 회사에서 종신 고용이 보장되지 않아 퇴사할 때 최소 3~6개월 안에 다른 직장이나 직업을 안정적으로 구할 수 있는 구직 안전판은 보장되어야 한다. 그래야 중산층의 경제적 여건이 지속될 수 있다. 소비의 주체가 되는 중산층은 전적으로 안정적인 직장 생활을 통한 소득효과에 의존하고 있기 때문이다. 그런데 한국 사회는 지금 이 부분이 크게 흔들리고 있다.

산업과 경제 변화에 상대적으로 늦게 대응하는 사람과 기업이 나오면서 파산, 강제적 조기 은퇴, 직업 상실, 노사 관계의 갈등이 증가할 것이다. 결국 국민 대다수가 생존 위협, 상대적 박탈감, 사회 폭력, 심리적 스트레스와 상호 불신이 극도에 달하는 상황이 상당 기간 지속될 것이다. 종신 고용 붕괴의 가속화, 고용 없는 성장의 지속, 극심한 부의 불균형 분배로 말미암은 중산층의 상대적 박탈감 증가, 경제 여건 악화에 노출되면서 '준비되지 않은 은퇴 후 50년'이라는 새로운 미래 위험에 직면하게 될 것이다.

여기에 본격적으로 한국 경제와 사회구조에 영향을 주기 시작한 저출산 고령화의 부정적 여파들이 국가와 교회의 고통을 가중시킬 것이다. 만약 현 정부와 다음 정부가 이런 문제를 해결하기 위한 대책을 시행하지 못하면 각각의 문제는 빠른 속도로 상호 간에 영향을 주면서 악순환의 늪을 형성할 수 있다. 이런 상황이 현실이 되면 대부분 국민이 큰 고통을 당하겠지만, 그중에서도 40~50대 중산층이 가장 큰 타격을 받을 것이다.

시간과 공간이 압축되면서 엄청나게 빠른 속도로 세상이 변화함으로 개인의 실질소득을 유지해 주는 실용 지식이라는 자산의 가치도 하락하고 있다. 전문가들에 의하면, 매 3년이면 현재의 실용 지식이 쓸모가 없어지게 된다. 개인의 머릿속에 있는 지식의 효용성이 저하되면 될수록 실질소득도 함께 줄어든다.

중산층의 유형자산인 부동산의 미래도 어둡다. 부동산 거품 생성과 붕괴는 자본주의 시스템이 존재하는 곳이라면 어느 곳이든 일어나는 전형적인 패턴이고 어느 나라도 피할 수 없는 경제 현상이다. 1991년 일본 부동산 거품 붕괴 시작, 2008년 미국 부동산 거품 붕괴 시작, 2011년 유럽 부동산 거품 붕괴 시작, 그다음은 어디일까? 한국 부동산 거품 붕괴다. 현재 2차 조정이 진행되고 있다. 1차 조정은 2010~2011년 중대형 아파트부터 시작되었다. 1차 조정은 세계 경제 위기에서 이어지는 작은 불황과 금리 인상으로 시중의 신용창조 속도 감소와 부동산 담보대출 부담 때문에 아파트의 실구매 수요 감소가 주된 원인이었다.

2014년 초부터 최경환 경제 팀이 부동산 각종 규제를 풀면서 시장을 다시 일으켜 보려고 하고 있다. 2014년 10월 현재, 필자의 예측처럼 각종 지표나 언론과 전문가들의 분석은 '너무 빨리 사그라지는 최경환 효과'에 대해 이야기한다. 그런데 부동산이라는 자산 가치 하락은 샴쌍둥이처럼 가계 부채의 위기를 동반한다. 부동산이라는 유형자산의 가치 하락은 저축이라는 플러스 유동자산과 부채라는 마이너스 유동자산의 위기를 필연적으로 불러일으킨다.

▼ ▼ ▼

## 교회 빚은 교인들이 갚는다

한 국가의 경제적 안정성과 잠재 성장력이 중산층의 일자리 안정성에 의존되어 있듯 교회 재정 능력도 교인들의 일자리 안정성에 절대적으로 의존되어 있다. 교회가 빚을 갚느냐 못 갚느냐는 하나님이 살아

계시느냐의 문제가 아니라 교인들, 특히 중산층 교인들의 현재와 미래의 일자리 안정성의 문제다.

빚은 교회가 지고, 빚을 갚는 것은 하나님의 몫이라는 생각은 성경에 없는 희한한 발상이다. 교회가 진 빚은 담임목사가 갚는 것이 아니다. 교인들이 갚는다. 그들이 피와 땀을 흘리고, 이리 치이고 저리 치이고, 자존심까지 내려놓고 직장을 다니면서, 사업하면서 번 돈을 주님을 사랑하는 순수한 믿음과 정성으로 드린 헌금을 가지고 갚는다.

이와 같이 순수한 마음과 믿음을 가진 교인들의 직장과 사업체가 흔들리고 있고 붕괴하고 있다. 자영업을 하는 교인들도 비슷한 위기 속에 있다. 2014년 추정치로 본다면, 1년 동안 대략 69만 명이 창업을 했다. 그런데 64만 명이 폐업했다. 이것이 한국 자영업자와 창업자의 현주소다.

중산층 붕괴는 교회 내 빈부 격차의 원인으로도 이어진다. 빈곤층으로 떨어진 교인들이 오랫동안 빈곤의 늪을 빠져나오지 못하면 가난이 대물림된다. '워킹 푸어' Working Poor(근로빈곤층, OECD 국가 중 우리나라가 가장 높다)가 증가하면 부자가 선망의 대상이 아닌 분노와 증오의 대상이 되어 갈등이 더 커진다. 일정 수준을 넘어서는 갈등은 교회를 갉아먹는 요인으로 돌변한다.

이런 상황 속에서 앞서 언급했듯이 (2014년 초 기준으로) 한국 국민 중에서 빚 돌려 막기 채무자는 328만 명에 이르렀다. 이들이 진 빚은 317조 원이다.[4] 한국의 가계 부채 비율은 아시아에서 가장 높다. 2008년 이후 가계 부채 증가율도 가장 빠르고, 규모도 크다. 이들 중에 기독교인도 비슷한 비율로 있다고 추정해야 한다.

교인들이 가지고 있는 현금은 얼마나 될까? 1998년 25.9%로 사상 최고치를 기록했던 저축률은 외환 위기를 겪고 난 2002년에는 역사상 최악의 수준인 0.4%까지 떨어졌고, 2004년에는 9.2%로 반짝 회복되는 듯했으나, 부동산 거품의 정점기인 2008년 2.9%로 급락했다. 그나마 세계적 위기에 대한 공포감으로 소비를 줄이고 저축을 늘려야 한다는 강박관념으로 2009년에는 4.6%로 소폭 상승했지만, 전세 대란이 벌어진 2011년 기준으로 3.5%로 떨어진 상태다. 이는 세계적 위기의 진원지이자 소비의 천국이라고 불리는 미국의 저축률인 5.7%보다도 낮은 상태다.

한국금융연구원의 분석으로는 1998년 외환 위기 이전 9년 동안 우리나라 가계의 실소득은 연평균 14.7%씩 증가했다. 하지만 외환 위기 이후 9년 동안은 연평균 4.7%씩밖에는 상승하지 못했다. 겨우 물가 상승률 정도로만 가계의 소득이 증가했다. 물가 상승률을 제하면 실제적인 소득 증가는 9년 동안 제로에 가깝다. 중산층에서 적자 가계에 속하는 비율도 1990년 15.8%에서 2010년에는 23.3%로 증가했고, 월 소득에서 부채를 갚기 위해 지출하는 돈은 27.5%에 이른다. 빚 갚는 데 돈 다 쓰고, 4가구 중 1가구는 적자다.

이렇다 보니 중산층에서 탈락한 국민도 늘어나고 있다. 2010년 8월 현대경제연구원이 통계청의 〈가계 동향 조사 자료〉를 바탕으로 분석한 결과, 1990년 75.4%였던 중산층(도시 가구 월평균 소득의 50~150% 범위의 계층)이 20년 후인 2010년에 67.5%로 7.9% 포인트 줄었고, 저소득층(도시 가구 월평균 소득의 50% 미만 범위의 계층)은 7.1%에서 12.5%로 늘어났다.

그나마 중산층에 끼려면 20년 전보다 더 높은 학력, 더 많은 경제활동 기간을 보내야 하고, 부부가 동시에 일해야 한다. 오랫동안 지속된 저금리 추세는 쥐꼬리만 한 저축 금액을 통해 얻을 수 있는 이자 수익도 감소시켰다. 저금리로 중산층이 가진 현금, 은행 예금, 주식, 채권 등의 자산 가치도 하락했다.

정리하면, 우리나라 중산층의 상당수는 자본 잠식의 상황에 빠져 있다. 지난 20년간 국가의 거시적 사회, 경제지표는 상당 수준 개선되거나 숫자상으로 큰 성장을 했다. 겉으로 드러나는 교회의 경제지표도 숫자상으로는 많이 늘어난 것처럼 보였다. 규모가 작은 교회도 수십억의 빚을 낼 정도의 능력이 있는 것처럼 보였고, 초대형 교회는 수천억을 빌려도 끄떡없을 것이라는 평가를 받을 정도였다. 하지만 지난 9년 동안 한국의 중산층, 한국교회 교인들의 소득은 거의 늘지 않았고, 빚만 늘었다. 모아 둔 돈은 줄었고, 적자 인생을 살았다. 일자리는 현재와 미래가 모두 불투명하고, 사회적 부담은 늘었다. 고단하고 쪼그라드는 삶을 살고 있다.

착각하면 안 된다. 절대적 가난에서 벗어난 것이지 부자가 된 것이 아니다. 실질소득은 줄고, 빚만 늘어난 상황이다. 월급 통장에 찍히는 돈의 숫자는 늘었지만 그 속도보다 더 빠르게 올라가는 물가와 화폐가치의 하락 등으로 실제적인 자산의 가치는 하락했다. 겉모습은 화려해졌고 번듯하게 사업을 하고 있는 것 같지만, 부부가 함께 일하면서 총소득은 두 배로 늘어난 것처럼 보이지만, 몇억짜리 집이 있어 부자가 된 것처럼 보이지만 실상 교인들은 그 어느 때보다 가난하다.

이런 상황이 물밑에서 계속해서 진행되고 있는 동안 교회는 적게는 수십억, 많게는 수백억에서 수천억을 빌려 교회 건물을 지었다. 짓고 있고, 지을 계획을 하고 있다. 분명히 기억해야 한다. 적자 인생을 사는 교인들이 앞으로 20~30년 동안 교회가 빌린 돈까지도 모두 갚아야 한다. 감당하기 어렵고, 불가능할 수 있다. 빚은 목사와 장로들이 내고, 갚는 것은 교인들이 해야 한다.

교인들의 경제적 상황이 이런 지경에 이르렀고, 설상가상으로 교회에 대한 충성과 신뢰도 흔들리고 있다. 모 교회에서는 헌금 반환 운동도 일어났다. 목사는 은퇴하고 교회를 떠나면 그만이지만 교인들은 20~30년을 남아서 계속 빚을 갚아야 한다. 이런 상황, 이런 마음, 이런 미래로 얼마나 버틸 수 있을까?

▼ ▼ ▼

## 한국교회 3가지 미래 시나리오

2~3년 후 한국의 미래는 다음의 3가지 시나리오 중 하나로 확정될 가능성이 크다. 첫째, 선방하면 '저성장'이다. 둘째, 현재로서 가장 가능성이 커지고 있는 시나리오는 '금융 위기'다. 셋째, 금융 위기의 크기가 어느 정도인지, 그리고 금융 위기가 발발할 경우 얼마나 잘 처리하느냐에 따라 최악의 경우에는 '제2의 외환 위기' 가능성도 있다. 여기에 하나를 더하면, 이런 위기가 일어나지 않고 다시 성장하는 시나리오다. 불가능한 시나리오는 아니지만 당분간 가능성이 높은 시나리오는 아니다.

한국의 미래 시나리오처럼 한국교회의 미래도 3가지로 갈라질 수 있다. 첫째, 선방하면 '정체'다. 둘째, 현재로서 가장 가능성이 큰 시나리오는 '심각한 재정 위기'다. 셋째, 재정 위기 상황이 어느 정도인지, 그리고 재정 위기가 발발할 경우 얼마나 잘 처리하느냐에 따라 '교회 파산'이나 '교회 분열' 가능성도 있다. 여기에 하나를 더하면, 이런 위기 상황에도 교회가 더욱 단단히 뭉치면서 새로운 각성과 기도 운동이 일어나는 것이다. 이 네 번째 시나리오가 2~3년 후 우리의 모습이 되기를 원한다면 조건이 하나 있다. 2~3년 후 미래 위기를 오늘부터 준비해야 한다. 준비하지 않으면 네 번째 시나리오는 일어날 가능성이 가장 낮은 미래가 될 것이다.

'한국판 잃어버린 10년'의 가능성을 경고하고 5년이 지난 2013년과 2014년에 『2030 대담한 미래』 1권과 2권을 통해 다가오는 위기를 좀 더 구체적으로 예측했다. 2015년 이후 한국, 일본, 중국이 차례로 글로벌 금융 위기의 실마리를 제공할 것이다. 그런 과정에서 가장 약한 고리인 동남아시아에서 문제가 먼저 불거질 것이다. 2014년 이후 인도, 필리핀, 인도네시아, 태국 등 동남아시아에서 경제 위기의 소식이 끊임없이 날아들 것이다. 2013년 말이나 2014년 초, 미국이 지난 5년 동안 풀었던 3조 달러의 돈을 회수하기 시작할 것으로 예측했다. 양적 완화 정책을 중지하고 2015~2017년 사이 금리를 인상할 것이다. 미국의 이런 움직임은 곧바로 한국 경제에 아주 중요하고 심각한 영향을 미칠 것이다.

『2020-2040 한국교회 미래지도』를 통해 한국의 이런 변화는 곧바로 한국교회에 직접적인 영향을 미칠 것이라고 했다. 출간 이후 많은 교단과 교회, 목회자와 평신도 지도자들에게 한국교회에 다가오고 있는 위기를 강의할 기회를 얻었다. 그런데 여전히 미래 위기를 인식하고 대응하는 움직임은 더디다. 아직도 먼 미래의 위기로 생각한다. 그런데 교회의 위기는 2~3년 후 본격적으로 시작될 것이다.

미래를 예측할 때 조심해야 할 것은 한두 가지 변수만 고려하거나 "나는 우리 교인들의 능력을 믿어. 지금까지 숱한 위기를 겪었지만 다 이겨 냈잖아!"라고 하면서 막연히 잘 될 것으로 여기는 것이다. 한국교회는 지난 100년 동안 몇 번의 절체절명의 위기를 맞았지만 기적적인 능력으로 헤쳐 나왔고 부흥했다. 한국교회의 놀라운 저력과 성장에 대해 국외에서도 깊은 감탄과 존경을 표해 왔다. 이런 점을 고려하면 현재의 위기와 앞으로 닥칠 위기에 대해 낙관적 태도를 보이는 것을 이해할 수 있다.

그러나 지금처럼 아주 빠르게 변해 가는 세상은 과거처럼 그렇게 만만치가 않다. 과거와 비교해 가장 큰 차이점은 한국이나 한국교회의 성장 및 발전의 단계가 하룻밤 자고 나면 부쩍 커 있는 청소년 단계, 혹은 탄탄한 성장력과 건실한 체력을 가지고 웬만한 상처도 금방 회복되고 강철 같은 능력을 보여 주는 20~30대의 청년 단계가 아니라는 것이다. 지금 한국이나 한국교회의 체력 수준은 40대 장년 단계를 넘어 50대로 접어들었다. 젊었을 때의 체력을 믿고 '조금 아프더라도 한숨 자고 나면 괜찮겠지' 하다가는 어려움을 겪을 수 있는 나이다. 작은 병이라고 무시하고, 병원에서 정밀 진단을 받고 미리 치료하는 것을 무시하다가는 병이 크게 자라서 급기야 생명을 건 수술을 해야 할 수 있다.

▼ ▼ ▼

## 임박한 아시아 대위기 속의 한국교회

　큰 틀에서 한국교회를 둘러싸고 있는 상황을 예측해 보자. 2008년 미국에서 시작된 금융 위기가 유럽을 흔들더니 이제는 몇 년 안에 한·중·일이 심각한 위기에 빠질 것이라는 경고가 세계 석학들에게서 나오고 있다. 미국이 휘청거리기 시작한 2008년 이후 몇 년 동안 아시아는 세계 대공황을 막아 줄 최후의 보루라는 기대를 받았다. 위기 직후 중국은 위안화를 달러와 어깨를 나란히 하는 기축통화로 만들기 위한 행보를 본격화했다. 한국은 2~3년 전까지만 해도 세계에서 가장 모범적으로 위기를 이겨 냈다고 그 업적을 자랑했다.

　그런데 '아시아 대위기' 가능성이 커지고 있다. 상식에 근거해 생각해 보면 아시아 대위기의 가능성은 충분히 예측할 수 있다. 경제가 호황을 구가할 때는 비상식적인 일이 통하는 경우가 있다. '묻지 마' 투자로 산 주식이 급등하고, 무리하게 빚을 내 투자한 사업이 성공하는 경우도 있다. 그러나 경제가 불황기에 들어서면 모든 것이 철저하게 상식으로 수렴된다.

　급변하는 시기에 미래를 예측하고 대비할 때는 간단한 판단 기준 하나만 명심해도 크게 실패하는 일을 피할 수 있다. "빚을 내면 갚아야 한다." 누구나 아는 상식이다. 상황과 채무자의 신용도 등에 따라 언제, 어떻게 갚을지만 달라질 뿐이다. 2008년 미국발 금융 위기의 핵심 원인은 과도한 빚이었다. 부동산 대세 상승을 기반으로 탐욕의 무한 질주를 거듭한 미국 투자은행들의 2007년 평균 차입은 27배였다. 수중에 있는 돈 1만 원을 27만 원으로 뻥튀기했다는 말이다. 2008년의 위기는 사람들을 홀리던 마법이 깨진 결과다. 마법에서 깨어나자 수중에는 26만 원의 빚만 남았다. 이 빚을 처리하는 과정이 구조조정이다. 구조조정 과정에서 받게 될 충격을 조금이라도 줄이려는 방법이 구제금융과 양적 완화 등이다.

2008년 글로벌 금융 위기를 맞은 아시아는 위기를 잘 극복한 것이 아니다. 부채를 더 늘려서 발등에 떨어진 불을 껐을 뿐이다. 데이터가 이 사실을 증명해 준다. 2014년 현재, 한·중·일을 포함한 아시아 국가들은 2008년 미국 위기 발발 시기보다 부채 비중이 더 높아졌다. 한국도 지난 5년 동안 20% 이상 부채가 늘었다. 과도하게 카드를 쓴 사람들이 결제일이 돌아오자 카드 돌려 막기를 한 셈이다.

소비를 줄여서 빚을 갚지 못하면 파산이나 회생 절차, 더 심각해지면 금융 위기를 맞이하게 된다. 이 세 가지 불쾌한 일들을 피하려면 단기간에 크게 수입을 늘려야 한다. 빚의 증가 속도보다 수입을 더 빠르게 늘려야 한다. 그런데 아시아의 고도성장을 이끌어 온 수출 엔진이 수명을 다해 서서히 식어 가고 있다. 과거 아시아 각국은 글로벌 위기를 맞아 일시적으로 수출이 위축되더라도 곧바로 반격에 나서서 빠르게 두 자릿수의 수출 증가율을 회복했다. 하지만 최근에는 양상이 달라지고 있다.

『월스트리트저널』은 미국 제조업체의 선전과 반격, 임금 상승에 따른 아시아 주요국의 가격 경쟁력 약화 등을 이유로 미국 경제가 회복되어도 아시아 수출이 과거처럼 되살아나지 않으리라고 예측했다. 실제로 미국의 아시아 4대국(한국, 중국, 일본, 대만)으로부터의 수입 물량은 2008년 금융 위기 전에는 매년 두 자릿수의 상승률을 보였지만,

2013년에는 전년과 비교해 1%만 늘었을 뿐이다. 미국 경제가 희미하게나마 회복 가능성을 보인 2014년 1분기에 4대국의 대미 수출은 지난해 같은 기간보다 2% 하락했다.

빠르면 2~3년 후, 늦어도 이번 정부 말에서 다음 정부 초 사이에 아시아 대위기가 시작될 것이다. 아시아 위기의 핵심 이슈는 부채 축소다. 수출 엔진의 약화, 일본 아베 총리의 경기 부양책인 아베노믹스 Abenomics의 후폭풍, 중국 부동산 거품 붕괴와 과다한 그림자 금융 및 은행권 부실 대출 규모 등은 부채 문제를 더 크게 만드는 보조 동력들이다.

2014년 현재, 신흥국이나 아시아의 약한 고리에 해당하는 몇몇 국가에서 부채 축소가 시작되었다. 그 과정에서 몇몇 나라는 IMF 구제금융을 신청하며 외환 위기에 빠지고 말았다. 내수가 급격한 금융 위기 상황에 직면했다. 한·중·일에서는 이번 정부 말에서 다음 정부 초 사이에 부채 축소가 시작될 가능성이 크다.

필자가 예측하기에 실제로 일어날 가능성이 가장 높은 시나리오는 다음과 같다. "세계 경제가 서서히 회복되면서 수출이 일시적으로 늘어나지만, 동시에 금리가 인상되어 수출 증대 효과를 상쇄해 버린다. 결국 이자 부담만 커지면서 금융 위기 상황이 빠르게 전개된다." 자칫 경기가 후퇴하고 국가, 기업, 가계 부채는 늘어나는데 거꾸로 금리는 인상되는 최악의 시나리오가 아시아의 현실이 될 수도 있다. 이때 아시아가 받게 될 경제적인 충격에 비하면 2008년 이후 5년간 겪은 고통은 서곡에 불과할 것이다.

▼ ▼ ▼

## 2~3년 후 한국은 금융 위기가 발생할 가능성이 크다

    범위를 좁혀 한국교회를 둘러싸고 있는 상황을 예측해 보자. 아시아 대위기 시나리오 안에서 한국의 미래 가능성을 예측해 보자. 2~3년 후 한국은 금융 위기가 발생할 가능성이 크다. 2~3년 후에 발생하지 않는다면 두 번째 위험 구간은 다음 정부 중후반이다. 세 번째 가능 구간은 없다. 빠르면 2~3년 후, 늦어도 다음 정부 중후반 사이에 한국은 금융 위기를 거치게 될 것이다. 한 번은 금융 위기를 거쳐 강력한 구조조정과 부채 조정을 해야 다시 성장할 수 있다. 창세기 41장에 나오는 7년 흉년처럼 다가오는 금융 위기를 대비하기 위한 준비와 대응이 필요하다.

    미국 경제가 살아나면서 수출은 1~2년 동안 더 나아질 것이다. 앞으로 1~2년 동안 현 정부는 내수 경제를 살리기 위해 부동산 규제를 풀고 금리를 인하하는 정책을 사용하는 등의 필사적인 몸부림을 할 것이다. 하지만 한국을 둘러싸고 있는 외부 상황의 변화가 정부가 원하는 결과를 만들어 내지 못하도록 발목을 잡을 가능성이 크다. 정부가 특단의 정책을 꺼내 들 때마다 반짝 효과는 나타날 것이다. 그러나 생각보다 빠르게 정책 효과가 사라질 것이다. 미국 경제가 서서히 회복되는 기미가 보이더라도 한국의 내수 시장은 비동기화 현상이 발생할 것이다. 삼성이 갤럭시S를 한 대 더 수출한다고 해서 동네 빵집의 매출이 늘지는 않는다.

    시간이 갈수록 정부는 초조하고 다급해지게 될 것이고, 총선과 대선을 치러야 할 정부와 여당은 무리수를 둘 가능성이 크다. 무리수를 둘 때마다 거시적 지표는 약간 나아질 것이다. 그러나 거기까지가 끝이다. 2~3년 후부터 한국 내부에서는 인위적이고 무리한 경기 부양책의 역효과가 나타나기 시작할 것이다. 정부가 돈을 뿌리고, 금리를 인하하고, 환율 시장에 개입해도 내수 시장이 좀처럼 살아나지 않을 가능성이 크다. 반면에 가계 부채는 더 늘어나고 빚을 가진 사람들의 고통은 지난 5년보다 더 커질 것이다. 앞으로 5~7년 동안 지속될 세계 경제의 비동기화 때문에 작은 이슈에도 금융시장이 반복적으로 요동을 치면서 개인 투자자의 손실은 더 커질 것이다. 몇몇 지역을 제외하고 한국의 부동산 시장은 꼼짝하지 않고, 시간이 갈수록 가격만 하락할 것이다.

빠르면 2~3년 후, 늦어도 5~6년 후에 들이닥칠 한국의 금융 위기를 촉발하는 도화선은 가계 부채다. 미국과 일본은 2008년부터 2013년까지 가계 부채가 연평균 0.7~1.1%씩 줄었다. 반면에 한국은 연평균 8.7%씩 늘었다.[5] 거의 세계 최고 수준의 증가율이며[6] GDP 성장률 3~4%보다 더 높은 증가율이다. 가계 부채의 실소득 대비 비율은 163.8%로 미국 114.9%, 영국 150.1%, 독일 93.2%보다 훨씬 많다. 돌려 막기에 들어간 빚의 규모는 317조 원에 이른다. 이미 미국을 비롯한 세계 언론이나 국제기구들은 한국의 가계 부채를 '한국 경제의 시한폭탄'이라고 비유하고 있다. 한국 내부에서도 역사상 최고 수준의 가계 부채를 심각한 우려 속에서 바라보고 있다.

국내외의 이런 경고와 우려에도 2014년에 들어서 한국 정부는 가계 부채를 더 빠르게 늘리고 있다. 현재 매년 50~60조 원씩 늘어나는 속도다. 이런 속도면 이번 정부 말에는 최대 1,400조 원에 이를 가능성이 크다. 여기에 시가총액 1,200~1,500조 원에 이르는 전세 자금 일부가 가계 부채 위험도를 증가시킬 것이다.

▼ ▼ ▼

## 2~3년 후 한국 경제와 한국교회는 외통수에 걸릴 수 있다

설상가상으로 2016~2018년 사이 중국이 한국 기업들의 기술을 넘어서면 무역수지 성장세 감소가 발생할 것이다. 2~3년 후 중국은 둘 중 하나로 미래가 결정된다. 중국 부동산 시장이 폭락하면서 경제 위기가 발생하든 미국의 경제 회복 물결을 타면서 서서히 회복되든 할 것이다. 중국의 두 가지 미래 모두 위기로 다가올 가능성이 크다. 중국 경제가 위기에 빠지면 한국 경제는 충격을 받고, 중국 경제가 빠르게 회복되면 중국 기업이 한국 기업을 압박하는 강도가 더 세져 수출에 문제가 발생할 것이다.

2~3년 후 일본의 아베노믹스도 결과가 정해진다. 성공하면 엔저를 등에 업은 일본 기업의 반격으로 한국 기업이 사면초가에 빠진다. 실패하면 세계 3위 경제 대국이며 1억 2천만의 시장인 일본에 경제 위기가 발생하면서 한국 경제도 피해를 보게 된다. 유럽 시장은 위기에서 완전히 벗어날 것이다. 그러면 신흥국과 아시아에 들어온 외국계 투자금 중 일부가 유럽 시장으로 돌아갈 것이다. 미국은 지금보다 더 나은 회복세를 보일 것이다. 투자자 입장에서는 삼성 주식을 팔고 애플 주식을 사는 것이 더 좋다고 판단할 것이다.

신흥국과 동남아시아에서 위기는 계속될 것이다. 인도, 인도네시아,

브라질, 터키, 남아공화국, 우크라이나, 러시아, 베네수엘라, 칠레 등의 나라가 1차 위험군에 속한다. 인도, 인도네시아, 터키, 남아공화국, 칠레 등은 외화보유액이 1년 정도의 단기 외채와 경상 적자를 메울 수준에 불과하다. 헝가리, 브라질, 폴란드는 2년 정도 버틸 수 있다.[7] 이들 중 두세 나라가 추가로 외환 위기에 빠져도 크게 이상할 것이 없다. 미국이 금리를 인상하기 시작하면 신흥국에서는 제2차 위기가 시작될 것이다.

이런 상황에서 가계 부채의 위험을 무릅쓰고 돈을 풀어 부동산 시장을 살려 내수 시장을 활성화하려는 현재 정책이 실패한다면 2~3년 후 한국 경제는 외통수에 걸리게 된다. 금융 위기 발발이다. 금융 위기가 발발하면 한국 시장에서 얼마만큼의 달러가 빠져나갈지 가늠하기 힘들다. 1년 전 미국이 양적 완화 정책 축소를 발표하자 신흥국에서 두 달 동안 무려 640억 달러가 빠져나갔다.

2008년에 시작된 글로벌 위기는 아직 끝나지 않았다. 2014년 현재 절반 정도가 지났을 뿐이다. 지난 절반은 미국과 유럽의 위기였다. 앞으로 절반은 신흥국과 동남아시아, 그리고 한·중·일 아시아 중심 국가 차례다. 아시아 대위기 국면에 한국 경제가 외통수에 걸리면 한국 교회의 재정 위기도 곧바로 시작될 것이다(아시아 대위기 시나리오는 필자의 『2030 대담한 미래 2』를 참고하라). 극도의 경각심을 가지고 사태의 추이를 지켜봐야 한다. 나라를 위해서 기도해야 한다. 동시에 요셉처럼 지금 당장 최소한의 대비라도 시작해야 한다. 최소한의 대비란 부채를 늘리지 않는 것이다. 조금이라도 빌린 돈의 원금을 갚는 것이다.

다음 그림은 한국을 중심으로 2030년까지 주의해야 할 위기를 정리한 '미래 위기 지도'다.

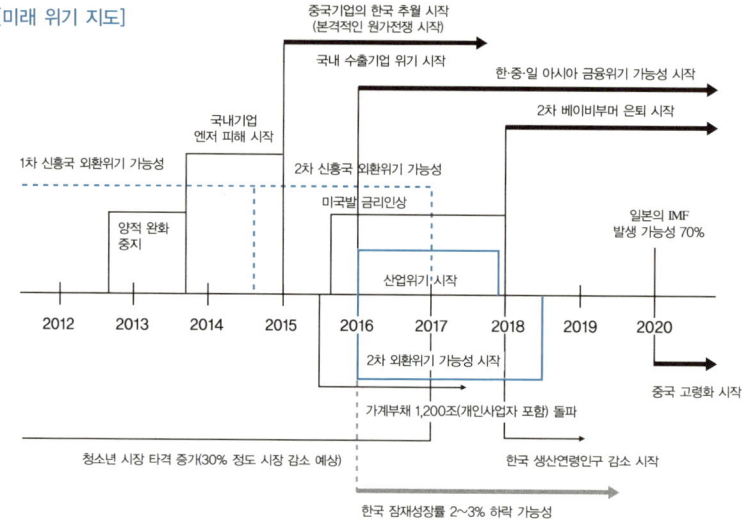

▼ ▼ ▼

## 통찰력 있는 지도자는 '설마'라는 시나리오까지 대비한다

한국과 아시아를 둘러싸고 있는 위기 시나리오, 한국교회 위기 시나리오에 대해 '일어날 가능성이 낮다'고 생각하는 사람들이 있다. '설마'라고 생각한다. 그런데 '설마' 하는 사건에는 세 가지 특색이 있다.

첫째, '설마'는 자주 일어나지 않는다. 그래서 '설마'다.

둘째, 그러나 '설마'는 조건이 갖추어지면 반드시 '한 번'은 일어난다. '설마' 하는 사건은 생각보다 자주 일어난다. 1970~1999년까지 불과 30년 동안 '설마'에 해당하는 IMF 구제금융 신청 횟수가 98번 일어났다. 1990년 10월 3일 철의 베를린장벽이 무너지며 급작스레 발생한 독일의 통일도 당시에는 '설마'였다. 1991년 12월 8일 구소련 붕괴도 '설마'였다. 1997년 한국에서 발발한 국가 부도 사태도 정부가 IMF에 구제금융을 신청하기 일주일 전까지만 해도 '설마'였다.

2000년 닷컴 거품 붕괴, 2001년 9월 11일 4대의 비행기가 미국 본토를 공격해 3천 명의 사망자를 발생시킨 뉴욕 세계무역센터와 미국 국방성 테러 사건, 2003년 2월 18일 192명의 사망자, 21명의 실종자와 151명의 부상자를 낸 대구 지하철 참사도 '설마'였다. 2011년 일본 후쿠시마 원전 붕괴 사태, 2014년 3월 러시아의 크림반도 전격 합병, 2014년 4월 16일 300여 명의 사망자를 낸 세월호 여객선 침몰 사건도 '설마'였다. 세월호의 악몽이 채 지나기도 전에 2014년 5월 2일 서울 지하철이 추돌해 238명의 부상자가 발생했다. 2014년 10월 17일 판교테크노밸리 환풍구 추락 사고로 27명의 사상자를 낸 사건도 '설마'였다.

미국을 대표하는 대형 교회 중 하나인 수정교회가 창립 55년 만이자 예배당 건축 후 30년 만에 5,500만 달러의 부채를 갚지 못해 파산한 것도 '설마'였다. 지난 5년 동안 교회의 연체율이 5배나 늘어난 것도 '설마'이고, 한국교회 역사상 가장 큰 526억 원 규모의 예배당이 경매에 넘어간 것도 '설마' 하는 사건이었다.

셋째, '설마' 하는 사건이 일어나면 사람을 잡는다는 것이다. 1997년 한국 경제는 처참하게 무너졌다. 30대 그룹에서 17개가 사라졌다. 지금의 삼성그룹만큼 잘나가며 세계 경영을 부르짖었던 대우그룹이 공중분해되었다. 은행권에서 20만 명, 기업에서 100만 명이 한순간에 직장을 잃고 실직자가 되었다. 수십 년을 이어 온 종신 고용이 깨졌다. 부의 불균형 분배가 시작되었다. 이자율이 25%까지 치솟으면서 수많은 교회가 파산하거나 교역자 사례비를 지급하지 못할 정도로 심각한 재정 위기를 맞았다.

이순신 장군 같은 탁월한 리더, 위대한 국가 지도자, 통찰력 있는 지도자는 '설마'를 늘 조심하고 경계했다. 남들이 '설마'라고 하는 미래에 관심을 두었다. 어리석은 사람과 통찰력 없는 지도자, 영적으로 우매한 리더는 '설마'를 무시한다. 그래서 늘 위기에 휩싸이고, 기회를 날려버린다. "세상에, 정말 그런 일이 일어날 줄 누가 알았겠어?"라는 말만 평생 한다. 하나님이 보내시는 위기 경고를 무시하고, 예수 믿으면 전 인생이 7년의 풍년으로만 가득 찰 것이라고 가르친다. '설마' 하는 사건이 발생해 온 나라에 소나기가 내리더라도 하나님이 자신이 있는 곳은 비가 내리지 않게 해주실 것이라며 황당한 자신감을 피력한다. 이것은 믿음이 아니다.

▼ ▼ ▼

### 2028년경 한국교회는 본격적으로 침몰하기 시작할 것이다

2~3년 후 한국교회가 위기에 휩싸이게 될 것이지만, 그것이 위기의 끝은 아니고 한국교회의 몰락을 몰고 오지도 않는다. 한국교회의 전국 차원의 몰락은 13년 후인 2028년경이 될 가능성이 크다. 전제는 '지금처럼 계속 간다면'이다.

2~3년 후 한국 경제의 위기가 한국교회를 휘몰아치고 가면 한국교

회는 최소한 4~5년, 길게는 7~8년 정도 후유증에 시달리게 될 것이다. 2~3년 후 시작되는 위기와 그 후유증에서 한국교회가 빠져나오는 것은 2020년대 초반에야 겨우 가능할 것이다. 이때가 되면, 현재 사역하고 있는 상당수의 담임목사와 장로들의 은퇴가 시작된다. 한국교회가 전국 차원의 붕괴가 시작되는 때는 바로 이때부터다. 이들의 은퇴가 거의 끝나는 2028년경 한국교회는 본격적으로 침몰하기 시작할 것이다. 다시 말하지만, 전제는 '지금처럼 계속 간다면'이다. (이런 예측이 현실이 되지 않기를 바라는 마음에서 이 책을 썼다.)

현재 한국교회는 다양한 문제로 이미지가 하루가 다르게 실추되고 있다. 몇몇 교회, 몇몇 지도자의 도덕적 문제로 여기저기서 전도의 문이 막혔다는 아우성이 터져 나온다. 시대의 변화에 대응하지 못해 사회와 다양한 갈등이 만들어지고 있다. 시대 역행적 발상과 행동이라는 평가와 지탄을 받는 결정이 대형 교단에서 일어나고 있다. 세속화로 영적 침체는 계속되고 있다.

한국교회는 이미 대세적 성장이 멈추었다. 필자의 분석에 의하면, 한국교회는 1990년대 초에 기독교 전체 인구의 증가가 멈추었다. 교회 성장이 비신자 전도에 의한 성장이 아니라 교회 간 수평 이동으로 바뀌기 시작했다. 청년 대학부의 침체는 1990년대 초부터 시작되었다. 농어촌 교회의 침체와 붕괴도 시작되었다. 2013년 기준으로 장로교는 새 신자의 44.4%가 수평 이동을 했고, 감리교는 43.7%, 성결교는 42.6%가 수평 이동을 했다.[8] 초대형 교회는 새 신자의 80~90%가 수평 이동한 것으로 추정된다.

1990년대 중반에는 기독교인들의 숫자가 늘지도 줄지도 않는, 일명

'성숙기'에 접어들었다. 1990년대 후반에는 기독교인들의 전체 숫자가 줄기 시작했다. 이때 청년 대학부는 침체를 넘어 전국적 단위에서 붕괴가 시작되었고, 청소년부의 침체는 이때부터 시작되었다. 농어촌 교회의 침체가 중소 도시 교회의 침체로 번지기 시작한 때도 대략 이 무렵이다.

21세기에 들어서면서 상황은 더욱 심각해졌다. 한국교회의 성장이 멈추었다는 사실을 피부로 느낄 수 있는 현상이 여기저기에서 나타났다. 10~20%의 교회를 제외하고는 청년 대학부가 거의 고사했다. 말라죽은 상태가 된 것은 청소년부도 마찬가지였다. 이때부터 어린이 부서의 침체도 본격적으로 시작되었다. 대형 교단에서도 지난 10년 동안 어린이 부서의 숫자가 10~20% 감소했다. 상당수의 교회가 주일학교 문을 닫기 시작했다. 21세기 초부터 최근까지 대략 15년 사이에 농어촌, 중소형 도시에서는 주일학교가 없어진 교회가 60~70%가 될 정도다. 상황이 이 지경에 이르자 기독교인 전체의 숫자도 빠르게 줄기 시작했다.

2013년 분석만 보더라도, 최대 교단인 예장합동은 재적 교인이 299만 4,873명에서 285만 7,065명으로 감소했고, 예장통합도 281만 531명에서 280만 8,912명으로 감소했으며, 기장은 29만 7,752명에서 28만 9,854명으로 감소했다. 교육 부서의 감소는 전체 감소율을 웃돈다. 예장통합은 유치부가 5만 8,293명으로 전년보다 3,958명(6.8%)이 줄어들었고, 중고등부는 15만 7,409명으로 전년보다 1만 4,251명(9.1%)이 줄어들었다. 예장합신도 유치부, 유초등부가 3.6% 감소했고, 중고등부는 4.1% 줄어들었다.[9] 2012년 각 교단의 재적 교인 감소율도 비슷했다.[10] 지난 10여 년 동안 한국교회는 매년 비슷한 추세로 재적 교인이 감소하고 있다.

현재 한국교회는 영적 침체, 세속화, 재적 교인의 감소, 주일학교 붕괴, 시대 역행적 발상이나 도덕적 이미지 실추로 인해 전도 문이 막히는 상황 등을 해결할 수 있는 방법을 찾지 못하고 있다. 여기에 2~3년 후면 한국 경제 위기의 폭풍우를 맞아 2020년대 초반까지 크게 흔들리게 될 것이다. 이런 상황에서 앞서 언급했듯이 현재 사역하는 50대 담임목사와 장로들의 상당수가 은퇴한다. 문제는 목사와 장로뿐만이 아니라 주력인 40~50대 교인들도 거의 은퇴한 상황에 부닥치게 된다는 것이다.

2028년경이 되면 한국교회 교인들의 주력 세대가 60~70대가 되는 상황을 맞이하게 된다. 전체 교인의 60~70%가 55세 이상 은퇴자일 것으로 예측된다. 경기 외곽 지역이나 지방 대도시는 그들이 70~80% 차지할 것이다. 중소형 도시는 교인의 80~90%가 은퇴자일 수 있다. 일명 '고령화된 한국교회' 다.

미래는 갑자기 오지 않는다. 미래 징후를 주고 온다. 이미 주일 저녁 예배, 수요일 저녁 예배는 인구구조가 이런 상황이 되었을 것이다. 13년 후에는 대예배가 그렇게 된다. 이것이 2028년경에 한국교회가 전국적으로 맞게 될 첫 번째 도전이다. 2028년 한국교회 교인들의 60~80% 이상이 55세 이상의 은퇴자가 되고, 장년층에서 60~70대가 가장 많은 연령대를 형성하면 '고령화' 라는 두 번째 도전을 맞이하게 된다. 한국교회 고령화는 곧바로 사역의 역동성 저하를 초래한다. 이것이 세 번째 도전이다.

▼ ▼ ▼

## 한국교회는 세 번의 재정 위기를 겪으면서 파산 직전에 몰릴 것이다

한국교회는 2008년 서브프라임 모기지 사태가 벌어지면서 1차 재정 위기를 맞았다. 2~3년 후 한국판 금융 위기를 겪으면서 2차 재정 위기를 맞을 것이다. 그리고 세 번째 재정 위기가 일어나는 시기는 2028년경이 될 것이다. 세 번의 재정 위기를 겪으면서 2028년경이면 한국교회의 헌금은 (2014년과 비교해) 평균 절반으로 줄어들 가능성이 크다. 심한 곳은 3분의 1로 감소할 수 있다. 한국교회는 2008년 글로벌 위기로 첫 번째 재정 위기를 겪으면서 헌금이 10~20% 감소했다. 2~3년 후 제2차 재정 위기가 닥치면 헌금 감소 추세가 더 심해질 것이다. 제2차 재정 위기의 후유증은 꽤 오래갈 것이다.

2~3년 후에 들이닥칠 금융 위기는 가계 영역에서 발생하는 위기다. 중산층 상당수와 서민층 대부분에 금융 충격이 직접 강타할 것이다. 직장을 잃거나 자영업이 파산하는 정도를 넘어 지난 10~20년간 모아 놓은 자산(부동산, 주식, 채권 등)이 직접 타격을 입을 것이다. 교회와 교인들이 체감하는 피해는 1997년보다 더 클 것이다. 금융 위기의 불길을 수습한 후에도 후유증이 최소 4~5년, 길게는 7~8년 지속될 것이다. 2020년대 초반에야 겨우 가계경제가 회복될 가능성이 크다.

앞서 예측한 것처럼, 이런 상황에서 한국교회는 2028년에 전체 기독교인의 평균 60~70%가 55세 이상 은퇴자라는, 즉 '고령화'라는 충격적인 결과에 직면하게 된다. 현재 민간 기업은 실제적 은퇴 연령이 50~55세다. 자식의 도움을 받지 못하고 100세까지 살아야 하는 시대에는 85~90세까지 일해야 한다. 그런데 은퇴 시기는 50~55세로 빨라졌다. 은퇴 후 자식의 도움 없이 50년을 살아야 하는 새로운 상황이 발생했다. 한국의 5천 년 역사 가운데 처음 벌어지는 상황이다. 그래서 학습 효과가 없다. 학습 효과가 없어서 이런 미래가 얼마나 위험한지 잘 모른다. 한마디로, 상상을 초월하는 큰 위험이라고 생각하면 된다.

은퇴 전문가들의 예측에 의하면, 준비하지 않은 상태로 은퇴를 맞이하게 되면 노인 70~80%가 빈곤층으로 전락할 가능성이 크다.[11] 한국의 65세 노인 중 35%만이 국민연금에 가입되어 있다. 이는 96%인 일본과 비교되지 않을 정도로 낮은 비율이다. 국민연금에 가입한 35%도 평균 수령액이 34만 원 선에 불과하다. 60대뿐만 아니라 40~50대의 80% 이상도 자녀 교육비와 결혼 비용, 주택 구매 때문에 은퇴 준비를 못 하고 있다. 이들의 국민연금 가입률도 50%가 되지 않는다.

이런 상태에 있는 교인들이 앞으로 10여 년간 금융 위기에 시달리고 난 후 50~55세에 은퇴한다. 은퇴 후 절반은 직장을 구하지 못한다. 직장을 구한 절반의 3분의 1은 은퇴하기 직전에 받았던 월급의 절반을 받으며 일한다. 나머지는 은퇴 직전 월급의 30% 수준이다. 이 정도 월급에서 시작해 30~35년을 더 일해야 한다. 월급이 오를 가능성보다는 겨우 유지하거나 내려갈 가능성이 크다. 한번 직장을 잃으면 다시 직장을 구할 때까지의 기간이 길다. 젊은 시절 모아 놓은 돈은 시간이 갈수록 줄어든다. 살면서 질병으로 인해 들어가는 비용은 점점 늘어난다.

이런 미래에 대응하기 위해 50~55세가 넘은 은퇴자들은 생활비를 급격하게 줄일 것이다. 국내외 경제 연구소들의 공통된 분석에 의하면, 은퇴자들은 생활비를 평균 40~50% 줄인다. 그러므로 주일 헌금,

십일조, 감사 헌금, 선교 헌금을 40~50% 줄일 것이다. 건축 헌금을 작정했던 것도 40~50%는 못 낼 것이다. 2028년이면 이런 교인들이 전체 교인의 평균 60~70%를 차지한다.

▼ ▼ ▼

## 2030년경 초대형 교회 부도가 시작된다

조엘 오스틴의 『긍정의 힘』이 선풍을 일으킨 적이 있다. 100만 권이 넘게 팔린 초대형 베스트셀러였다. 그런데 『긍정의 힘』의 원조는 로버트 슐러 목사다. 한국교회 지도자들이 미국교회를 탐방할 때 반드시 들렀던 수정교회를 개척한 분이다. 수정교회는 유명 건축가인 필립 존슨이 설계하고 1만 개가 넘는 네모난 유리로 지어져서 더 유명했다. 로버트 슐러 목사는 성공주의 전도사였다. 예배 때마다 성공한 정치인, 경제인, 예술인, 스포츠 선수가 등장해 예수님을 믿으면 사회적으로도 성공할 수 있다고 간증했다. 설교 때마다 '할 수 있다'는 믿음과 긍정적인 태도를 가지고 적극적으로 인생을 살아야 한다고 가르쳤다. 누구나 부자가 될 수 있다고 설교하면서 기복 신앙을 갖게 했다. 믿음만 가지면 불가능한 일이 없다고 외쳤다.

로버트 슐러 목사가 은퇴한 후 딸인 쉴라 콜먼이 담임목사직을 물려받았다. 그런데 2010년에 파산했다. 창립 55년 만이자 예배당 건축 후 30여 년 만에 5,500만 달러의 부채를 갚지 못해 부도가 났다. 쉴라 콜먼은 담임목사직에서 물러났고, 슐러 목사 가족은 남은 교인들을 이끌고 '그리스도의 희망 센터'라는 이름으로 수정교회 인근에서 예배를 드리고 있다. 파산한 수정교회를 5,750만 달러에 사들인 가톨릭교회 오렌지카운티 교구는 이름을 '그리스도대성당'으로 바꾸고 미국 가톨릭교회의 새로운 상징으로 부각되고 있다.

지난 10여 년 동안 한국교회는 작은 교회는 수십억, 중대형 교회는 수백억, 초대형 교회는 수천억을 들여 교회를 지었다. 지금도 수백억짜리 건물을 짓고 있는 교회가 있고, 수천억짜리 건물을 지으려고 준비하고 있는 초대형 교회도 있다. 그런데 지난 10년 동안 교회 건축이 왜 이렇게 많았을까? 자연스러운 필요 때문에 교회 건축이 급증했다.

필자가 분석한 자료에 의하면, 6·25전쟁 이후 한국 기독교는 평양대부흥운동 이후 재부흥기가 시작되면서 수많은 천막 교회, 판자 교회 등을 세웠다. 1970~1980년대에 들어서는 한국 경제의 발전과 더불어 기독교인들의 숫자도 급격하게 늘어났다. 이 시기는 한국 기독교의 본격적인 성장기이자 최고의 전성기였다. 이런 급격한 성장에 힘입어 수많은 교회가 개척되었고, 1960~1970년대에 개척된 교회들은 현대화된 건물을 짓기 시작했다. 이런 추세는 1980년대까지 이어졌다. 이때 지은 교회당들이 1990년대 후반부터 2008년 전까지 10여 년 동안 재건축에 들어갔다. 20~30년 전 개척 당시 지었던 건물이 노후화되었다는 이유로, 또는 수평 이동을 하는 교인들을 붙잡는 수단으로, 전국적인 재개발 붐의 일환으로, 일부 대형 교회나 초대형 교회들의 경우 수평 이동으로 밀려드는 엄청난 교인들을 모조리 수용하기 위한 목적으로 전국적인 교회 건축 붐이 일어났다. 혁신 도시나 신도시 개발 등의 공약이 쏟아지면서 전국에 새로운 도시가 생겨나면서 수많은 종교 부지에 중대형 교회들이 건물을 짓기 시작했다. 교회를 재건축해야 하는 이유야 어찌 되었든 간에 지난 10~15년간은 자연적 필요 때문에 교회 건축이 전국적으로 붐이었다.

그런데 1960~1970년대나 교회들이 개척되던 시기와 다르게 지난 10~20년 사이 한국 사회에는 몇 가지 큰 변화가 있었다.

첫째, 사회적 비용이 굉장히 높아졌다. 사회적 비용이 얼마나 커졌는지는 저출산 현상 하나만으로도 설명할 수 있다. 아이 하나를 대학까지 보내는 데 2억이 넘는 비용이 들기 때문에 하나, 혹은 둘 이상을 낳는 것을 두려워하게 되었다. 사회적 비용이 높아진 만큼 교회 건축 비용도 증가했다. 불과 30~40년 전에는 십자가만 꽂아 놓아도 사람들이 왔고, 천막 교회나 판자 교회로 개척해도 되었다. 하지만 지금은 서울에서 개척하려면 최소 3~5억이 들고, 지방에서 개척하더라도 1~2억은 필요하다. 이는 땅을 사서 교회를 건축하는 비용이 아니라 상가를 얻어 인테리어하는 수준(?)의 비용이다.

둘째, 한국 사회가 극심한 경쟁 모드에 돌입했다. 사업도, 직장도, 입시도 경쟁이 되었다. 교회마저도 극심한 경쟁 구도에 빠졌다. 친구를 꺾어야 내가 살고, 동료를 밀어내야 내가 살았다. 수십 개의 경쟁 교회를 없애서라도 내 교회가 성장해야 하나님이 기뻐하신다고 생각할 정도로 영성이 무너졌다. 교회 건축에서 경쟁이 붙었다. 경쟁 구도에 있는 목회자나 교회보다 더 멋지고, 화려하고, 크게 지으려고 했다. 수천 명이 동시에 앉아서 예배드리는 본당이 필요하다고 생각했다. 여기에는 크게 짓기만 하면 다 채워질 것이라는 환상도 한몫했다.

셋째, 이런 욕망을 채워 주고, 경쟁에서 앞서갈 수 있는 건물을 짓도록 금융계의 유혹이 시작되었다. 1990년대 중후반부터 2004년까지 금리를 내리면서 빚을 내 욕망을 채우라고 사람들을 유혹했다. 빚도 재산이며 능력이라고 속였다. 사회적 비용이 높아졌지만, 낮은 금리로 빚을 내 높아진 사회적 비용을 감당하면 된다고 속였다. 하지만 빚은 능력도, 재산도 아니고 말 그대로 빚이다. 평생 갚아야 할 족쇄다. 늙어서 허리가 굽어도 빚은 반드시 갚아야 하는 올가미다.

그러나 욕망에 눈이 멀고, 싸움의 대상을 세상이 아니라 같은 지역에 있는 교회나 다른 교단으로 잘못 정하며, 심지어 (필자가 앞에서 예측한) 시대 변화조차 읽지 못할 정도로 흐려진 분별력과 왜곡된 영성으로 가득했던 한국교회는 자신이 섬기는 교회는 물론, 한국교회 전체를 심각한 위기로 몰아넣을 수 있는 무시무시한 결정을 내렸다. 즉 수십억, 수백억, 수천억의 빚을 내 교회를 지었다.

필자의 예측대로라면 당분간은 버틸 수 있다. 심각한 위기를 불러올 무시무시한 결정을 내린 지도자들은 위기를 보지 않고 은퇴할 것이다. 하지만 그들이 은퇴하고 난 후인 2030년경 한국교회는 부도 도미노에 빠질 것이다. 초대형 교회도 예외는 아니다. 수천억을 들여 건축한 초대형 교회가 미국의 수정교회처럼 가장 먼저 무너질 수도 있다. 교회가 경제적으로 큰 타격을 맞거나 부도가 나면서 횡령, 배임, 사기 등의 부가적인 경제문제들이 계속해서 한국 기독교를 강타할 것이다.

▼ ▼ ▼

## 남은 자의 고통

한국교회뿐만이 아니라 한국 사회 전체가 '한강의 기적'이라고 평가받은 지난 경제 성장기 때는 빚(부채)에 대한 두려움이 없었다. 빚이 늘어나는 속도, 혹은 빚을 내서 원금과 이자를 내는 비용보다 월급과 자산 가격이 더 빨리 증가했기 때문이다. 이런 상황에서는 빚을 내 투자하는 것이 훨씬 더 좋은 재산 증식 전략이다. 이런 시기에 빚을 갚지 못한다는 것은 생각도 못할 일이고, 빚을 갚지 못하는 사람은 얼간이 취급을 받을 정도다.

한국교회의 분위기도 비슷했다. 교인들의 부의 증가는 교회 재정 증가로 직결된다. 그것을 기반으로 사역하고, 선교하고, 건물도 지었다. 한국 경제가 견실하고 성장할 때는 교회도 재정적으로 견실했다. 한 번 내지 두 번씩 교회 건물을 지어도 빌린 돈을 갚지 못하거나 파산한 적이 없었다. 교인들의 경제력이 계속 상승하고, 월급도 늘고, 사업도 잘되고, 투자한 자산도 빠르게 늘어나고, 한국교회의 교인 수도 계속 늘어나는 성장기였으니 건물을 짓더라도 5~10년 안에 빚을 다 갚았다. 그런 경험과 패턴에 익숙해 있었기 때문에 앞으로도 그럴 줄 알았다. 한 번 더 건축하더라도 별일 없을 것이라고 생각했다.

여기에 사회적 비용이 더 커지고, 성장 경쟁이 더 치열해지고, 정부의 금리 인하 정책이 지속되자 이번에 짓는 건물은 첫 번째나 두 번째보다 더 크고 멋지게 지어야겠다고 생각했다. 교회를 크게 지으면 최소한 전보다는 더 성장할 것이라는 착각도 한몫했다. 교회는 피땀 흘려 눈물로 씨앗을 뿌려야 성장한다. 그러나 건물을 크게 지으면 성장할 것이라는 왜곡된 생각이 통찰력을 흐리게 했다. 그리고 한국교회는 교회를 지을 때 최초의 설계대로 하지 않으려는 경향이 있다. 설계보다 더 많은 돈이 들어간다. 설계를 변경해 가면서 더 멋지게 지으려고 노력한다. 결국 생각보다 더 많은 규모의 부채가 쌓인다. 교회를 짓고 나서 엄청난 부채 규모에 놀라지만 5년 거치 상환 조건을 활용해 두 번 정도 은행을 갈아타면 원금을 갚지 않고 은퇴할 수 있거나, 그동안 교인 수를 불리면 헌금이 증가해 빚을 갚아 갈 수 있다고 계산한다. 빚을 갚을 수 있을 정도로 교인 수가 늘어난다 해도 그들이 20년 이상을 교회에 남아서 그 빚을 갚아야만 한다.

기독교인의 고통은 복음 전파 때문에 일어나야 한다. 예수님을 닮은 삶을 사는 데서 일어나야 한다. 신앙을 지키려다 일어나야 한다. 그러나 앞으로 한국교회의 고통은 신앙을 지키는 데서 오는 고통이 아니라 건물을 지키는 데서 오는 고통이 될 것이다. 예수님의 제자답게 사는 데서 오는 고통이 아니라 멋지고 화려하고 큰 건물에 다닌다는 것 때문에 오는 고통이 될 것이다. 복음 전파가 아니라 큰 건물을 등에 업고 허세와 위세를 전파하는 데서 오는 고통이 될 것이다.

필자는 교회를 크게 짓거나 빚을 지는 것에 대해 부정적으로 평가하지는 않는다. 신용을 창조해 경제를 성장시키는 현대자본주의, 자본의 투자를 통해 부를 생산하는 현대자본주의에서 자본 투자나 부채를 얻어 사용하는 것은 당연한 행동이다. 문제는 '분에 넘치도록 하는 것'이다. 분에 넘치는 빚을 내 교회를 짓는 것이 문제다. 분에 넘치게 빚을 낸다는 것은 이자만 겨우 낼 뿐 원금은 거의 갚지 못할 정도로 빚을 내는 것을 말한다.

"은행이 그 정도로 돈을 빌려 줄까요?", "은행이 철저하게 신용을 평가해서 갚지 못할 돈은 빌려 주지 않을 텐데요?"라는 의문이 들 것이다. 그래야 한다. 우리는 그럴 것으로 믿고 있다. 하지만 현실은 다르다. 문제는 은행과 교회 사이에 빚을 주고받을 때 일어난다. 사기까지는 아니지만 과장과 부실한 평가가 일어난다. 교회의 신용을 평가하는 것은 기업의 신용을 평가하는 것보다 허술하다. 교회의 유형자산은 부동산, 현찰 정도다. 교회의 무형자산은 교인 숫자다. 교인 숫자가 헌금의 증감을 예측하는 바로미터다. 물론 은행이 교인 숫자만을 근거로 대출해 주지는 않는다. 보증을 세운다. 교회의 중직자들이 보증을 선다. 매주 들어오는 헌금을 계산해 보면 이자는 충분히 낼 수 있다. 이 정도면 은행은 최소한 이자를 떼일 염려는 없다고 생각한다. 결국 막대한 규모의 대출이 가능해진다.

여기에 은행의 사업 모델도 한몫한다. 제1금융권은 5%의 이자율로 20년간만 안전하게 이자를 받으면 원금 회수가 가능하다. 제2금융권은 10%의 이자율로 10년간만 안전하게 이자를 받으면 원금 회수가 가능하다. 교회는 최초에는 제1금융권에서 돈을 빌린다. 그러나 5년 거치 후 원금과 이자를 동시에 분할 상환해야 할 때가 되면 은행을 갈아타 5년 거치를 한 번 더 한다. 이미 한국교회는 5년 거치를 한 번 정도 연장했다. 금융권의 분석에 의하면, 90% 이상의 교회들이 원금을 갚을 능력이 없어서 5년 거치를 연장했다. 이렇게 5년 거치를 한두 번 하면 10~15년간은 이자만 내고 건물을 유지할 수 있다. 건축을 주도했던 지도자들은 별 탈 없이 은퇴할 수 있다.

하지만 은행을 갈아타면서 교회가 감당해야 할 이자는 높아진다. 건축한 지 10~15년이 지난 후 후임 목사와 교인들이 부채를 물려받을 때 이자율은 10%대로 높아져서 이자 부담이 최초보다 2~3배 커진다. 은행을 바꾸어서 5년 거치를 한 번 더 할 수도 없다. 해주지도 않을뿐더러 하더라도 이자 부담이 더 커진다. 하는 수 없이 원금을 분할 상환해야 한다. 이때가 2025~2030년경이다. 원금 분할 상환 기간을 10년으로 잡으면 '이자+원금 분할 상환분'이 건축 당시 최초 이자분의 4~5배가 된다. 만약 20년 분할 상환을 선택할 경우에는 최초 이자분의 3~4배 정도가 된다. 이 정도를 감당하려면 앞으로 10~15년 후 교회가 지금보다 최소 두 배 이상은 성장해야 한다. 교인들의 경제력도 지금보다 더 좋아져야 한다.

2014년에 연 5%의 이자율로 3천억을 빌려 교회를 지은 초대형 교회를 가정해 보자. 이 교회는 2030년까지 16년 동안 5년 거치 연장을 두 번 하면 대략 원금 3천억보다 많은 이자를 내게 된다. 원금 3천억은 그대로 남아 있다. 원금을 갚기 전까지 교회 건물은 법적으로 은행 소유다. 교인들은 16년 동안 3천억 넘게 임대료를 내며 은행 소유의 건물을 일주일에 두세 번 사용하게 되는 것이다. 2030년에 원금 분할 상환이 시작된다. 거치를 연장하면서 이자는 10%까지 치솟는다. 2030년부터는 이자 300억과 원금 300억을 동시에 내야 한다. 1년에 총 600억을 금융 비용으로 내야 한다. 원금을 갚아 가면서 이자와 원금 분할 금액이 줄어들겠지만, 최초에는 이 정도를 내야 한다. 참고로, 1년에 내야 하는 600억 원은 5만 명 정도의 교세를 가진 서울 부자들이 다니는 교회의 1년 전체 예산이다.

2030년부터 이렇게 10~20년을 갚아 나가는 상황을 생각해 보자. 과연 가능할까? 1년에 600억을 이자와 원금 분할 상환 비용으로 내려면 한 달에 50억씩을 은행에 내야 한다. 한 주에 12억의 헌금이 소요된다. 12억을 헌금으로 거두려면 주일 헌금을 1만 원씩 내는 12만 명의 교인들이 필요하다. 12만 명의 교인들이 매주 1만 원씩 헌금을 20년간 해야 한다. 240개월을 계속해야 한다. 1,080주 동안 헌금을 해야 한다. 다 갚고 나면 2050년이 될 것이다. 2014년부터 2050년까지 그 교회가 은행에 준 총금액은 대략 7천억이 될 것이다. 이 고통은 전부 교인들의 몫이다.

15년 동안 이자로 3천억을 냈더라도 16년째 되는 해에 이자와 원금을 내지 못하는 상황이 되면 어떻게 될까? 은행이 도와주지 않는다. 은행은 손해 본 것이 아니기 때문이다. 15년 동안 받은 이자만으로도 원금을 회수한 셈이기 때문에 인정사정없이 곧바로 담보물이 되는 교회 건물을 채권 회수를 하는 회사에 절반이나 3분의 1 가격에 판다. 그만큼이 수익이 된다. 채권 회사는 경매에 건물을 넘겨 수익을 낸다. 이와 같은 방법으로 미국 최고의 교회 중 하나였던 수정교회가 역사 속에서 사라졌다.

부채를 짊어진 대부분의 교회가 파산이라는 최악의 상황을 피하고자 20년 동안 재정의 절반, 혹은 최대 70~80%를 금융 비용으로 지출하는 일이 현실이 된다면 어떻게 될까?

가장 먼저 교역자 수를 줄일 것이다. 인건비를 줄여 금융 비용을 마련해야 하기 때문이다. 그러면 사역의 전문성이 떨어진다. 평신도를 아무리 잘 훈련시켜도 사역자가 해야 할 영역이 분명히 있다. 그뿐 아니다. 재정 상황이 최악이므로 국내외 선교가 불가능해진다. 중대형 교회들이 국내 도서 지방이나 농촌, 개척 교회를 지원할 수 없게 되면서 풀뿌리 교회도 타격을 받는다. 2만 5천 명의 해외 선교사들의 절반 이상이 선교 지원이 끊긴다. 교회 내부에서도 거의 모든 사역이 멈추거나 최소한으로 유지된다. 교육 부서 재정도 긴축 운영된다. 교육 부서의 위기가 오리라는 것은 불을 보듯 뻔하다. 다음 세대와 미래를 위한 투자가 완전히 멈추게 된다.

이런 상태로 20년을 버텨야 한다. 2050년, 가까스로 교회는 잃지 않았지만 교인들은 거의 다 사라지고 없을 것이다. 20년간의 금융 사투 과정에서 많은 교인이 떠날 것이다. 교회에 큰 분란이 생겨서 쪼개질 것이다. 은혜는 사라지고 원망과 고통만 남을 것이다. 건물은 지켰지만 사람은 잃게 될 것이다. 교역자의 수를 줄여야 하는 판국에 은퇴 목사의 생활비를 교회가 감당하기란 힘들 것이다. 일부 눈치가 빠른 목사는 은퇴할 때 목돈으로 받으려고 해 교회와 큰 마찰을 빚게 될 것이다.

수많은 교회가 무리한 건축으로 감당하기 힘든 빚을 지고 있다. 그렇다면 건축하지 않은 교회들은 어떨까? 담임목사 사례를 제대로 주기도 힘든 재정 상황이다. 부교역자의 80%는 100~250만 원의 생활비를 받는다. 60%는 사실상 200만 원 미만을 받는다. 2014년 한국 최저생계비는 2인 가족이 102만 7,417원, 3인 가족이 132만 9,118원, 4인 가족이 163만 820원이다. 대법원은 정부가 정한 이 기준이 현실적이지 않다고 판단하고 실제적인 최저생계비는 정부 기준의 1.5배라는 판결을 내렸다. 이 기준이면 결혼하고 아이가 없는 30대 전도사에 해당하는 2인 가족의 최저생계비는 154만 1,126원이다. 결혼해 아이가 있는 전도사나 부목사에 해당하는 3인 가족의 최저생계비는 199만 3,677원, 4인 가족의 최저생계비는 244만 6,203원이다. 현재 80%의 부교역자들이 최저생계비 이하를 받고 있다. 2028년에는 이 정도 사례비를 받을 수 있는 사역지마저도 없어질 위기다.

필자가 예측한 2028년의 한국교회, 2050년의 한국교회의 예측이 현실이 되지 않는다는 보장을 그 누구도 해서는 안 된다. 그와 같은 근거 없는 낙관론, 터무니없는 장담, 행동과 희생이 없는 희망을 장담하다가 청년 대학부를 전부 잃었다. 청소년부를 잃었다. 지금 어린이 부서를 잃고 있다. 30대층도 교회를 빠르게 이탈하고 있다. 계속 그렇게 하다가는 주일학교 전체를 잃을 수도 있다. 30~50대층도 결코 예외는 아니다.

▼ ▼ ▼

## 2050년 초고령화된 한국교회

역동성, 교인 규모, 재정 여력 등 거의 모든 것을 상실한 한국교회는 2050년 초고령화된 한국이라는 또 다른 위기를 맞이해야 한다. 자연스럽게 한국교회는 초고령화될 가능성이 크다. 자칫 잘못하면 초고령화된 한국 사회보다 더 초고령화될 가능성이 크다. 저출산 고령화로 인해 2050년 한국은 65세를 넘는 사람이 전체 인구의 46%를 차지하게 된다. 초고령화 사회란 65세 이상이 전체 인구의 20%를 차지할 때 쓰는 용어인데, 이를 감안한다면 46%는 엄청난 비율이다.

2050년이 되면, 한국의 총인구는 600~800만 정도가 감소한다. 곳곳에 빈집이 늘어난다. 한국보다 앞서서 초고령화 시대로 접어든 일본은 2060년경에 8,600만 명 수준으로 총인구가 감소한다. 일본은 현재 저출산과 경기 침체, 1인 가구의 증가로 4인 가구가 살 만한 집이 해마다

20만 채 정도 빈집이 된다. 분당의 2배 규모다. 일본의 수도인 도쿄의 경우 11%에 해당하는 75만 채가 벌써 빈집이다. 이런 추세가 지속되면 2050년 일본은 1,500만 가구가 빈집이 될 것으로 예측된다.

젊은이가 빠르게 감소하고 있는 일본은 사립대의 40%가 정원을 채우지 못하고 있으며, 2년제 대학은 지난 15년 동안 200개가 사라졌다. 동물원, 놀이동산, 수영장, 볼링장, 스키장 등은 입장객이 크게 줄었다. 반면에 의료 및 복지 비용은 해마다 기하급수적으로 증가하고 있으며, 재정 부족으로 사회 기반 시설 총투자액은 매년 3%씩 감소하고 있다. 이미 일본 지자체의 절반 이상은 고령화 비율이 50%를 넘어섰다. 세금이 걷히지 않고 지방채를 발행할 여력도 없다. 부족한 사회 기반 시설이나 노후화된 공공시설을 유지, 보수할 엄두도 내지 못하고 있다. 주민들은 미래가 없는 도시를 떠나 대도시로 이주하고 있다. 2034년이면 일본은 이미 구축된 인프라를 갱신하거나 유지할 비용이 제로가 된다. 사회가 유지되기 힘든 상황이 되면 안전사고는 늘어나고, 범죄 발생률은 높아진다. 일본 곳곳이 황폐해지고 있다.

이것이 전 세계에서 가장 빨리 늙어 가는 일본의 현재 모습이다. 한국은 일본보다 더 빠른 속도로 늙어 가고 있다. 2050년 감소한 만큼의 인구와 경제 규모를 보충하기 위해 한국 정부는 어떤 정책을 구사해야 할까? 방법은 단 하나다. 외국인 근로자들의 유입을 지금보다 6~7배 늘리는 것이다. 그러면 2050년경 국내 외국인의 숫자는 800~1천만 명까지 이를 수 있다. 5명 중 1명은 외국인 근로자가 되는 것이다. 2050년이 되면 한국 근로 시장에서 고령 근로자는 29%를 차지하고, 외국인 근로자는 36%에 이르게 된다. 고령 근로자와 외국인 근로자의 권리를 보호하기 위한 정치적 행동이 시작되면서 이들의 표를 등에 업은 정치 세력이 등장할 것이다. 외국인 근로자는 종교적인 틀 안에서 집결해 세력을 형성할 것이다. 특히 이슬람의 득세가 예상된다.

초고령화의 저주는 국가 재정 부담을 크게 늘린다. 경제성장은 완전히 멈추게 된다. 평균 생활수준은 형편없이 떨어지고, 부동산 가격 하락, 내수 시장 붕괴 및 사회 활력이 완전히 저하된다. 농촌이나 중소 도시의 경제는 파산에 이른다. 세금 징수액도 급격히 감소한다. 이 모든 상태를 지방정부와 중앙정부가 감당하기란 불가능하다. 지방정부의 파산은 헤어나올 수 없는 늪이 된다. 중앙정부도 파산을 피하기 힘들다. 국가는 늘 외환 위기의 가능성에 놓여 있게 된다. 젊은이들은 자기 부부, 자녀 세대, 양가 부모 세대, 조부모 세대를 부양해야 한다. 시간이 지날수록 부모 세대와 조부모 세대의 의료비는 증가한다. 자녀들의 교육비와 결혼 비용도 마련해야 한다. 자기 부부의 은퇴 이후도 준비해야 한다. 이 모든 것을 감당하기란 불가능하다.

2030년 이후 교회 건물을 지키기 위해 필사적으로 노력해서 살아남은 한국교회들은 초고령화의 늪에 빠진 한국을 맞이해야 한다. 필자의 예측으로는, 만약 이대로 간다면 2050년경이면 한국 기독교인의 숫자는 300~400만으로 줄어든다. 현재 천주교가 527만 명이다. 2050년 한국교회는 천주교보다 줄어든다. 현재 기독교의 절반이 될 것이다. 교육 부서는 전체 기독교인의 5~10%대로 줄어들 것이다. 영유아부, 유치부, 유년부, 소년부, 중등부, 고등부를 다 합친 교육 부서의 총인구는 15~40만 명 정도가 될 것이다. 한국교회 6만 5천 교회로 나누어 보면 교육 부서 전체의 평균 숫자는 교회당 6~7명 정도다. 장년의 80~90%

는 55세 이상 은퇴자가 될 것이다. 한국교회의 주력 세대는 70~80대가 될 것이다. 실제로는 현재 있는 교회 중에서 절반은 사라질 가능성이 크다. 살아남은 절반의 교회 중 90%는 교육 부서가 전멸할 것이다. 이것이 35년 후인 2050년 한국교회의 모습이다.

2050년경 기술 발달 사회의 모습도 한국교회에 위험 요소다. 2050년경이면 가상공간에서 영생을 꿈꾸는 시대, 사람 닮은 로봇과 로봇 닮은 사람의 시대, 생명공학 기술이 생명을 재창조하는 시대, 나노 기술이 하나님이 창조하신 생명과 물질의 구조를 재조합하는 시대, 화성과 같은 새로운 곳에 인류를 정착시켜 새로운 민족과 종족을 번식시키려는 계획이 실행되는 시대가 일상화되거나 현실이 된다. 이런 기술은 새로운 산업을 태동시켜 경제성장과 인류 문명의 발전, 그리고 삶의 편리함을 선물한다. 하지만 교회 안팎에서 심각한 윤리적 논쟁과 고민을 불러올 것이다.

한국 신학계와 교회 지도자들은 이혼이나 우울증으로 말미암은 자살과 관련된 윤리 문제도 해결하지 못하고 있다. 항간을 떠들썩하게 했던 체내 이식용 마이크로 칩인 '베리칩' verichip 논쟁에 대한 성경적 해석과 평가도 일치시키지 못하고 있다. 이런 수준에 머물러 있는 한국교회와 신학계가 2050년의 미래에 대응할 수 있을까? 가상공간에서 기억을 주입한 인공지능 아바타가 영생하는 시대, 가상현실을 활용한 사이버 섹스가 가능한 시대, 인간의 유전자를 조작해 인간의 탄생까지도 선택할 수 있는 시대, 병이 들면 모든 장기를 새것으로 교체해 완벽히 새로운 인간으로 재탄생할 수 있는 시대, 인간 복제 기술을 통해 잃어버린 자식을 다시 탄생시킬 수 있는 시대, 인간의 몸에 사이보그 기술을 접목해 기계 인간이 될 수 있는 시대, 화성에 식민지를 개척해 하나님이 주신 지구를 떠나 살 수 있는 시대가 도래하면 한국교회와 지도자들은 어떻게 목회를 해야 할까?

천지창조 5일째 되는 날 하나님은 바다와 하늘의 생물을 만드셨다. 6일째 되는 날에는 땅의 생물을 만드시고, 하나님의 형상과 모양대로 사람을 창조하셨다. 우리는 이것이 생물과 인간 창조의 끝이라고 생각했다. 하지만 2050년, 인간은 창세기 1장에 나오는 바다와 하늘과 땅의 생물, 그리고 인간 자체까지도 스스로 재창조할 수 있는 기술을 보유하게 될 것이다. 체세포 복제, 유전자 분석과 조작, DNA 합성 기술은 물론이고 더욱 발전한 바이오 생명공학 기술을 활용해 새로운 생명체나 변종 생물의 창조, 생물과 인간을 재창조할 수 있게 하는 기술이나 이론을 보유하게 될 것이다. 본래부터 하나님이 되기를 원했던 인간이기에, 타락 이후 파편적으로 남아 있는 하나님의 능력을 최대한 결합해 자신들만의 새로운 천지창조를 꿈꿀 수 있다. 21세기 말이면 하나님의 경지에 도전하는 인류 문명에 이를 가능성이 크다.

필자의 마음속에는 '이런 시대 속에서 발생할 많은 신학적이고 윤리적인 문제들에 대해서 한국교회는 과연 대응력이 있을까?' 하는 두려움이 있다. 교회가 이 문제들에 대해 올바른 성경적 입장을 연구해 제시하지 않는다면 2050년 교인들은 큰 혼란에 빠질 것이다. 이런 모든 위기에 대처하지 못하면 2050년 기독교는 한국의 종교 순위에서 4위로 곤두박질칠 것이다. 1위는 불교, 2위는 천주교, 3위는 이슬람 순이다. 지금의 추세라면 이슬람은 이 무렵 300~400만을 넘어갈 가능성이 크다. 2050년 한국은 역선교의 대상이 될 수 있다. 이슬람과 기독교 간의 종교 분쟁국이 될 수 있다.

한국교회의 무서운 미래다. 필자가 이토록 구체적으로 미래의 모습을 묘사한 이유는 단 하나다. 이런 미래가 오지 않도록 지금이라도 한국교회 전체가 돌이켜야 한다. 지금의 위기는 끝이 아니라 더 크고 무서운 위기로 가는 첫 관문에 불과하다. 지금이라도 한국교회가 갱신하지 않고, 새로운 소명을 감당하는 교회로 새롭게 태어나지 않으면 한국교회는 2050년경 최악의 상황을 맞이할 수 있다.

**위기는** 하나님이 우리에게 말씀하시는 방식이다. 위기를 통해 잠시 질주를 멈추고 달려온 길을 되돌아보게 하시는 하나님의 역사다. 그래서 위기가 곧 기회다. 위기가 곧 한국교회 희망의 시작이다. 이 기회를 놓치면 안 된다. 경제적 충격과 위기로 잠시 돈은 잃을 수 있으나 영적 반전의 계기로 삼아야 한다. 2~3년 후부터 시작될 경제 위기가 한국교회의 회복을 위한 첫 번째 반전의 계기가 되도록 준비해야 한다. 우리에게는 아직 마지막 10년이라는 기회가 있다.

## 2장

# 위대한 기회가
# 새로운 부흥을 만든다

### 대위기는 대기회와 한 쌍이다

이사야와 예레미야 시절 하나님의 경고를 무시한 이스라엘 백성처럼 행동해서는 안 된다. 당시에는 통찰력이 없고 왜곡된 영성을 가진 지도자들이 백성을 선동했다. 회개와 갱신보다는 근거 없고 망상이 가득한 미래 희망을 장담했다. 요셉처럼 위기를 대비하려는 지혜를 발휘하기보다 하나님이 자신들을 절대로 버리지 않으실 것이고, 그런 위기가 일어나지 않게 보호하실 것이라고 말하면서 시간을 허비했다.

지금은 이집트의 바로 왕처럼 겸손하게 다가올 위기에 대한 경고를 들을 때다. 요셉의 지혜를 따라 7년 흉년을 대비해야 할 때다. 다가오는 흉년을 준비해야 교인들을 살릴 수 있다. 한국교회의 영성 회복을 꾀할 수 있다. 한국교회의 무너짐을 막을 수 있다. 우리는 위기의 순기능을 생각해야 한다. 위기는 변화와 갱신의 기회를 만들어 주는 에너지다. 위기를 외면하거나 무시해서는 안 된다. 현명한 지도자는 위기가 가져다주는 에너지를 활용할 줄 안다.

2~3년 후 일어나는 첫 번째 위기는 2050년까지 이어지는 미래를 결정짓는 첫 단추다. 첫 단추를 잘못 끼우면 마지막 단추까지 잘못 끼우게 된다. 2~3년 후의 위기를 대비하지 못한 교회는 2050년에 사라진 한국교회 목록에 들어갈 가능성이 크다. 한국교회 전체가 2~3년 후의 위기를 대비하지 않으면 2050년 한국교회의 절반이 사라질 수 있다는 필자의 예측이 현실이 될 수 있다. 하지만 위기를 잘 활용한 교회는 첫사랑의 회복, 갱신과 새로운 영적 부흥의 기회를 만날 수 있다. 이집트의 흉년이 영원하지 않았던 것처럼 한국의 위기와 아시아 대위기도 2020년경이면 마무리 단계로 접어들 것이다. 그리고 그즈음 세계 경제는 분명한 회복기로 진입할 것이다. 그 후로 전 세계는 10~15년 정도의 새로운 호황기를 누리게 될 가능성이 크다.

필자는 기업인들을 만나면 이렇게 말한다. "아시아 대위기는 대담한 기회의 시작이다." 대위기는 대기회와 한 쌍이다. 대규모 경제적 위기는 경제 규모의 축소를 불러오지만 부의 대이동을 만든다. 큰 고난은 큰 영적 부흥과 대각성의 모판이 된다. 희망은 말로 크게 외친다고 오지 않는다. 희망은 위기를 극복할 때 자연스럽게 맺히는 열매다. 희망은 위기를 극복하려는 강한 의지를 갖춘 사람에게만 주어지는 영광스런 선물이다. 눈앞의 현실, 다가오는 위기를 외면하고 피해 도망가는 사람이 희망을 장담하는 것은 비겁한 자기 거짓말에 불과하다.

다가오는 한국 경제의 위기는 거품이 걷히는 과정에서 나타나는 자연적 현상이다. 필자는 기업인들에게 또한 이렇게 말한다. "생각을 바꾸라. 경제 위기는 곧 죽음이 아니다. 부의 상실이 아니다. 부의 축소도 아니다. 신용창조에 의한 경제성장 시스템하에서 경제 위기는 비대해진 거품이 걷히는 정상적인 상황이다. 경제 위기는 건강해지기 위해 폭식을 줄이고, 편안한 삶을 일시적으로 포기하고, 근본적으로 삶을 개선하는 현명한 선택이다. 이 과정이 진행되면서 부의 대이동이 나타난다. 이 변화를 빨리 알아채서 부의 대이동의 길목을 지키면 대기회를 손에 쥘 수 있다. 역사적으로 거의 모든 거부는 이렇게 돈을 벌었다. 대위기를 대기회로 바꾸었다. 빠르면 2~3년 후 아시아에 이 기회가 다시 찾아온다. 당신은 두려움에 떨기만 할 것인가, 아니면 정신을 바짝 차리고 부의 대이동의 길목을 지킬 준비를 시작할 것인가?"

교회도 마찬가지다. 다가오는 대위기를 대기회로 바꾸기 위해서는 조건이 하나 있다. 위기의 핵심이 무엇인지를 정확하게 진단해야 한다. 교인들과 위기를 공유해야 한다. 함께 기도해야 한다. 함께 희생을 시작해야 한다. 필자가 지목한 한국교회 교인들의 경제적 상황, 직장과 사업의 상황, 사회적 갈등과 고통의 상황을 좀 더 자세하게 들여다보라. 2~3년 후에 한국에서 발생할 확률이 커지고 있는 금융 위기 가능성을 깊이 생각하라. 교회 빚은 목사가 아니라 교인들이 20~30년 동안 갚아야 한다는 것을 기억하라. 목회자와 장로들이 은퇴한 후에도 교인들은 교회에 남아서 엄청난 빚을 다 갚아 내야 한다. 지금이라도 무한 경쟁을 멈추어야 한다. 욕망을 내려놓아야 한다. 이미 빚을 짊어진 교회는 최대한 빨리 빚을 줄이도록 애써야 한다. 교인들의 고통이 2050년까지 지속되지 않게 해야 한다. 그렇지 않으면 우리가 생존하는 동안 우리가 섬기는 교회가 역사 속에서 사라지는 엄청난 고통을 맞이해야 한다. 최소한 2~3년만큼은 희망을 장담하는 말을 삼가야 한다. 대신 위기를 극복하자고 말해야 한다. 섣부른 희망을 말해 위기를 극복할 시간을 놓치게 해서는 안 된다. 위기를 극복할 시간마저 빼앗는다면 두고두고 후회할 것이다.

▼ ▼ ▼

## 한국교회에 불어닥친 위기의 2가지 이유

지금이라도 돌아서면 희망은 있다. 위기를 극복하면 새로운 부흥과 도약의 기회가 한국교회를 기다리고 있다. 이것이 필자가 위기를 예측하고 경고하는 이유다. 하나님도 한국교회를 포기하지 않으신다. 그래서 우리에게 돌아설 기회를 주신다. 요셉의 시대처럼 흉년이 오기 전에 미리 준비할 시간을 주신 것이다.

성경에 나오는 위기는 두 가지다. 하나는 죄 때문에 만들어진 위기다. 이 경우 회개하면 하나님이 위기를 거두신다. 니느웨 성처럼 멸망 직전까지 가더라도 회개하면 하나님이 그 재앙을 걷어 가신다. 그러나 회개하지 않으면 이스라엘 백성처럼 나라를 잃고 그발 강가에서 슬피 울게 하신다. 또 하나의 위기는 죄와 상관없이 하나님의 뜻이 있어서 발생한다. 창세기 41장에 나오는 7년의 흉년이 바로 그런 위기다. 이는 구속사 측면에서 반드시 필요한 위기다. 그래서 기도해도 이런 위기는 사라지지 않는다. 이런 위기에 직면하면 요셉처럼 하나님의 영에 감동된 지도자는 하나님의 뜻을 통찰하고 위기를 대비한다. 위기 가운데 하나님의 뜻이 실현되도록 협력할 준비를 한다. 교인들이 위대한 하나님의 구속 사역에 동참할 수 있도록 인도하고, 가르치고, 준비한다. 이집트와 주변 국가에 들이닥친 극심한 7년의 대흉년은 구속사적인 측면에서 아주 중요했다. 하나님이 아브라함에게 "하늘의 별처럼, 바다의 모래알처럼 네 민족이 장성하리라"라고 하신 약속을 이루시기 위해 반드시 필요한 위기였다. 출애굽할 때 장정만 60만이고 전체 인구는 200만이 넘는 대민족이 되게 하시는 데 절대적으로 필요한 위기였다. 조선시대 초기에 인구가 70만밖에 안 되었다는 것을 생각할 때 200만이란 대단한 숫자다. 무장이 전혀 되지 않은 민간인 200만 명이 광야를 지나가는데, 이는 주변 민족이나 가나안 국가들이 긴장하고 두려움에 떨 정도로 엄청난 규모다.

야곱의 가족 70명을 불과 400년 만에 200만 민족으로 성장시키시기 위해서는 당대 최고의 국가인 이집트라는 모판이 필요했다. 70명의 야곱의 집안 식구를 이집트로 불러와 최고의 곡창지대에서 최고의 귀족 집안으로 대대손손 안정적으로 성장시키시기 위해서는 요셉이 노예로 팔려야 했다. 요셉이 총리가 되고 7년의 대흉년이 없었더라면 야곱은 이집트로 내려가 정착하지 않았을 것이다. 야곱이 어떻게 하나님이 아브라함과 이삭에게 주신 약속의 땅을 떠날 수 있단 말인가! 한두 달도 아니고 수백 년을 하나님이 주신 땅에서 멀리 떠나 살 수 있단 말인가! 그런 의미에서 요셉의 고난과 전 세계에 불어닥친 7년의 대흉년은 구속사에서 아주 중요한 사건이라고 평가할 수 있다.

성경을 보면, 야곱이 이집트로 내려간 이유는 두 가지였다. 하나는 아들을 찾았기 때문이고, 다른 하나는 흉년이 시작되었기 때문이다.

성경의 정황을 보면, 야곱은 가나안 땅을 떠나서 이집트로 내려가는 순간까지도 요셉을 만난 뒤 가나안 땅으로 돌아오려고 했다. 흉년을 무사히 보낼 수 있는 곡식이 마련되는 즉시 하나님이 주신 기업인 가나안 땅으로 돌아오려고 했다. 그래서 야곱이 이집트로 내려가는 도중에 하나님이 나타나셨다. 그리고 이집트에 내려가는 것을 두려워하지 말라고 말씀하시며 아브라함과 이삭에게 하신 약속을 기억하게 하셨다. 그 위대한 약속이 이집트에서 이루어질 것이라며 미래를 보게 해주셨다.

한국교회에 불어닥치고 있는 위기 역시 두 가지 이유 때문이다. 하나는 한국교회의 죄악 때문이다. 제자답게 살지 못한 우리의 죄 때문이다. 그러므로 우리는 니느웨 성 사람들처럼 지도자부터 어린아이에 이르기까지 회개하고 삶을 갱신해야 한다. 다른 하나는 아직은 밝히 알 수 없으나 하나님이 이끌어 가시는 거대한 구속사에서 지금은 위기가 필요하기 때문이다.

한 인간이 성장하기 위해서는 성공의 경험만으로는 부족하다. 위기의 경험, 고통의 경험이 필요하다. 성공을 통해서도 많은 것을 배울 수 있다. 하지만 참다운 인간, 이웃을 배려하고 국가를 사랑하는 성숙한 인간이 되기 위해서는 고통과 실패의 경험 또한 반드시 필요하다. 시행착오 없이 성공한 사람은 아무도 없다. 위기와 기회를 반복해서 겪지 않고서는 큰 기업이 될 수 없다. 한국교회가 더욱더 하나님께 쓰임 받기 위해서는 성장의 경험도 필요하지만 고난과 고통의 경험, 위기의 경험도 필요하다. 기회는 우리의 겉모습을 크게 해주지만 위기는 우리의 속마음을 점검하게 해준다. 기회는 우리를 부흥하게 해주지만 위기는 우리를 성숙하게 해준다. 이렇게 생각할 때 우리는 비로소 위기 가운데 희망을 선포할 수 있다.

▼ ▼ ▼

## 고도화된 기술 사회가 새로운 부흥의 상황을 만들 것이다

필자가 예측한 큰 혼란과 위기 뒤에 하나님이 한국교회에 주시는 위대한 기회가 온다. 하나님이 상황을 바꾸고 계신다. 큰 혼란과 위기 상황 속에 하나님이 숨겨 놓으신 놀라운 부흥과 갱신의 기회가 있다. 한국교회를 위해 밤새워 우는 하나님의 사람들이 간절히 바라고 부르짖은 한국교회의 회복과 새로운 부흥의 기회가 있다. 우리를 흥분시키는 위대한 영적 대부흥의 조짐이 시작되고 있다. 구속사에서 한국교회를 한 번 더 사용하실 하나님의 계획이 있다. 하나님이 새로운 부흥의 상황을 만들어 가고 계신다.

미래학자 존 나이스비트는 『메가트렌드 Megatrends』에서 '하이테크High Tech, 하이터치High Touch 현상'을 예측했다. 기술이 고도화될수록 사람들은 감성을 더 중요하게 여긴다. 인간다움을 표현하고 느끼기를 원한다. 기술 발달로 더 많은 것을 가질수록 마음의 공허함은 더 커진다. 기술이 인간을 둘러쌀수록 마음속 깊은 곳에 있는 공허함을 만져 주기를 원한다. 기존의 서비스를 대신하는 기술적 편리함에 둘러싸일수록 인간적 서비스를 목말라한다. 정확하고 빠른 기계적 서비스로 신뢰가 높아져도 따뜻한 위로의 말을 건네는 서비스를 원한다.

문명이 발달해 신 없이 살 수 있는 시대로 갈수록 마음속 깊은 곳에 있는 종교성은 더 방망이질한다. 하이터치를 더 갈망한다. 문명이 발달할수록 영적인 세상을 더 그리워한다. 인간의 능력이 신에 가까워질수록 진짜 신을 더 생각하게 된다. 기술의 발달이 종교의 부흥기를 이끈다. 기술의 고도화가 영성의 고도화를 이끈다. 감성 경영을 넘어 영성 경영이 주목받고 있는 것이 실례다. 점집은 매년 40%씩 성장 중이다. 이단은 계속해서 늘어난다. 신천지는 아예 교단으로 성장하고 있다. 뉴에이지는 전 세계에 프랜차이즈를 깔고 있다. 천주교도 지난 20여 년 동안 2배 성장했다. 이슬람은 무섭게 성장 중이다. 교회 밖에서는 새로운 종교 부흥기가 무르익어 가고 있는 증거들이 속속 나타난다.

이런 변화의 힘들 때문에 필자는 '영성 사회' 도래의 가능성을 예측했었다. 환상적인 기술, 육체적 노동의 종말, 평균수명 100~120세 시대, 건강하게 오래 사는 불로장생 시대, 두뇌의 자동화와 인공지능 서비스 시대를 넘어서면 그다음은 '영성'이 화두로 떠오를 것이다. 꿈이나 가치, 그리고 종교성이나 영성이 인간의 주된 관심사가 될 것이다. 주요한 일거리가 될 것이다.

정보화사회에서는 권력이 자본가에서 개인으로 넘어가는 혁명이 이루어졌다. 놀라운 일이다. 감히 100~200년 전에는 상상할 수도 없는 일이었다. 하지만 정보화시대는 여전히 물질 사회다. 물질을 만드는 생산 재료, 수단과 방법, 그리고 주체가 달라졌을 뿐이다. 하지만 영성 사회에서는 비물질을 중요하게 생각하는 혁명적 상황이 일어날 것이다. 물질은 여전히 존재하고 중요하겠지만 정신적이고 영적인 가치와 신념이 더 중요하다는 말을 하기 시작할 것이다. 기술 발달이 겉으로는 환상적인 사회를 만들어 주었지만 정신적이고 영적으로는 불안정을 야기하고, 10년 단위로 계속되는 빠른 변화가 100세를 살아야 하는 인간에게 죽는 날까지 새로운 요구와 노력을 강요하기 때문이다.

세계화의 역트렌드로 세계 곳곳에서 다양성이 표출되고, 다양함의 갈등이 스트레스와 분쟁으로 발산되면서 인간은 겉모습은 화려하고 아름답지만 속마음은 공허함이 날로 커질 것이다. 새로운 환경, 새로운 직업, 새로운 동료, 새로운 가족, 새로운 능력, 새로운 삶의 방식, 새로운 기술에 대해 적응해야 하는 압박이 지속되면 사람들은 피로해진다. 정신적으로 황폐해진다. 물질의 중요성보다는 비물질적 '그 무엇'을 갈망하게 된다. 새로운 정신적 구심점을 찾으려는 욕구가 커진다. 영적 욕구 기반 사회, 가치 욕구 기반 사회로 돌아가자는 운동이 곳곳에서 일어나게 될 것이다. 존재의(영적) 질을 최적화하는 사람이 진짜 부요한 자라는 새로운 해석이 나타날 것이다.

기술 발달로 기본적인 의식주 문제가 해결되거나, 의식주가 삶의 큰 영역을 차지하지 않아도 되는 시대로 바뀌면 사람은 자신의 존재 이유에 대해서 진지하게 묻게 될 것이다. 100~120세를 어떻게 살아야 하는지, 어떤 목적을 갖는 것이 보다 가치 있는지, 물질 사회 및 비물질 사회 이후의 세상은 무엇인지, 죽음 이후의 세상은 무엇인지를 진지하게 묻게 될 것이다. 더욱 많은 사람이 특정 대상에 영적으로 몰입하기를 원할 것이다. 그것은 눈에 보이는 물질일 수도 있고, 눈에 보이지 않는 비물질일 수도 있다. 인간과 기계의 능력을 넘어서는 신비적 현상일 수도 있고, 특정한 종교일 수도 있다. 물론 이런 변화가 기독교의 부흥을 약속하지는 않는다. 그러나 종교나 영적 세계에 대한 관심이 증가하는 것은 분명하다. 이것 역시 하나님이 만들어 가시는 새로운 부흥의 상황이다.

▼ ▼ ▼

## 근대화의 위기가 새로운 부흥의 상황을 만들 것이다

지난 50년간 한국 사회의 대표적인 키워드는 '한강의 기적', 혹은 '기술사회'였다. 6·25전쟁의 폐허에서 전 세계 10% 안에 드는 선진국이 되었다. 세계 최고 수준의 기술 사회가 되었다. 외국인의 눈에 한국은 기적의 나라다.

앞으로 20년간 한국 사회를 대표하는 키워드는 '위험 사회' Risk Society 다. 독일의 유명한 사회학자 울리히 벡 교수가 처음 주장한 개념이다. 1986년, 울리히 벡은 성찰과 반성이 없이 근대화를 이룬 현대사회가 직면할 현재와 미래의 모습을 '위험 사회'라고 묘사했다. 그는 근대사회가 전근대보다 상대적으로 풍요롭고, 발전되고, 자유롭지만 과학기술이 자본과 결탁하고 막강한 군사력을 앞세워 국가 단위의 폭력이 득세하면서 세계적인 불평등과 폭력의 위험이 커졌다고 평가했다. 현대인은 산업화와 자본화를 통해 풍요로운, 고도의 기술 사회를 이룩했지만 발전 속도를 따라가지 못하는 성찰과 반성의 부족으로 위험을 일상화시켰다고도 말했다.

울리히 벡에 의하면, 근대화로 인해 전통 사회의 좋은 원리, 구조, 제도가 파괴되면서 위험, 실업, 빈곤 등을 개인이 감당하게 되었다. 이런 위기를 해결하지 않을 경우 위험과 불안이 사회 전반에 가득 차게 되어 인간 생존이 위협받는 상태까지 이를 것으로 경고했다. 지난 한 해 동안 한국에 일어난 위험들을 보라. 체육관 붕괴 사건, 세월호 사건, 판교테크노밸리 환풍구 붕괴 사건 등은 위험이 일상화된 한국 사회를 단적으로 보여 준다. 일련의 사고들은 안전 불감증이 원인이다.

즉 발전에 걸맞은 성찰과 반성의 부족이다. 한국 사회는 이미 위험 사회로 진입했다.

위험 사회를 해결하는 방법은 '성찰적 근대화'로 방향을 돌리는 것이다. 폭주하는 기차를 잠시 멈춰 세워 지난 1차 근대화를 반성하고 성찰하는 것만이 사회를 새롭게 하는 출발점이 될 수 있다. '인간이란 무엇인가'에 대한 성찰과 반성, 기술에 대한 성찰과 반성, 자본주의에 대한 성찰과 반성을 해야 한다. 2008년 글로벌 위기는 자본주의에 대한 근본적 반성과 성찰을 요구하고 있다. 한국을 금융 위기로 몰고 가고 있는 가계 부채와 부동산 거품 문제, 중산층 붕괴와 부의 불균형 문제, 대기업과 중소기업 간의 불공정 거래와 자본 수익의 불균형 문제, 친구를 밟고 일어나야 내 자리를 지킬 수 있는 극심한 경쟁 사회 등은 우리에게 근본적 반성과 성찰을 요구하고 있다.

현재 모습에 대한 근본적 성찰과 반성의 요청이 커질수록 종교의 역할이 중요해진다. 위험이 일상화될수록 사람들은 안전한 피난처를 찾는다. 자신을 뒤돌아보게 된다. 인간이란 무엇인지 깊이 생각하게 된다. 기독교 내부에서도 하나님의 형상으로서의 인간, 하나님의 현존에 대한 깊은 성찰이 시작된다. 이 역시 하나님이 만들어 가시는 새로운 부흥의 상황이다.

이러한 반성과 성찰은 진리가 무엇인지에 대한 질문에까지 이르게 할 것이다. 우리를 붙잡아 줄 참된 이치가 무엇인지, 사회를 재건할 참된 기준과 도덕이 무엇인지, 인간의 탐욕과 타락을 제어해 주는 참된 종교가 무엇인지에 대해 질문하게 될 것이다. 지금은 신뢰가 무너지고 권위가 해체되는 흐름이 강하다. 처음에는 불신과 실망감으로 기존의 권위에 회의감을 보인다. 자신과 같은 생각을 하는 집단을 찾거나 자신의 깊숙한 내면이 숨을 곳을 찾아 도피하거나 상대주의를 선택한다.

기존에 있던 모든 진리와 권위를 해체하는 해체주의는 개인을 파편화시켜 상대적 비교만을 남긴다. 절대적 진리, 유일한 진리, 일반적 진리가 붕괴된다는 말은 진리의 상대화, 권위의 상대화를 낳는다. 교회도, 교인도 예외가 아니다. 교회 안에서 '친절한 불가지론'이 팽배해지는 이유다. 문제를 해결하는 방법이나 상황을 판단하는 절대적 기준이 사라지고 오직 자신의 경험과 생각이 새로운 기준이 되어 버린다. "예수 믿으면 구원받는다"라는 말이나 '복음주의'라는 단어 안에 발을 담고만 있으면 나머지 모든 것은 개인의 해석과 경험의 차이로 이해해 주는 분위기가 널리 퍼져 있다. 기독교 안에서 장로교, 침례교, 감리교, 성결교 등 교단 간의 색깔이 빠르게 없어지고 있다. 당분간 이 흐름은 바꾸기 힘들 것이다. 더 많은 사람이 이 흐름에 동참할 것이다. 여기에 위험이 있다. 이 위험이 지속된다면 한국교회의 영성이 무너진다. "예수만이 참 구원이시다"라는 기준마저 해체되면 기독교는 끝날 수 있다는 두려움이 생긴다.

하지만 시간이 지나면 중요한 역트렌드 현상이 나타날 것이다. 신뢰가 무너지고 모든 권위가 해체되어 피로한 상황이 되면 '진짜'를 찾게 될 것이다. 신뢰가 무너졌기 때문에 회의를 느끼고 기존의 권위에 대해 모조리 부정하고 의심하는 것으로는 자신을 지킬 수 없다. 자신을 지키기 위해서는 진짜를 찾아 자신을 의탁해야 한다. 진짜 기준이 무엇인지에 대한 회복과 재건을 원하는 흐름이 생겨날 것이다. 이 역시 하나님이 만들어 가시는 새로운 부흥의 상황이다.

▼ ▼ ▼

## 인구 대이동이 새로운 부흥의 상황을 만들 것이다

지난 20~30년간 한국은 도시화가 가속화되었다. 인구 이동이 시골에서 중소 도시로, 중소 도시에서 대도시로 계속해서 이루어졌다. 젊은 이들은 시간이 갈수록 직장을 따라 도시로 이동했다. 그 결과 농어촌 교회는 초고령화가 되었고, 중소 도시 교회는 청년들이 사라졌다. 어린 이들이 줄어들면서 교육 부서 붕괴가 가속화되었다. 대도시에서도 대형 교회 중심으로 수평 이동이 이루어졌다. 그래서 "농어촌 교회, 중소 도시 교회들은 미래가 없다"는 말이 상식처럼 되었다. 빠르면 10~20년 이내, 늦어도 30~40년 이내에 상당수 농어촌 교회, 중소 도시 교회가 사라질 것이라는 예측도 가능하다.

필자도 이런 예측에 동의했다. 하지만 한 가지 희망이 있다. 앞으로 벌어질 한국 사회의 새로운 인구 이동 가능성이 농어촌 교회와 중소 도시 교회들에게 새로운 부흥과 회복의 기회를 줄 수 있다. 2028년, 한국 사회는 5천 년 역사상 가장 극적인 인구구조 변화가 예측된다. 전체 인구의 50~55%가 55세 이상 은퇴자다. 숫자로는 2,500~2,700만 명가량이 될 것이다. 이들은 은퇴 후에도 자식의 도움 없이 30~40년을 일하면서 살아야 한다. 재정적으로 급감된 상태에서 살아야 한다. 그래서 이들은 강남처럼 사회적 비용이 상대적으로 비싼 지역이나 도시에서 살기 힘들다. 살 필요도 못 느낀다. 복잡한 곳이 싫어지기도 한다. 그래서 인구의 대이동이 예측된다. 55세 이상의 사람들은 시간이 갈수록 도시 외곽이나 중소 도시로 이사할 것이다. 농어촌으로 되돌아가는 사람들도 계속 있을 것이다.

지난 50년이 대도시나 수도권을 중심으로 인구가 이동했던 시기라고 한다면, 앞으로 50년은 도시 외곽이나 중소 도시, 그리고 농어촌으로 인구가 이동하는 시기가 될 것이다. 물론 모든 중소 도시나 농어촌이 혜택을 받는 것은 아니다. 인구의 대이동을 미리 준비하는 중소 도시나 농어촌이 혜택을 받게 될 것이다. 상황이 이렇게 극적으로 전환되면 중소 도시 교회나 농어촌 교회들에게도 새로운 희망이 생길 것이다. 사라짐을 면할 기회가 만들어질 것이다. 준비하는 교회와 목회자들만이 이런 상황 변화를 기회로 바꿀 수 있다.

인구의 이동은 한국뿐만 아니라 국제적으로도 일어날 것이다. 21세기 말까지 전 세계 인구는 최소 120억 명에서 최대 140억 명까지 증가할 것이다. 대부분 인구 증가는 남반구에서 이루어질 것이다. 선진국이 있는 북반구는 저출산 고령화로 인해 인구가 감소하거나 정체될 것이다. 하지만 남반구는 기술이 발전하고 사회가 변화되면서 인구 증가가 지속될 것이다. 인구 증가만이 아니다. 인구의 대이동도 계속될 것이다. 선진국이 자국 경제를 지속적으로 발전시키려면 외부에서 인구 유입을 계속해야 한다. 아시아로 부의 이동이 진행되면서 유럽과 미국 중심으로 이동했던 인구가 아시아로 전환될 것이다. 유럽과 미국의 인재들도 아시아로 이동할 수 있다. 빙하시대 이후 전 지구 차원에서 최대의 인구 이동이 일어날 것이다.

이런 변화들은 한국교회의 선교를 향한 도전을 새롭게 자극할 것이다. 한국 내부에서도 역선교 도전이 발생하고, 인구가 급증하는 남반구를 대상으로 하는 새로운 선교지의 부상에 강한 도전을 받게 될 것이다. 이 역시 하나님이 만들어 가시는 새로운 부흥의 상황이다.

▼ ▼ ▼

## 교회에 대한 마지막 기대가 새로운 부흥의 상황을 만들 것이다

　기독교인은 물론이고 비기독교인들도 한국교회에 대한 마지막 기대는 아직 버리지 않았다. 사랑과 기대가 큰 만큼 미움과 실망, 배신감도 크다. 한국교회가 다른 종교보다 더 많은 질타를 받는 이유는 더 많이 기대했기 때문이다. 기독교는 '사랑'을 전면에 내세우는 종교다. '하나님은 사랑이시다'라는 문구가 교회 안팎에 즐비하다. "하나님은 당신을 사랑하십니다", "예수님의 사랑으로 당신을 사랑합니다"라는 말을 입에 달고 살았다. 그래서 배신감도 컸다. 배신감이나 실망이 극에 달하면 비난이나 욕을 하지 않는다. 그냥 무시해 버린다. 입에 올리지도 않는다.

　그나마 아직 한국교회를 향해 질타를 보내고, 야유를 보내고, 괘씸하다고 말하는 것은 일말의 기대가 남아 있기 때문이다. 지금이라도 한국교회의 지도자와 교인들이 초심으로 돌아간다면 시대의 아픔과 고통 해결의 희망자로 한국교회를 다시 인정해 줄 것이다. 우리 민족은 외래 종교인 기독교를 마치 토종 종교인 것처럼 받아 주었다. 사랑하고 관심을 두었다. 한국교회가 다시 교회다움을 회복한다면 한국 사회와 국민은 다시 한국교회에 세상 구원의 희망을 걸 것이다. 하나님이 한국 사회와 국민이 교회에 대한 마지막 기대를 갖도록 마음을 붙잡고 계신다. 그 마음 위에 필자가 예측한 것처럼 당분간 한국의 위기가 지속되면 사람들은 '다시 한 번 종교에 희망을 걸어 보자' 하고 생각하게 될 것이다. 지구온난화, 생태계 파괴, 환경 재앙, 지진과 화산 폭발, 기술 사회의 위협, 국제적 테러, 군사적 갈등, 경제 충격 등 인류 전체를 위협하는 위기가 빈번하게 발생하면서 위기감이 고조될수록 인류 구원에 대한, 신에 대한 희망을 다시 품게 될 것이다. 기독교에 개인과 사회 구원을 다시 요청하게 될 것이다. 이 역시 하나님이 만들어 가시는 새로운 부흥의 상황이다.

▼ ▼ ▼

### 통일 가능성이 새로운 부흥의 상황을 만들 것이다

빠르면 10년, 늦어도 30년 이내에 가능할 통일이 새로운 부흥의 상황을 만들 수 있다. 2025~2040년경 통일이 현실화될 수 있다. 지금부터 통일을 잘 준비하면 10~15년 정도 혼란과 위기를 거쳐서 2050년 이후 통일 한국의 안정기가 도래할 가능성이 있다. 한국교회가 2~3년 후에 일어날 가능성이 큰 경제 위기를 미리 준비하고, 각 교회의 부채 문제를 슬기롭게 대처해 나가며, 통일 이전 단계에서 그리스도의 복음과 사랑으로 통일 준비의 주체적 역할을 감당한다면 2025~2040년경 사이에 가능한 통일이 한국교회의 재도약에 큰 계기가 될 수 있다.

한국교회는 아무리 필자가 예측한 미래 위기들을 잘 대비하더라도 어느 정도는 고령화되고 재정적 침체에 빠질 것이다. 세계 선교에서도 상당 부분 동력을 상실하게 된다. 하지만 위기 가운데서 첫사랑을 회복하고, 새로운 시대에 맞는 소명을 회복하며, 예수 그리스도의 '혁명적 가치와 사랑'을 실현하면서 한국 사회에 예측되는 수많은 문제를 주체적으로 해결하는 대안적 공동체로 변화를 시작하고, 복음적 평화통일이 이루어진다면 반전의 계기 마련이 가능하다.

『2020-2040 한국교회 미래지도』에서 통일의 다양한 시나리오를 예측했다. 통일이 가져다주는 위기와 기회를 예측했다. 가장 위험한 시나리오는 3~4년 이내에 급작스런 흡수통일이 벌어지는 것과 10년 이내에 준비되지 않은 통일 시나리오다. 국가도, 교회도 준비되지 않은 통일을 맞이할 경우 한국 사회에는 경제 위기, 사회 혼란 등이 발생한다. 영적 혼란도 불가피하다. 북한교회의 순수한 영성을 빠르게 훼손시킬 수 있다.

독일처럼 국가와 교회가 앞으로 10~20년 정도 차근차근 통일을 준비한다면 통일의 위험을 크게 줄일 수 있다. 중장기적으로 큰 기회와 이득을 얻을 수 있다. 초고령화되어 가는 한국교회가 다시 젊어지는 계기를 마련할 수 있다. 장기 저성장에 머물러 있을 가능성이 큰 한국 경제가 한 번 더 크게 성장할 계기를 마련할 수 있다. 북한의 막대한 자원, 중국, 러시아, 유럽 대륙과 연결되어 새로운 경제적 기회 생성, 한반도의 군사적 긴장감 해소, 내수 시장의 증가, 생산 가능 인구의 증가 등으로 경제에 활력을 얻을 수 있다.

이럴 경우 부도 위기에 직면하고 재정적으로 크게 위축되어 가는 한국교회도 반전의 계기를 마련할 수 있다. 교인들이 늘어나면서 헌금이

다시 늘고, 북한 지역에 새로운 개척의 기회가 생기면서 풀뿌리 교회의 회복이 가능해지고, 주일학교의 새로운 부흥과 장년 사역의 역동성도 다시 꾀할 수 있다. 통일이 되면 중국과 곧바로 국경을 맞대게 되어 중국교회와의 긴밀한 선교 협력도 가능하다. 조선족에게 다시 선교할 기회도 얻게 된다.

더불어 2040~2050년경에 아시아로 부의 대이동이 완료되고 아시아의 시대가 열리게 된다. 통일 한국과 아시아 중심의 시대를 잘 활용하면 한국교회의 새로운 부흥의 계기를 마련할 수 있다. 한국교회가 기독교 역사와 세계 선교사에 최소 50~100년은 더 쓰임 받을 수 있게 된다. 하지만 전제가 있다. 한국교회의 갱신이 선행되어야 한다.

필자는 하나님이 한국교회에 한 번 더 기회를 주시기를 간절히 소망하고 기도한다. 고도화된 기술 사회, 근대화의 위기, 인구 대이동, 교회에 대한 마지막 기대, 통일 가능성 등 이 모든 것이 하나님이 만들어 가시는 새로운 부흥의 상황이기를 간절히 소망한다. 성령의 도우심을 입은 우리가 이런 상황 변화를 위대한 회복과 부흥의 기회로 만들어야 한다.

▼ ▼ ▼

### 경제 위기는 아프지만 첫 번째 반전의 계기다

상황은 상황일 뿐이다. 기회를 붙잡아 현실이 되게 하는 것은 우리의 결단과 행동이다. 두렵고 수치스러운 위기를 막고 반전의 계기를 마련하는 결단과 행동을 구체적으로 해야 한다. 한 손에는 믿음, 다른 한 손에는 지혜를 가지고 결단하고 행동해야 한다.

결정적으로 2~3년 후 다가오는 한국의 경제 위기가 반전의 계기를 만들어 줄 것이다. 이것을 놓치면 안 된다. 경제적 충격과 위기가 가져다주는 물리적인 아픔과 고통은 당분간 피할 수 없다. 하지만 영적으로는 반전의 계기로 삼아야 한다. 그래야 2020년 이후 경제적 회복 국면이 도래할 때 한국교회가 재도약의 계기를 만들 수 있다. 2050년 한국교회의 몰락을 막는 중요한 해법 단추가 되게 해야 한다. 그래야 필자가 예측한 2050년의 두려운 미래가 현실이 되지 않는다.

하나님은 이스라엘 백성을 징계하실 때 기근, 칼, 염병이나 전쟁을 사용하셨다. 지금은 다르다. 전염병이나 기근은 수천 년 전만큼 강력한 징계가 아니다. 인간의 대응력이 향상되었기 때문이다. 전쟁도 아니다. 핵이나 생화학 무기와 같은 대규모 살상 무기 때문에 세계 전쟁은 곧 지구의 멸망이다. 자본주의 시대에 가장 무서운 칼은 돈이다. 경제다. 하나님이 한국교회를 징계하기 위해 칼을 드신다면, 깨닫고 돌이키도록 막대기를 드신다면 가장 무서운 것이 경제 위기다.

지난 50년간 한국 경제의 성장은 한국교회가 국내외로 사역할 수 있는 동력을 제공했다. 하지만 한국 경제의 성장은 한국교회가 돈을 하나님과 같은 자리에 놓는 유혹에 빠지게도 했다. 돈의 능력이 성령의 능력과 동격이라는 착각에 빠지게도 했다. 사도 바울은 전도가 모범과 생명을 던지는 희생이라고 했다(행 20:24). 하지만 한국교회는 돈의 힘을 이용해 교회를 크게 지으면 부흥한다고 생각했다. 돈이면 전도 대상자도 사 올 수 있다고 생각했다. 장로나 안수집사가 되기 위해서는 돈이 있어야 한다고 생각했다. 후임 목사로 선정되기 위해서도 돈이 필요하다고 생각했다. 돈으로 교회를 지어 성도를 빼앗고, 전도 행사는 돈으로 얼룩지고, 돈으로 성직을 사고파는 일이 일어났다. 돈의 힘으로 선교하면서 선교지에서 분란을 일으켰다. 순수한 영성을 세속적 영성으로 물들였다. 돈의 힘을 사용해 성장 신화를 시도했다.

한국교회가 회복되려면 돈으로 쌓아 올린 바벨탑과 황금 성전이 돈 위에 돈이 하나도 남지 않고 다 무너져 내리는 것이 우선이다. 그러나 아담 이후로 타락한 본성을 가진 인간은 스스로 바벨탑과 황금 성전을 무너뜨리지 못한다. 특별한 계기가 필요하다. 2~3년 후 다가오는 한국의 경제 위기는 한국교회를 회복시키는 반전의 계기를 만들어 줄 것이다. 돈으로 쌓아 올린 바벨탑과 황금 성전을 자랑하는 우리의 마음을 무너뜨리는 계기를 만들어 줄 것이다. 죽음을 앞두신 주님 앞에서 높은 자리를 서로 차지하겠다고 싸웠던 어리석은 제자들 같은 우리를 되돌아보는 계기를 마련해 줄 것이다. 교회의 크기, 교인의 숫자, 교회의 지역적 위치, 교회가 가진 돈이 자리의 높고 낮음을 결정한다고 생각했던 우리의 어리석음을 회개하는 계기가 될 것이다.

위기는 하나님이 우리에게 말씀하시는 방식이다. 위기를 통해 잠시 질주를 멈추고 달려온 길을 되돌아보게 하시는 하나님의 역사다. 우리가 "어디서 떨어졌는지를"(계 2:5) 생각나게 하시는 하나님의 사랑이요, 은혜다. 인간의 경험과 생각의 숙고를 온전히 사용하시는 하나님의 방법이다. 그래서 위기가 곧 기회다. 위기가 곧 한국교회 희망의 시작이다. 이 기회를 놓치면 안 된다.

경제적 충격과 위기로 잠시 돈은 잃을 수 있으나 영적 반전의 계기로 삼아야 한다. 2~3년 후부터 시작될 경제 위기가 한국교회의 회복을 위한 첫 번째 반전의 계기가 되도록 준비해야 한다. 이 첫 단추를 잘 끼우면 하나님이 만드실 고도화된 기술 사회, 근대화의 위기, 인구 대이동, 교회에 대한 마지막 기대, 통일 가능성 등이 새로운 부흥의 상황을 통해 '2050년 한국교회 몰락'이라는 시나리오가 현실이 되지 않게 할 새로운 가능성을 만들 수 있다. 우리에게는 아직 마지막 10년이라는 기회가 있다. 소망을 잃지 말자.

**book in book 1**

# 한국교회 생명을 살리는 응급 처방 5가지

한국교회를 위한 근본 해법은 한국교회의 체질을
궁극적으로 개선하기 위한 장기 전략이다.
그렇다면 당장 2~3년 이내에 불어닥칠 한국교회의 위기에
대처하기 위한 응급 처방, 즉 단기 전략은 무엇일까?

    필자는 앞서 한국교회 미래 시나리오를 3가지로 예측했다. 첫째, 정체다. 둘째, 심각한 재정 위기다. 셋째, 재정 위기 정도와 처리하는 방식에 따른 교회 파산, 혹은 교회 분열의 가능성이다. 한국교회는 필자가 예측한 위기 시나리오가 현실이 될 가능성을 대비해야 한다. 2~3년 후 시작될 경제 위기를 대비해야 한다. 시나리오가 현실이 되지 않으면 좋겠지만 국내외 돌아가는 사정이 필자의 예측 범위 안에서 움직이고 있다. 한국 기업의 위기는 현실이 되었고, 가계 부채의 규모는 더 커졌으며, 정부의 고강도 대책에도 부동산 시장은 살아날 기미가 보이지 않고, 하우스 푸어를 넘어 전세 푸어, 월세 푸어 등으로 확장되고 있으며, 은퇴하는 베이비 붐 세대의 숫자는 더 늘어 가고 있다.
    서브프라임 모기지 사태를 극복하기 위해 2008년 이후 4조 달러 정도의 돈을 풀었던 양적 완화 정책 중지에 성공한 미국은 이제 필자의 예측처럼 2015년경에 기준 금리를 올리기 시작할 태세다. 2015년경에 조심스럽게 기준 금리를 올리면서 자국의 자산 시장 인플레이션을 막을 자신이 있다고 판단되면 2~3년 동안 최소 2~3%까지 올릴 수 있다. 만약 자

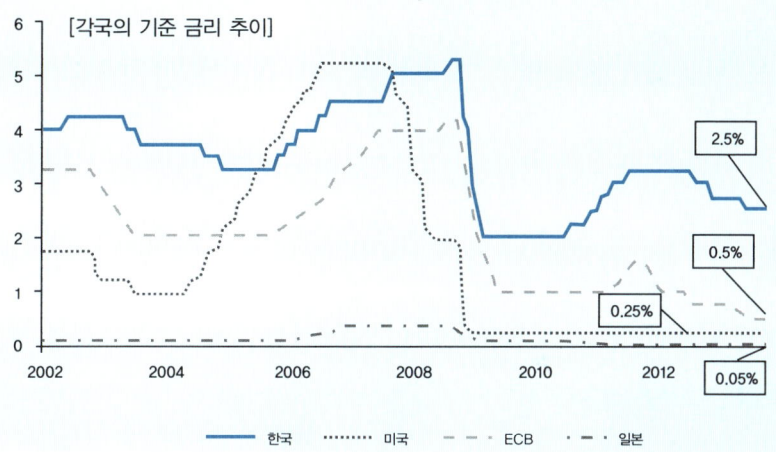

산 시장의 인플레이션이 생각보다 빠르다고 판단되면 극약 처방으로 기준 금리를 4~5%까지 올릴 수도 있다.

위의 표는 2002년부터 2013년까지 한국, 미국, 유럽, 일본의 기준 금리 변화표를 나타낸 것이다. 미국, 유럽, 일본, 한국 등 거의 모든 나라가 기준 금리를 계속 내리면서 엄청난 돈을 시장에 풀어 경제성장을 촉진했다. 돈은 저금리에서 고금리로 이동한다. 투자 수익이 높은 곳으로 이동

한다. 이자가 0%인 미국에서 100억 달러를 빌려서 2.0%를 주는 한국의 은행에 1년간 맡겨 놓으면 앉은자리에서 2억 달러(한화 약 2천억 원)를 번다. 아주 간단하고 쉽게 돈 버는 방법이다. 좀 더 공격적으로 돈을 벌기 위해서는 은행에 맡기지 말고 주식, 부동산, 채권 등의 자산 시장에 투자하면 된다. 이자 0%로 100억 달러를 빌려서 삼성전자 주식을 사고, 한국 부동산에 투자하면 된다. 주식이 오른 만큼, 부동산 가치가 올라가는 만큼 돈을 번다.

그래서 돈이 미국과 유럽에서 아시아로 이동했다. 일본을 제외한 아시아도 금리를 내려 돈을 풀었지만 미국과 유럽에서 돈이 흘러들어오고, 돈의 효과(경제성장률)도 미국과 유럽에서보다 더 높았기에 제로 금리까지는 내릴 필요가 없었다. 아시아 기업들의 성장률도 높았기에 미국과 유럽 기업보다 투자 가치도 좋았다. 아시아가 유럽과 미국보다 높은 금리를 유지해도 돈이 흘러들어온 이유다. 일본은 잃어버린 20년을 보내고 있었기에 제로 금리를 오랫동안 유지했지만 한국은 일본, 미국, 유럽보다 더 높은 금리를 유지했다. 이렇게 지난 10~15년 동안 한국으로 유입된 외국 자본은 엄청났다.

그런데 이런 추세가 2004년부터 갑자기 변했다. 2004년부터 미국이 갑자기 금리를 인상했다. 유럽과 아시아는 2006년부터 금리를 인상했다. 한국도 마찬가지였다. 왜일까? 답은 간단하다. 2004년부터 미국, 유럽, 아시아에서 주식과 채권, 부동산 시장 등 자산 시장의 거품이 급격하게 증가하기 시작했다. 1990년대 후반부터 각국에서 푼 돈이 시장에서 가속도를 내기 시작했다. 2004년 이전부터 거품이 부풀어 올랐지만 금융 당국이 우려할 정도의 실물경제의 인플레이션과 자산 시장의 거품은 2004~2008년 초까지 일어났다. 미국, 유럽, 중국, 신흥국의 자산 시장 대부분이 이 시기에 폭등했다. 한국 부동산 시장도 2004년부터 61개월 연속 상승했다. 18년 동안 꼼짝하지 않던 코스피가 2005년 말부터 단 3년 동안 2천 포인트로 급등했다. 한국의 펀더멘털(기초경제여건)이 드디어 인정받아서 급등한 것이 아니다. 돈의 힘이었다. 미국과 유럽도 돈이 넘쳐 났지만, 아시아 시장은 더 많은 돈이 넘쳐 났다. 이 돈들은 기업 투자로 들어가기보다는 자산 시장, 투자 및 투기시장으로 흡수되었다. 한국도 평균 이상의 돈이 몰려들었고, 자체적으로 엄청난 돈을 풀었다. 돈의 효과는 한국의 자산 시장을 2004년부터 강타하면서 주가를 2천 포인트까지 끌어 올렸다. 부동산 가격도 폭등했다. 여기저기서 빚이 넘쳐 났다. 교회들도 싼 이자로 돈을 빌려 건물을 지었다. 재개발, 신도시, 뉴타운 공약들이 난무했다. 초고층 빌딩 건설 계획이 주요 도시들에서 발표되었다. 막대한 돈이 들어와서 주식, 부동산의 가격을 끌어 올리고 소비를 늘려 주어 경제 성장률이 올라갔다.

하지만 각국의 금융 당국과 경제 팀은 자산 거품과 인플레이션에 대한 위기감도 동시에 느꼈다. 2004~2006년에 이런 낌새를 눈치채고 미국이 먼저 금리를 올리기 시작했다. 다행히 글로벌 경제가 활황이었기에 금리를 인상해도 큰 충격은 없을 것으로 생각했다. 미국이 금리를 인상하자 유럽과 아시아도 1년 정도 후부터 금리 인상을 단행했다. 전문가들은 한국에 들어온 미국이나 유럽 자본이 본국으로 돌아가지 않도록 하기 위해서는 한국과 이들 국가의 금리가 1~2% 정도는 차이가 나야 한다고 말했다. 그래서 한국도 2005년 후반부터 기준 금리를 인상하기 시작했다. 이런 노력에도 금리 인상의 규모와 속도가 인플레이션을 따라가지 못했고, 2008년 미국을 시작으로 거품 붕괴가 발생했다. 경제가 곤두박질쳤다. 자산 시장에 공황 현상이 발발했다. 미국과 유럽은 다시 금리를 0~1%까지 빠르게 내려 돈을 풀었다. 가까스로 대공황 직전에 경제 추락을 멈추는 데 성공했다. 그리고 지금까지 이르렀다.

필자는 지난 5~6년 동안 미국의 목표는 대공황을 막는 것이고, 앞으로 5~6년 동안은 자산 시장의 인플레이션을 막는 것이라고 분석했다. 이미 뉴욕 부동산 가격은 2008년 거품 붕괴 이전 수준까지 치솟았다. 미국의 주식시장은 최대의 호황기를 맞고 있다. 실업률은 5% 후반까지 내려갔다. 부정적 시각이 많았던 양적 완화 정책 중단은 일단 성공했다고 평가받았다. 다음 단계는 무엇일까? 금리 인상이다. 돌발 사태가 없다면 2015년에 기준 금리 인상이 시작된다.

한국 경제에 대한 위기감이 대두하고 한국에 들어온 돈들이 미국과 유럽으로 돌아가면서 돈 거품이 빠지면 어떻게 될까? 2~3년 후 한국 기업이 중국에 더 쫓기고, 일본이 지금보다 더 많은 돈을 풀어 엔저 효과가 지속되고, 미국과 유럽 기업들이 회복하면서 투자가치가 더 높아지면 어떻게 될까? 2~3년 후에 최경환노믹스의 성과가 나타나지 않고, 한국의 가계 부채 규모는 더 늘어나 있으면 어떻게 될까? 일부 대기업을 제외하고, 수천 개의 한국 기업들이 초저금리 상황에서도 지난 몇 년 동안 이자도 내지 못할 정도의 경영 상황인데, 이런 상황에서 미국이 금리를 올리면 어떻게 될까? 미국의 금리 인상으로 신흥국 가운데 두세 나라가 더 외환 위기에 빠지면 어떻게 될까? 여기에 중국마저 경제 회복이 지지부진하면 어떻게 될까?

2015년, 미국이 기준 금리를 올리면 국내 주식과 채권시장이 두려움을 갖기 시작할 것이다. 신흥국 중 몇 나라에서는 금융 위기의 불길이 치솟을 것이다. 한두 나라는 외환 위기에 빠질 것이다. 하지만 한국에 직접적이고 극적인 영향은 2016~2017년 사이에 시작될 것이다. 이것이 필자가 2~3년의 준비 기간이 있다고 하는 이유다. (한국의 경제 위기와 기업의 위기를 불러일으키는 일본, 중국, 미국, 유럽 등 국제 상황의 급작스런 변화에 대해서는 『2030 대담한 미래』 1, 2권을 참조하라.)

## 한국교회를 위한 응급 처방 5가지

바람 앞에 놓인 등불과도 같은 한국교회가 이 시점에서 반드시 기억하고 단행해야 할 단기적 대응책은 무엇일까?

**첫째, 현금을 확보하라.** 요셉처럼 매년 5분의 1을 거두어 2~3년 동안 현금 보유력을 늘려야 한다. 미국이 기준 금리를 인상하고 2~3년 후에 본격적으로 한국에 타격을 주기 시작하면 기준 금리 인상분, 위험 분산용 추가 금리 요구분, 은행의 추가 담보 요청이나 원금 일부 및 전액 상환 압박, 교인들의 매출 하락 및 급여 문제로 헌금 감소, 신용 하락이라는 5배 규모의 폭탄이 날아온다. 최소 6개월에서 1년까지 은행 요청과 경제 압력을 전부 현금으로 막아야 한다. 금융 위기가 발발하면 평소에 필요한 금융 비용보다 2~3배 많은 현금이 필요하다. 현금이 없으면 담보로 잡힌 교회 건물을 잃고, 교인도 잃게 된다. 교회는 극심한 분란과 혼란에 빠지게 된다.

**둘째, 부채 원금을 줄이라.** 5개 폭탄의 위력은 부채 원금의 규모와 비례한다. 불필요한 자산을 팔아서라도 2~3년 이내에 부채 원금을 줄여야 한다. 교회 지도자들은 자산을 파는 것을 못마땅해한다. 자산을 파는 것을 손해라고 생각한다. 지금은 그런 생각을 할 때가 아니다. 불필요한 자산을 팔아라. 불필요한 자산이 무엇이냐고 물을 수 있다. 남이 보기에는 불필요한 자산이지만 자신에게는 하나도 불필요해 보이지 않는 것이 사람의 심리다. 불필요하다는 것은 지금 당장 사용하지 않는데 그 자산을 보유한 것 때문에 현재 비용 지출이 많다는 것을 의미한다. '당분간' 이런 자산은 매각해 그것보다 더 중요한 자산을 지키는 데 사용해야 한다.

한국 경제의 미래를 예측할 때, 눈물을 머금고 판 자산을 큰 위기가 지나간 후 '더 싼 가격'에 다시 매수할 기회가 생길 것이다. 자산 매각이 곧 자산을 잃는 것이라고 생각하지 않아도 되는 이유다. 현재 자산을 잠시 팔았다가 몇 년 후에 더 싼 가격에 다시 매입한다고 생각하라. 매각한 바로 그 자산이 아니더라도 더 좋은 것을 몇 년 후에 같은 가격에 살 수 있다고 생각하라. 팔을 하나 내주더라도 살아남아야 훗날을 기약할 수 있다. 지금은 '2보 전진을 위한 1보 후퇴'를 전략적으로 선택해야 할 때다. 무조건 앞만 보고 "전진!"만을 외치면 큰 화를 당할 수 있다. 이 일은 목회자가 직접 할 필요는 없다. 결단만 내리라. 전략은 교회 안에 전문가에게 맡기라.

교회 건축도 마찬가지다. 아직 교회를 짓지 않았다면 잠시 미루라. 소나기는 피해 가야 한다. 앞으로 한국 경제 상황을 예측하건대, 늦게 지을수록 더 적은 비용으로 지을 수 있다. 짓기 시작했다면 설계대로만 지으라. 설계를 계속 변경해서 추가하지 마라. 할 수 있다면 나누어서 건축하라. 할 수 있다면 규모를 축소해서 지으라. 급한 건물부터 짓고, 비용을 최소화하라. 이미 지었다면 지금부터라도 2~3년 이내에 부채 원금을 가능한 한 많이 줄이라.

**셋째, 선제적으로 체질 개선을 하라.** 교회의 체질 개선은 두 가지다. 하나는 무형 교회인 교인들의 삶의 체질 개선이다. 한국은 "20~30대는 소비 중독, 40~50대는 빚 중독"이라는 말을 들을 만큼 OECD 최저 저축률과 최고 부채율을 가진 나라다. 지난 10~20년 동안 한국은 빚 위에 가계 살림을 세웠다. 비정상적이다. 이제 가계 살림에서부터 삶 전체를 진단하고 건강하게 개선해야 한다. 정상으로 되돌려야 한다.

다른 하나는 유형 교회인 교회 살림의 체질 개선이다. 강력한 구조조정이 필요한 시기다. 사람들은 '구조조정'하면 직원을 내보내는 것으로 오해한다. 구조조정은 체질 개선이다. 체질 개선을 미루면 '인력 축소'라는 최악의 카드를 사용할 수밖에 없다. 선제적으로 차근차근 오랜 시간을 두고 체질을 개선하면 모든 인력과 사역을 그대로 유지한 채 건강을 회복할 수 있다. 경영을 철저하게 하는 일반 기업도 최소 10~20%의 군살은 얼마든지 뺄 수 있다. 기업보다 교회가 좀 더 느슨하다. 그래서 교회는 마음먹고 선제적으로 차근차근 오랜 시간 체질을 개선하면 20~30% 정도의 불필요한 군살을 뺄 수 있다. 2~3년은 이렇게 해야 한다.

가계 살림에도 쓸데없이 돈이 새어 나가게 하는 군살이 많다. 각종 수수료를 가볍게 여기는 것, 기분 전환을 위해서 필요와 상관없이 이런저런 쇼핑을 하는 것, 대수롭지 않게 게임 아이템, 이모티콘, 소셜 커머스를 이용하며 휴대전화 결제를 무심코 애용하는 것, 브랜드만을 고집하는 것, 밥보다 비싼 커피를 즐겨 마시는 것, 가까운 거리도 차를 이용하는 것 등이다.[12] 이런 것만 줄여도 유용한 돈을 마련할 수 있다.

교회나 가계의 선제적 체질 개선은 현금 보유액을 늘리는 것만큼 중요하다. 선제적 체질 개선은 3가지의 중요한 해법을 마련해 줄 것이다. 하나는 현금 보유액을 늘려 준다. 다른 하나는 위기 발생 시에 금융권이 당신을 평가하는 기준을 높여 줄 것이다. 이 역시 추가적 금융 비용 발생을 줄여 준다. 마지막으로 선제적 체질 개선을 해놓으면 위기 후 가장 빠르게 반격할 수 있다. 위기 후 기회를 가장 빨리 잡을 수 있는 준비를 해놓는 셈이 된다. '2보 전진을 위한 1보 후퇴'가 선제적 체질 개선이다.

**넷째**, 위기 국면에 맞는 목회 서비스를 준비하라. 기업의 예를 들어 보자. 저성장 시기라고 해서 무조건 매출이 감소하는 것은 아니다. 준비 여하에 따라서는 저성장 때 매출을 끌어 올릴 기회가 찾아온다. 현금 보유력을 늘리고 선제적 구조조정을 통해 추가 금융 비용 발생 가능성을 낮춘 상태에서 저성장 국면에 맞는 제품과 서비스로 매출을 늘리면 위기는 최고의 기회로 돌변한다. 최고의 위기가 최고의 축복이 되는 경험을 하게 된다. 유니클로는 지난 5년간 글로벌 저성장 국면에서 더욱더 빠른 성장세를 구가했다. 저성장기에 가장 잘 어울리는 제품을 가지고 있었기 때문이다. 교회도 마찬가지다. 교회에게는 위기가 더 큰 기회다. 위기를 통해 경제적으로는 힘들지만 영적인 재집결이 가능하다. 위기 가운데 빠진 사람들을 구할 수 있는 사역의 길이 열린다. 위기 때문에 더 기도하고, 더 말씀을 사모하는 기회가 열린다.

**다섯째**, 위기 모니터링 팀을 가동하라. 『2020-2040 한국교회 미래지도』와 『2030 대담한 미래』 시리즈에서 필자가 제시한 위기 시나리오들을 완벽하게 숙지하라. 우리 교회, 교인들과의 연관성을 연구하라. 위기 시나리오를 분석하면서 위기 발생을 미리 포착할 수 있는 '미래 위기 징후'를 찾아내라. 위기가 발생하면 대응해야 할 영역들을 구체적으로 계산하라. 가능하다면 미리 대처해 놓아라. 위기 시에 효과를 발휘할 수 있도록 계약이나 조건을 미리 변경해 놓아라. 선제적 교육을 해놓아라. 마음의 준비를 해놓아라. 이런 일을 주도하고 관리할 수 있는 특별한 팀을 구성하라. 전담 팀을 구축할 수 없는 규모의 교회라면 전담 인력을 배치하라. 이 팀을 구축하는 데 돈을 아끼지 마라. 여기에 돈을 아끼면 2~3년 후에는 더 많은 돈을 잃게 될 것이다. 잘못하면 교회를 잃을 수도 있다. 노회 차원, 총회 차원으로 위기 모니터링의 중요성을 확대하라. 이 팀을 통해 위기와 변화의 방향, 속도, 타이밍, 지역화, 지속 가능성을 매일, 매월, 매 분기 단위로 모니터링하고 전략을 다듬어라. 이것은 다이어트하는 사람에게 반드시 필요한 체중계와 같다. 당뇨병을 관리하는 사람에게 혈당 측정기와 같다. 고혈압 환자에게 혈압 측정기와 같다. 없으면 관리가 힘들고, 대응도 늦고, 잘못하면 건강을 크게 해칠 수 있다. 여기에 돈을 아끼는 사람은 정말로 어리석은 사람이다.

7년의 풍년기에 곡식의 5분의 1을 거둔 요셉의 지혜가 필요하다. 7년 동안 5분의 1씩 거두어 봤자 겨우 1년 반 분량도 안 되는 식량이다. 하지만 요셉은 이 곡식을 가지고 이집트는 물론이고 전 세계 국가가 7년의 극심한 흉년에서 굶어 죽지 않도록 하는 능력을 발휘했다.

작은 것을 소중하게 여기지 못하는 사람은 위기를 극복할 수 없다. 위기 때에는 큰 도움이 당신을 살리는 것이 아니다. 작은 도움, 작은 준비가 당신을 살린다. 당신의 생명을 구할 크고 호화로운 유람선을 기대하지 마라. 구명조끼 하나만 있어도 생명을 건질 수 있다. 현장에서는 응급 처방 하나가 환자의 생명을 좌지우지한다. 죽고 사는 것이 작은 차이 하나에 달려 있다. 대단한 것은 없다. 이것을 깨닫는 것이 지혜다.

3장 | 변하지 않는 해법 vs 변하는 해법

4장 | 성경이 말하는 근본 해법 1 _믿음의 역사를 회복하라

5장 | 성경이 말하는 근본 해법 2 _사랑의 수고를 회복하라

6장 | 성경이 말하는 근본 해법 3 _소망의 인내를 가져라

# 2부

## 한국교회를 위한 근본 해법

**기회가** 대이동하고 있다. 현재 교회는 이미 과거 교회와 달라졌다. 미래는 분명 현재와는 다르다. 그래서 미래 교회는 현재 교회와 다를 것이다. '다름'은 두려움이지만, 동시에 기회다. 미래는 하나님의 거시적 계획 속에서 거부할 수 없이 다가오는 것이다. 하지만 하나님은 당신이 이끌어 가실 미래에 우리가 스스로 동참하기를 기대하신다. 요셉과 함께하신 것처럼 우리와 함께 만들어 가기를 원하신다. 변화를 통찰하는 눈을 가진 지도자, 요셉의 지혜를 가진 기독교인, 새로운 시대적 소명을 품은 교회와 함께 만들기를 원하신다.

# 3장

# 변하지 않는 해법
# vs 변하는 해법

▼ ▼ ▼

## 기회가 대이동하고 있다

건강검진 결과를 들여다본 의사가 다음과 같이 이야기했다고 하자. "이렇게 계속 생활하시면 큰일 납니다. 지금 당장은 큰 문제가 없겠지만, 몇 년 후에는 크게 후회하실 수 있습니다. 지금이라도 당장 운동을 시작하시고, 짠 음식도 줄이시고, 체질 개선을 하셔야 합니다." 어떤 환자든 이러한 의사의 경고에 "왜 제 미래를 그렇게 부정적으로 보십니까?"라고 되묻지 않는다. 의사는 검사 결과를 가지고 협박하는 것이 아니다. 더 나은 생활을 할 수 있도록 도전하고 자극하는 것이다. 한국 교회의 대위기 가능성을 예측하고 경고한 것도 마찬가지다.

변화가 클수록 불확실성은 커진다. 미래가 빨리 변화될수록 위기는 빠르게 반복된다. 세계 질서, 사회와 경제구조에 새로운 변화가 일어나면 교인의 상황이 바뀐다. 교인의 상황이 바뀌면 교회 상황도 바뀐다. 예전에는 옳다고 여겨졌던 성장 전략, 부의 위치, 세계관에 균열이 일어난다. 우리 머릿속에 좋은 교회, 좋은 사역, 좋은 지도자라고 믿음처럼 박힌 것들에 대해 회의가 들기 시작한다. 시장 변화와 교회 청년의 실업, 은퇴 교인 대란, 교회 내외부의 빈곤과 불평등으로 인한 갈등과 지역 분쟁, 반사회적 행동의 증가, 신앙 유형의 대립, 종교 간의 대립과 갈등, 문화 충돌 등 무엇 하나 쉬운 문제가 없다. 이런 상황을 어떻게 설명해야 할까? 가장 간단한 설명은 "미래가 변하고 있다!"이다. 그러나 이런 설명도 가능하다.

기회가 대이동하고 있다. 현재 교회는 이미 과거 교회와 달라졌다. 미래는 분명 현재와는 다르다. 그래서 미래 교회는 현재 교회와 다를 것이다. '다름'은 두려움이지만, 동시에 기회다. 필자는 기업인들에게 이렇게 말한다. "역사상 유례없는 혁명적인 부와 성공의 기회가 몰려오고 있다. 지난 수백 년과 비교할 수 없는 큰 기회가 몰려오고 있다. 하지만 기회는 이동하면서 이전의 생각과 성공의 법칙, 부의 흐름을 사정없이 흩어 버린다는 위험이 있다. 크고 작은 여러 개의 폭풍우를 만들어 낸다."

교회 내의 10~20대 청년들과 30~40대들은 좋은 시절은 옛 세대들이 다 누렸고 자신들은 빈껍데기, 미래 위기만 물려받았다고 말한다. 이제 한국교회에 있어 기회는 사라지고 없다고 단정한다. 아니다. 기독교 역사상 전도와 선교의 기회가 사라지거나 기독교 규모가 축소된 일은 없다. 기회는 더 커졌다. 단지 이동할 뿐이었다. 몰락한 유럽교회, 몰락해 가는 미국교회에서도 여전히 초대형 교회, 건강한 교회는 계속 일어나고 있다. 문명사나 산업 발전사를 살펴봐도 기회는 계속 커져 왔다. 앞으로도 그럴 것이다.

　기회는 끊임없이 이동했다. 이동하기 때문에 내 눈에서는 멀어지는 것처럼 보인다. 이동하기 때문에 내 눈에서는 다가오는 것처럼 보인다. 한곳에 시선을 고정해 놓으면 기회의 이동을 보지 못한다. 과거에 시선을 고정해 놓으면 기회의 대이동을 보지 못한다. 과거 한국교회의 대세적 성장 신화에 시선을 고정해 놓으면 새로운 선교, 전도, 사역과 부흥 기회의 대이동을 보지 못한다. 기회의 대이동은 눈에 보이지 않고, 도리어 과거와 현재의 성공과 부의 흐름을 사정없이 흩어 버리는 위험만 보인다. 크고 작은 여러 개의 폭풍우만 보인다. 결과는 좌절과 파선이다. 기회가 사라지는 것처럼 보이는가? 경마장의 말처럼 눈가리개를 했기 때문이다. 앞만 쳐다볼 뿐 주변의 변화를 볼 수 없어 그렇게 느끼는 것이다.

▼ ▼ ▼

### 한국교회, 기회의 대이동 3단계

　한국교회, 기회의 대이동은 3단계로 진행된다. 1단계에는 기존의 성장과 사역 기회가 사라지는 듯 보인다. 불확실성의 안개가 일면서 새롭게 몰려오는 사역 기회가 쉽게 보이지 않는다. 지난 10년이 그랬다. 이런 상황은 2020년 전까지는 계속될 것이다. 사역 기회를 아무나 잡을 수 없는 것처럼 느껴진다. 전도, 선교, 성장, 사역 기회들이 점점 사라져 가는 듯한 두려움이 몰려온다. 한국교회가 가지고 있는 모든 것을 빼앗길 것 같은 공포가 당신을 휘감을 것이다.

 2단계에는 안개가 서서히 걷히고 예고된 사역 기회, 부흥의 전조들이 실체를 드러낸다. 2020~2030년경이 될 것이다. 한국교회, 기회의 대이동의 실체가 드러난다. 기회를 잡는 자와 기회를 잃어버린 자의 구분이 명확하게 드러난다. 우연히 기회를 잡은 교회가 생길 수도 있다. 그러나 대부분은 미리 준비하고 길목을 지킨 교회가 기회의 대이동의 최대 수혜자가 될 것이다. 기회의 대이동의 흐름에 가까이 있는 교회는 새로운 사역 기회, 부흥의 물결, 전도와 선교의 주체로 등장할 것이다.

 3단계에는 새로운 대기회가 하나의 패러다임으로 완전히 자리를 잡는다. 지금까지 필자가 예측했던 모든 것이 상식이 되어 버린다. 지그문트 바우만은 불확실성, 머뭇거림, 통제력 결여, 불안감은 새로운 개인의 자유, 새로운 개인의 책임을 얻은 대신 치러야 하는 대가라고 규정했다.[1] 대가를 치를 준비만 되어 있다면 미래 기회의 대이동의 물결에 올라탈 수 있다. 대기회는 대위기에서 시작된다는 필자의 말을 기억하라. 어느 시대나 위기와 변화를 경험한다. 유독 그 위기와 변화의 크기가 크고 속도가 급격할 때가 있다. 바로 지금이다. 기독교 역사도 다르지 않았다.

 15세기 말 진행되었던 콜럼버스의 신대륙 발견과 비견될 정도의 '미래 대기회'라는 거대한 신대륙이 다가오고 있다. 콜럼버스가 신대륙을 발견한 과정은 낭만적이지 않았다. 위험천만한 폭풍우를 수도 없이 겪었고, 죽을 고비도 여러 번 넘겼다. 이런 미래를 두려워해서는 신대륙에 남들보다 먼저 도착할 수 없다. 미국인들의 신대륙 개척사도 마찬가지였다. 청교도들의 결단은 위험한 도박이었다. 메이플라워호를 타고 영국을 떠난 사람들 중에서 많은 이들이 신대륙에 도착하기도 전에 죽었다. 도착한 사람들이라고 해서 곧바로 기회가 열린 것도 아니다. 죽음과 사투를 벌였다. 위기를 헤쳐 나가는 일은 필연적으로 고난의 여정을 요구한다. 한국교회가 미래의 대기회라는 거대한 신대륙에 도착하기를 원한다면 기회는 저절로 주어지는 것이 아님을 깊이 새겨야 한다.

미래의 기회라는 신대륙에 도착하려면 우리는 두 개의 커다란 폭풍우를 뚫고 나가야만 한다. 하나는 '한국의 금융 위기 제2의 외환 위기 가능성'이라는 폭풍우이고, 다른 하나는 '사회 패러다임 전환'이라는 폭풍우다. 신대륙에 가고 싶은가? 한국교회의 새로운 회복과 전환에 성공하고 싶은가? 하나님 앞에 한 번 더 크게 쓰임 받기를 원하는가? 그렇다면 위기의 폭풍우를 뚫고 생존할 방법을 준비하라. 위기의 폭풍우에서 살아남는 자가 신대륙을 선물로 받는다. 두 개의 폭풍우만 통과하면 미래의 기회라는 신대륙에 도착할 수 있다. 험난한 여정일 것이다. 독한 마음을 먹고, 용기를 내면서, 이겨 낼 준비를 해야 한다. "강한 자가 살아남는 것이 아니라 살아남는 자가 강하다"라는 말이 있다. 요즘 같은 위기 상황에는 거의 진리에 가까운 말이다.

▼ ▼ ▼

### 미래를 먼저 읽고, 미래가 당신을 쫓아오게 하라

필자의 눈에는 기회의 대이동이 밝히 보이지만 많은 이들이 이 예측을 실감하지 못할 수 있다. 하지만 2020년이 되기 전에 이 책을 읽는 독자들 거의 모두가 엄청난 변화를 온몸으로 확인하게 될 것이다. 기억하라. 그때 움직이면 '선점'의 효과는 사라져 버린다. 미래를 준비한 교회들이 새로운 기회의 파도를 타는 것을 멀리서 지켜보기만 해야 한다. 새로운 시대적 소명에 둔감해 광야 40년간의 삶 속에서 사라져 간 이스라엘 백성처럼 깊은 한숨만 쉬게 될지도 모른다.

미래가 현실이 되기 전에 먼저 움직여라. 수동적으로 기다리지 마라. 100% 확신을 갖지 못해도 움직여야 한다. 100% 확신할 때가 되면 이미 늦다. 51%의 확신이 들면 곧바로 움직여라. 좀 더 용감한 사람들은 그 이전에도 움직인다. 그들은 이렇게 말할 것이다. "51%의 확신이라면 굉장히 높은 가능성이다."

머뭇거릴 시간이 없다. 한국 기독교 역사상 몇 번 안 되는 기회의 대이동이 벌써 시작되었다. 이동하는 세계 위에서 이동하는 자들의 승리가 시작되었다. 그렇다고 무작정 이동할 수는 없는 법. 변화를 이끄는 숨은 힘의 실체, 판세의 변화, 세상을 움직이는 집단의 전략들을 대략이라도 예측할 수 있다면 승리의 가능성을 높일 수 있을 것이다. 이 부분이 필자가 이제부터 이야기하고, 예측하고, 제시할 해법과 전략 영역이다.

미래는 하나님의 거시적 계획 속에서 거부할 수 없이 다가오는 것이다. 하지만 하나님은 당신이 이끌어 가실 미래에 우리가 스스로 동참하기를 기대하신다. 요셉과 함께하신 것처럼 우리와 함께 만들어 가기를 원하신다. 변화를 통찰하는 눈을 가진 지도자, 요셉의 지혜를 가진 기독교인, 새로운 시대적 소명을 품은 교회와 함께 만들기를 원하신다.

기회의 대이동 시기에는 거부할 수 없이 다가오는 미래의 모습도 많지만 우리가 동참할 수 있는 미래의 영역이 더 많다. 먼저 움직이는 자, 먼저 움직이는 교회가 한국교회의 새로운 미래를 만드는 선봉에 서게 될 것이다. 선봉에 설수록 하나님이 더 큰 기회, 더 강력한 영향력을 주실 것이다. 미래를 먼저 읽고, 미래가 당신을 쫓아오게 하라. 미래가 현실이 되기 전에 먼저 움직여라. 지금 당장!

▼ ▼ ▼

## 시대가 변해도 변하지 않는 해법
## vs 시대가 변하면 변하는 해법

위기 속에서 하나님이 제시하시는 근본 해법은 두 가지로 나뉜다. 첫째는 시대가 변해도 변하지 않는 해법이고, 둘째는 시대가 변하면 변하는 해법이다. 그러나 이것조차도 원리는 성경에 있다. 필자는 이 대원칙을 가지고 한국교회의 생존, 회복, 새로운 각성과 부흥의 해법과 전략을 제시해 보려고 한다. 물론 필자의 주장이 완전하지 않다는 것을 전제한다. 필자는 위대한 신학자도, 최고의 목회자도 아니기에 필자의 해법과 전략은 완전하지 않다. 해법 전체를 말할 수도 없다. 이 책은 한국교회 해법의 종합 백과사전이 아니다. 성경이 말하는 모든 해법을 담고 있는 것도 아니다. 단지 '미래학자'라고 불리는 필자에게만 듣고 싶어 하는 이야기를 담으려고 한다. 성경에서 말하는 수많은 해법의 근본에 집중하려고 한다. 성경 해법의 수많은 현실적 적용이 아닌, 적용의 아이디어만을 다루려고 한다. 하지만 그것만으로도 불씨는 충분히 될 것이라고 생각한다.

　필자는 해법을 찾는 과정과 찾은 후에 행동을 시작할 때 전략적으로 움직여야 한다고도 주장했다. 우리에게 남은 시간이 짧기 때문이다. 가장 먼저 위기를 공유할 것을 제안했다. 급한 마음은 오히려 미래를 그르친다고 경계했다. 급할수록 돌아가고, 냉정해져야 한다. 지도자의 냉정함이 가장 중요하다. 문제 해결은 열정만으로 되지 않는다. 한국교회의 위기는 열정만으로 해결되지 않는다. 열정만으로 해결하기에는 시간이 너무 늦었다. 열정을 가지라. 하지만 신중하게 행동해야 한다. 지혜롭게 행동해야 한다.

▼ ▼ ▼

## 교회는 해법의 적용을 깊이 생각하라

　위기를 공유하면서 교회 전체에 성령의 역사를 구하는 기도가 일어나게 하라. 교인은 돈으로 움직이지 않는다. 교인은 감언이설에 오래 속지 않는다. 교인의 마음은 몇 마디 말이나 행동으로 움직이지 않는다. 성경은 왕의 마음을 움직이는 분은 하나님이시라고 분명하게 가르치고 있다. 교인을 움직이는 일은 목사가 할 수 있는 것이 아니다. 장로가 할 수 있는 것도 아니다. 하나님만이 하실 수 있다. 하나님의 고유 영역이다. 이것이 성령의 역사를 구하는 기도가 필요한 이유다.

　그러나 성령의 역사가 일어나려면 목사가 해야 할 일이 있다. 기도회를 소집하고, 기도의 중요성을 외쳐야 한다. 가르치고 보여 주어야 한다. 이번 주일부터 당장 시행해야 한다. 전략은 깊이 숙고하고, 행동은 신중하게 해야 한다. 그러나 기도는 당장 해야 한다. 고민하거나 계산하지 말고 바로 시작해야 한다. 기도는 숙고한 전략을 탄생시키는 전통 항아리이자 신중한 행동을 유지하는 중심 추다. 적의 화력을 무력화시키는 위엄이자 보이는 적에 두려워 떠는 병사들의 사기를 충전시키는 용기의 빛이다.

기도회를 진행하면서 근본 해법과 해법의 적용을 깊이 생각하는 시간을 만들라. 근본 해법은 뜻밖에 간단하다. 문제는 근본 해법의 교회 적용이다. 근본 해법은 성경을 펴고 읽으면 된다. 성경이 말하는 해법을 이해하면 된다. 하지만 근본 해법의 교회 적용은 상당한 시간의 토론이 필요하고, 깊은 생각을 요구한다. 토론은 지혜를 모으는 도구다. 토론과 싸움을 구별하고, 토론과 책임 추궁을 구별하라. 토론은 기도와 성경, 그리고 일반 은총의 빛을 종합하는 과정이다. 지도자와 교인의 지혜를 듣고 하나로 모으는 과정이다. 토론은 토론이다. 토론을 기도로 대체하지 마라. 둘은 다른 영역이다. 둘의 균형이 중요하다. 깊은 생각을 기도로 대체하지 마라. 둘 역시 다른 영역이다. 이 둘의 균형도 중요하다.

이제부터 살펴볼 한국교회를 위한 근본 해법을 잘 숙지하고 실행에 옮길 수 있기를 바란다. 필자가 제시하는 두 부류의 해법, 즉 시대가 변해도 변하지 않는 해법과 변화하는 시대에 맞는 전략적인 해법을 어떻게 교회에 적용할 것인지 깊이 생각하라. "천 리 길도 한 걸음부터"라는 말이 있다. 아직은 막막한 것 같지만 기도로 성령의 역사하심을 구하며 한 걸음 한 걸음 미래를 준비하는 발걸음을 떼면 어느 순간 먼저 움직이는 교회, 한국교회의 새로운 미래를 이끄는 선봉에 서 있게 될 것이다.

**진정한** 믿음의 역사를 회복시키고, 진정한 성화의 삶을 살며, 삶으로 예수 그리스도를 변증하기 위해서는 세상의 기준이 아닌 예수 그리스도의 말씀으로 되돌아가야 한다. 거듭난 자의 기준이 되는 예수 그리스도의 말씀을 들어야 한다. 예수 그리스도의 기준을 들어야 올바른 믿음, 곧 하나님이 기뻐하시는 믿음이 생긴다. 하나님이 기뻐하시는 믿음이 있어야 성령의 역사, 믿음의 역사가 일어난다.

# 4장

### 성경이 말하는 근본 해법 1
# 믿음의 역사를 회복하라

▼ ▼ ▼

## 본질을 깨달아야 교회가 산다

　필자가 진단하기에, 한국교회 위기의 진원은 외부적으로는 '상황의 변화'이고, 내부적으로는 '교회다움'의 상실이다. 그래서 근본 해법도 이 둘을 해결하는 데서 찾아야 한다고 생각한다. 교회다움은 본질로 돌아가는 것이고, 시대가 변해도 변해서는 안 된다. "교회가 세상에 물들지 않아야 한다"고 할 때 바로 이 부분을 두고 하는 말이다. 갱신을 말할 때나 "십자가를 붙들어야 한다"는 말도 바로 이 부분을 가리킨다. 교회의 투명성도 교회다움에서 시작된다.

　변화하는 상황을 이해하고 새로운 시대에 맞는 '새로운 시대적 소명'을 붙잡는 것은 변화시켜야 할 부분이다. "시대의 소명에 맞게 교회를 새롭게 디자인해야 한다", 혹은 "교회가 세상에 영향을 미치고 그들을 이끌어야 한다"고 할 때는 바로 이 부분을 두고 하는 말이다. 성경이 말하는 근본 해법은 내적으로는 교회다움을 회복해 교회와 교인을 회복시키고, 외적으로는 새로운 시대적 소명을 붙잡고 세상을 회복시키는 것이다.

'다움'은 영어로 'be like', 혹은 'be worthy of'(받을 만한 자격이나 가치가 있다는 뜻)의 명사형이다. '남자다움'처럼 특정 단어 뒤에 접미사로 붙어 '가치'나 '자격' 같은 성질이나 특성을 머릿속에 떠올리게 한다. "내 자식답다!"라고 나지막이 말하면서 흐뭇해하는 부모의 모습을 상상해 보라. 다른 모든 것은 사라질지라도 없어지지 않고 계속 있기를 원하는 가치나 자격이 '다움'이다. '하나님의 백성다움', '교회다움'을 말할 때 '다움'이 사라지면 함께해야 할 이유, 존재해야 할 이유가 사라지는 그 무언가를 의미한다.

비즈니스 세계에서는 고객을 한눈에 사로잡을 만한 가치를 뜻할 때 '다움'을 쓴다. 방금 산 최신 아이폰을 손에 들고 "역시 애플답다!" 하고 탄성을 내뱉는 고객을 상상해 보라. '강남 스타일'을 들으면서 "그래, 역시 싸이다워!"라는 찬사를 보내는 사람을 상상해 보라. 반대로 "좋긴 한데, 멋져 보이긴 하는데 너답지 않아!"라고 아쉬움을 표현하는 친구를 상상해 보라.

비즈니스 세계에서는 '다움'이 있어야 소비자를 열광시킬 수 있다. 동료 세계에서도 '다움'이 있어야 사람을 끌어당길 수 있다. 교회도 '다움'이 있어야 세상의 빛과 소금이 될 수 있다. '다움'은 매력의 핵심이자 절대 생존의 힘이다. 교회다움은 교회의 본질이다. 구원의 매력, 절대 생존의 힘, 세상을 변화시키는 영향력, 교회의 본질인 교회다움이란 과연 무엇일까?

▼ ▼ ▼

## 업의 본질을 깨닫는 것에서 '다움'은 시작된다

업의 본질이 무엇인지 깨닫는 데서 '다움'이 시작된다. 업의 본질을 깨달아야 사업에서 성공할 수 있다. 직장 생활을 들여다보면 두 부류의 사람으로 나눌 수 있다. 한 부류는 시키는 일을 열심히 하는 사람이다. 이런 사람은 많다. 또 다른 부류는 지금 자신이 왜 일하고 있는지, 이 일을 통해 진정으로 얻고 이루어야 할 것이 무엇인지, 만들어야 할 가치가 무엇인지를 알고 사명감 있게 일하는 사람이다. 이런 사람은 적다. 주어진 일을 '열심히 하는 것'과 '잘하는 것'은 다르다. 일을 잘한다는 것은 시키는 대로 잘하는 것이 아니라 '업의 본질'을 알고 일하는 것을 의미한다.

삼성그룹을 창업한 이병철 회장은 무슨 일에나 그 일의 핵심이 되는 중요한 요소가 있는데 그것이 업의 본질이라고 가르쳤다. 겉으로만 중요하게 보이는 일이 아닌 업의 핵심에 해당하는 일을 해야 사업에 성공한다고 가르쳤다. 회사의 책임자는 정말로 중요한 일을 해야지, 중요하지 않은 일에 손을 대면 망한다고 가르쳤다. 돈은 벌지 몰라도 참된 기업가가 되지 못한다고 가르쳤다.

업의 본질이란 '그 업이 존재하게 하는 기본'이다. 그 업이 존재하게 하는 '핵심 가치'다. 사업이나 일은 저마다 독특한 본질이 있다. 배우의 본질은 맡은 작품 속의 인물에 자신을 일체화하는 것이다. 건축가의 본질은 멋진 집을 짓는 것이 아니라 사람과 자연을 보호하는 집을 짓는 것이다. 음식점을 운영하는 사람에게 업의 본질은 자신과 가족들이 안전하게 먹을 수 있는 음식, 사람들에게 부끄럽지 않은 음식을 만들어 먹는 이들로 하여금 행복을 느끼게 해주는 것이다. 맛있는 음식을 넘어 '착한 음식'을 만드는 것이다. 또한 음식점을 함께 운영하는 종업원들이 음식 만드는 일을 통해 이웃과 사회에 가치 있는 일을 한다는 보람을 느끼게 하는 것이다. 이것이 음식점이라는 업의 본질이다. 음식을 팔아 돈을 버는 것이 본질이 아니다.

교회의 본질은 무엇일까? 분명한 것은 사람을 많이 끌어모으는 것이 교회의 본질은 아니라는 것이다. 헌금을 많이 거두는 것도, 일을 많이 하는 것도 아니다. 업의 본질은 시대가 변해도 변하지 않는다. 본질은 시대가 변해도 그 가치를 유지한다. 핵심 가치는 시대가 변할수록 더 돋보인다. 핵심 가치란 사물이 가진 '중요한 쓸모'다. 겉모습이 아니라 내재된 '사명'이다.

교회의 기본, 본질, 핵심 가치가 변하면 교회 자체가 사라져 버린다. 맛을 잃어 길가에 버려져 밟히는 신세가 되고 만다. 현재 한국교회가 그렇다. 겉모습은 분명히 교회다. 화려하고 덩치 큰 교회다. 하지만 본질을 잃어버렸다. 겉으로는 멀쩡해 보이지만 짠맛이라는 기본, 본질, 핵심 가치를 잃어버린 소금과도 같다. 그래서 조롱받고, 멸시받고, 발에 밟힌다. 이 말은 교회의 본질, 교회의 업, 교회다움을 회복하면 맛을 되찾은 소금처럼 귀한 역할을 할 수 있고 대접을 받을 수 있다는 말이다.

업은 업의 본질과 업의 특성으로 나뉜다. 업의 본질은 변하지 않는다. 그러나 업의 특성은 시대에 따라 변해야만 한다. 시대보다 먼저 특성을 변화시켜서 미래를 맞을 준비를 해야 한다. 한국교회 위기의 진원은 외부적으로는 '상황의 변화'이고, 내부적으로는 '교회다움'의 상실이라고 했다. 근본 해법도 이 둘을 해결하는 데서 찾아야 한다고 말했다. 교회다움은 업의 본질이고, 상황의 변화는 업의 특성 변화다. 업의 본질은 회복해야 할 것이고, 업의 특성은 변화시켜야 할 것이다. 한국교회는 업의 본질을 회복해 "교회답다!"라는 평가를 받아야 한다. 한국교회는 업의 특성을 변화시켜 "교회가 세상을 이끈다!"라는 평가를 받아야 산다. 이것이 필자가 제시하는 한국교회 미래 해법의 핵심이다.

▼ ▼ ▼

### 하나님이 기억하시는 교회의 3가지 조건

시대가 변한다고 모든 것이 바뀌는 것은 아니다. "새 술은 새 부대에 담아야 한다"라는 말을 오해하지 말기 바란다. 변화시켜야 할 것과 변화시키지 말아야 할 것을 구분하는 것이 중요하다. 모든 것을 바꾸면 문제가 생긴다. 변화시키지 말아야 할 것을 변화시키고, 변화시켜야 할 것을 변화시키지 않으면 최악의 상황으로 치닫는다.

변화시켜야 할 것과 변화시키지 말아야 할 것을 구분해야 한다. 이것이 통찰이다. 교회다움을 만드는 업의 본질은 변화시켜야 할 것이 아니라 회복해야 할 것이다. 지켜야 할 것이고, 더욱 갈고닦아 빛나게 해야 할 것이다.

교회란 예수님의 몸, 예수님을 믿는 사람들의 공동체, 구원의 방주라고 정의한다. 그런데 '예수님의 몸답다'라는 것, '예수님을 믿는 사람들의 공동체답다'라는 것, '구원의 방주답다'라는 것은 무엇을 말하는가? 성경이 말하는 교회다움이란 무엇인가? 회복해야 할 교회다움은 무엇인가? 교회의 '중요한 쓸모'란 무엇인가? 교회의 겉모습이 아니라 교회의 내재된 '사명'은 무엇인가?

이 질문들은 한마디로, "교회다움을 평가하는 기준이 무엇이냐?"라고 바꿀 수 있다. 데살로니가전서 1장 3절을 보면, 사도 바울의 입을 통해 하나님이 제시하신 기준이 나온다. 하나님께 칭찬받는 교회, 하나님이 기억하시는 교회에는 3가지 조건이 있다. 그것은 곧 '믿음의 역사', '사랑의 수고', 그리고 '소망의 인내'다. 예수님도 같은 말씀을 하셨다. 교회가 교회답기 위해, 제자가 제자답기 위해 항상 있어야 할 세 가지는 믿음, 소망, 사랑이다.

"그런즉 믿음, 소망, 사랑, 이 세 가지는 항상 있을 것인데"(고전 13:13).

항상 반드시 있어야 할 것이 없으면 책망을 받는다. 항상 반드시 있어야 할 3가지는 가장 근본적인 평가의 기준이다. 그래서 필자는 개인적으로 이 3가지가 '복음의 삼위일체'라고 생각한다. 이 3가지가 있는 교회는 칭찬받는 교회, 하나님이 기억하시는 교회다. 이 3가지가 있는 교회는 교회다운 교회다. 이 3가지가 있는 교인은 예수님의 제자다운 제자다. 없다면 그 반대다. 없다면 맛을 잃은 것이다. 길가에 버려져 밟힌다. 부인해서는 안 되는 예수님의 평가다. 이의를 제기해서는 안 되는 하나님의 기준이다. "제 생각은 다릅니다"라고 말해서는 안 되는 성경의 기록이다.

한국교회가 당면한 위기는 이 3가지의 부재 때문이다. 기독교인이 조롱당하고 비난받는 것도 이 3가지의 부재 때문이다. 믿음의 역사 대신 자기 소견에 옳은 대로 믿어서 문제다. 사랑의 수고 대신 자기 영광의 수고를 해서 문제다. 예수 그리스도와 천국 소망을 인내하는 대신 이 땅에 소망을 두고 살아서 문제다. 이 3가지를 잃어버린 한국교회는 핍박을 당하는 것이 아니다. 세상이 한국교회를 향해 던지는 것은 비난과 조롱이다.

세상도 교회가 교회답게 진실한 믿음을 갖고 있기를 기대한다. 자기 영광의 수고에 힘쓰지 않고 예수 그리스도께서 본을 보이신 사랑의 수고를 해줄 것을 기대한다. 기독교인은 최소한 이 땅의 물질 때문에 아귀다툼하지 않고 진리와 천국에 소망을 두는 거룩한 삶을 살기를 기대한다. 한국교회가 이 3가지를 회복하면 상황이 반전될 것이다. 하나님이 극적인 반전이 일어나도록 역사하실 것이다. 한국교회를 구원하시기 위한 성령의 역사는 이 3가지의 회복이 핵심이다. 다른 것은 없다. 다른 것을 찾으려고 하면 할수록 더 미궁에 빠질 것이다. 쉽고 간단한 해법을 구하려고 하면 할수록 더 조롱당할 것이다.

▼ ▼ ▼

### 한국교회, 믿음의 역사를 회복하라

하나님께 칭찬받는 교회, 하나님이 기억하시는 교회의 3가지 조건 가운데 한국교회가 가장 먼저 시도해야 할 근본 해법은 믿음의 역사를 회복하는 것이다. 자신이 섬기는 교회가 믿음의 역사를 추구하게 해야 한다.

그렇다면 믿음의 역사란 무엇을 말하는 것일까? 영어 성경은 믿음의 역사를 "your work produced by faith"로 번역했다. 믿음의 역사는 초자연적 기적이 아니다. 믿음의 역사는 당신의 일 your work이다. 단, 믿음에 의해서 생산되는 당신의 일이다.

믿음이란 무엇인가? 성경은 "믿음은 들음에서 나며 들음은 그리스도의 말씀으로 말미암았느니라"(롬 10:17)라고 말한다. 하나님이 기뻐하시는 일을 생산해 내려면 믿음이 반드시 필요하다. 믿음이 없이 하는 일은 '믿음의 역사'라고 평가받지 못한다. 믿음이 없이 교회가 하는 일은 '믿음의 역사'라는 칭찬을 못 받는다. 출발점이 반드시 믿음이 되어야 한다. 출발점이 되는 믿음은 들음에서 난다. 사람의 소리를 듣는 것이 아니다. 세상의 소리를 듣는 것이 아니다. 예수 그리스도의 말씀만을 들어야 한다. 사람의 소리, 세상의 소리, 친구와 권력자의 소리를 들어서는 믿음이 생기지 않는다. 예수 그리스도의 말씀만을 들어야 한다. 즉 예수 그리스도의 말씀이 모든 일의 출발점이 되어야 한다. 기준이 되어야 한다. 이것만을 '믿음의 역사'라고 평가한다.

▼ ▼ ▼

## 말씀을 온전히 선포할 때 성령께서 일하신다

믿음의 역사를 회복하기 위해서는 두 가지가 필요하다. 먼저, 목회자가 온전히 예수 그리스도의 말씀을 선포해야 한다. 한국교회는 언제부턴가 타협하는 메시지를 선포했다. 타협은 왜곡이 아니다. 가짜를 주는 것이 아니다. 거짓을 말하는 사기도 아니다. 타협은 청중이 듣고 싶은 것만 주는 것이다. 기준이 오로지 청중이다. 상대가 원하는 것을 주는 것이 타협이다. 상대가 원하는 것을 주고, 내 유익을 반대급부로 얻는다. 이것이 타협이다.

믿음의 역사를 회복하기 위해서는 타협하지 않는 메시지를 전해야 한다. 청중이 내가 전하는 말씀을 좋아할지 싫어할지를 생각하지 말고 주인이 전달하라는 메시지를 '온전히' 전해야 한다. 하나도 빼지 말고 전해야 한다. 그것이 선포자의 유일한 사명이다. 청중을 울리고 웃기는 것이 사명이 아니다. 돌이 날아와도 하나도 빼지 말고 온전히 전해야 한다. 온전한 선포를 들은 청중이 들고일어나 당신을 스데반처럼 돌로 쳐도 가감 없이 전해야 한다. 온전한 선포를 들은 청중이 화가 나서 뒤돌아서도 일점일획도 더하거나 빼지 말고 정확하게 전해야 한다. 강단이 살아나는 길은 이것뿐이다.

감동적인 영상이 무너진 한국교회의 강단을 살리지 않는다. 화려한 음악과 아름다운 조명이 무너진 한국교회의 강단을 살리지 않는다. 당신의 유머와 현란한 수사학이 무너진 한국교회의 강단을 살리지 않는다. 당신의 멋진 스타일과 화려한 학력, 놀라운 지식이 무너진 한국교회의 강단을 살리지 않는다. 온전한 선포만이 한국교회의 무너진 강단을 살릴 수 있다.

하나님은 온전한 선포에만 역사하신다. 오순절 성령의 역사는 베드로처럼, 스데반처럼 죽을 각오를 하고 한 치의 오차도 없이, 한 점 부끄럼 없이, 일점일획도 빼거나 더하지 않고 예수님을 전할 때 일어난다. 많은 목회자가 한국교회가 그 어떤 위기에 빠지더라도 성령께서 역사하시면 극적 반전이 가능하다고 믿고, 말하고, 외친다. 성령께서는 한국교회가 완전히 짓밟히고, 돌 위에 돌 하나도 남지 않고 무너져 내려도 다시 일으켜 세우실 수 있다. 3일 만에 다시 세우실 수 있다. 단 성령의 방법대로 하신다. 바로 한 치의 오차도 없이, 한 점 부끄럼 없이, 일점일획도 빼거나 더하지 않고 예수 그리스도의 말씀을 전하고 듣는 이들을 통해서 하신다.

▼ ▼ ▼

## 미래에는 '자기 소견에 옳은 대로 믿는 것'을 버려야 산다

믿음의 역사를 회복하는 데 필요한 또 하나는 교인들이 '들어야' 한다는 것이다. 예수 그리스도의 말씀을 온전히 들어야 한다. 온전한 선포와 온전한 들음이 마주치는 곳에 믿음이 있다. 하지만 한국교회 교인들은 '자기 소견에 옳은 대로' 믿었다. 자기 소견에 옳은 대로 믿는 것은 하나님을 버리는 것이 아니다.

이스라엘 백성은 지금까지 한 번도 하나님을 버린 적이 없다. 그러나 하나님을 버리지 않았어도 책망받고, 채찍에 맞고, 나라를 잃었다. 왜일까? 하나님을 버리지는 않았지만 하나님을 자기 소견에 옳은 대로 믿었기 때문이다. 자기 소견에 옳은 대로 하나님을 믿을 때마다 하나님의 책망과 징계를 받았다.

자기 소견에 옳은 대로 믿은 사건 가운데 대표적인 사례는 이스라엘 백성이 광야에 머물렀을 때다. 당시 모세는 십계명을 받으러 시내 산에 올라갔다. 모세가 시내 산에 머무른 날수는 40일이다. 밤낮의 기온차가 엄청났고, 뜨거운 태양을 피할 나무도 없었으며, 물이 없어 황량할뿐더러 높이가 2,285m에 달하는 높은 산이었다. 사람은 음식을 먹지 않고는 40일을 버틸 수 있다. 그러나 모세는 물도 없는 산에 올라갔다. 몸종 여호수아는 산 중턱에서 모세를 기다렸다. 아무도 모세의 생사를 산 밑에 있는 아론과 이스라엘 백성에게 알려 주지 않았다. 이스라엘 백성은 모세가 죽었다고 생각했다. 누가 봐도 죽었다고 판단하는 것이 옳았다.

그래서 난리가 났다. 자신들을 이집트에서 탈출시키신 하나님은 보이지 않고, 중보자 모세는 죽었다. 이스라엘 백성은 사막 한가운데 고아처럼 버려졌다. 먹을 것도 없고, 물도 없이 200만 명이 사막에 덩그러니 놓여 있었다. 두려움이 엄습했다. 두려움이 커지자 분노로 변했다. 백성들은 이글거리는 눈을 번뜩이며 아론을 쳐 죽일 기세로 달려왔다. 아론의 눈에는 공포가 가득 찼다. 심장이 심하게 쿵쾅거렸다. 백성의 손에 들린 작대기와 칼이 보였다. 하나님을 보여 주든지, 아니면 백성을 달래서 이집트로 다시 돌아가야 했다. 백성은 아론이 이집트로 가는 것을 막는다면 그를 죽여 시체로 제물 삼고, 새로운 지도자를 세워 바로에게 돌아가 용서를 빌 작정이었다.

이때 아론이 한 가지 꾀를 냈다. "너희의 아내와 자녀의 귀에서 금 고리를 빼어 내게로 가져오라"(출 32:2). 아론은 백성의 손에서 금 고리를 받아 부어서 조각칼로 새겨서 이집트에서 본 강한 신 중의 하나인 송아지 형상의 신을 만들어 주었다. 다시 신을 갖게 된 이스라엘 백성은 먹고 마시며 뛰어놀았다. 신이 났다.

우리가 잘 아는 출애굽기 32장의 사건이다. 우리는 이 사건의 결과를 잘 안다. 하나님이 진노하셔서 이스라엘 백성 전체를 진멸하려고 하셨다. 하지만 다행히 모세의 중보 기도로 3천 명가량이 칼에 베여 죽는 선에서 끝이 났다.

중요한 것은 아론이 황금 송아지 형상을 만들어 주고 그들에게 했던 말이다. 아론은 하나님을 버리고 새로운 신을 만들어 준 것이 아니었다. 아론은 이렇게 이야기했다. "이는 너희를 애굽 땅에서 인도하여 낸 너희의 신이로다"(출 32:4). 이스라엘 백성도 황금 송아지가 하나님인 줄 알고 다음 날 번제를 드렸다. 황금 송아지를 앞에 두고 여호와의 절일을 지켰다. 마치 하나님 앞에 선 듯이 먹고 마시고 뛰어놀았다. 그들은 하나님을 버리고 다른 신에게 번제를 드리고, 예배하고, 절일을 지키고, 먹고 마신 것이 아니었다. 아론도 그것이 다른 신이라고 하지 않고 하나님이라고 했다. 이것이 '자기 소견에 옳은 대로 믿는 것'의 전형이다.

하나님도 그들의 모습을 이렇게 평가하셨다. "자기를 위하여 송아지를 부어 만들고"(출 32:8). 중요한 말이 나온다. '자기를 위하여'다. 그들은 자기를 위해 하나님의 형상을 마음대로 만들어서 자기 마음대로, 자기를 위해 예배를 드렸다. 하나님이 명령하신 대로가 아니었다. 자기 소견에 옳은 대로 하나님을 만들고, 하나님을 예배하고, 하나님을 믿었다. 이런 신앙에 대한 하나님의 평가는 냉정하다. "내가 이 백성을 보니 목이 뻣뻣한 백성이로다"(출 32:9), "큰 죄에 빠졌다"(출 32:21, 30), "백성이 악하고 방자하다"(출 32:22, 25).

한국교회의 쇠퇴와 몰락의 근본 원인은 이스라엘 백성과 같다. '자기 소견에 옳은 대로 믿는 것'이다. 현대 교인들은 이스라엘 백성처럼 대놓고 황금 송아지를 만들지는 않는다.

현대판 자기 소견에 옳은 대로 믿는 것은 이렇다. 예를 들어, 하나님의 10가지 속성이 있다고 하자. 1~3번은 아주 좋다. '사랑의 하나님', '용서의 하나님', '모든 기도에 응답하시는 하나님.' 하지만 4~10번의 속성은 싫다. '십자가를 지고 오라시는 하나님', '남의 눈에 티끌을 보지 말고 내 눈에 들보를 보라시는 하나님', '정의를 물같이 공의를 하수같이 흐르게 하시는 하나님', '이 땅의 모든 것은 내 것이 아니라 하나님의 것이라고 말씀하시는 하나님' 등등. 그래서 현대 교인들은 4~10번의 하나님의 속성은 무시해 버리고 자기 소견에 좋다고 판단되는 1~3번의 하나님의 속성만 취한다. 그리고 이렇게 이야기한다. "이것이 진정한 하나님이다!" 중요한 것은 그래도 하나님을 믿고, 따르고, 기도도 한다는 것이다. 맹렬하게 부르짖는다. 현대 교인들이 1~3번의 속성만 가지고 만든 하나님의 모습은 흡사 현금인출기나 도깨비방망이 같다.

당신이 가르친 하나님의 모습은 어떠한가? 당신은 아론처럼 하고 있지는 않은가? 아이러니한 것은, 이스라엘 백성을 이렇게 가르쳤던 아론은 살아남았다는 사실이다. 슬프지 않은가! 당신 마음속에 있는 하나님의 모습은 어떠한가? 당신의 소견에 옳은 대로 '조립한 하나님'이신가, 아니면 성경이 가르쳐 준 온전한 하나님의 모습 전부인가?

강단에서는 타협하는 메시지가 선포되고, 청중은 자기 소견에 옳은 대로 하나님을 조립한다. 메시지를 조립한다. 이 두 가지 죄악이 만나는 지점에서 한국교회의 몰락이 시작되었다. 한국교회의 지축이 흔들리고, 맹렬한 용암이 터져 나오고, 수많은 교회가 타들어 가는 거대한 지진의 진원지가 바로 이 두 가지 죄악이 만나는 지점이다.

조립한 하나님의 모습을 버리고 온전한 하나님의 모습으로 되돌아가야 한다. 우리 마음대로 "이것은 구약의 하나님이시고, 이것은 신약의 하나님이시다"라고 재단하고 조립하는 것을 그쳐야 한다. 청중의 분노를 삭이기 위해, 돌 맞는 것이 무서워서, 생명을 보존하기 위해 하나님을 황금 송아지로 둔갑시키는 것을 멈추어야 한다. 이 엄청난 죄악을 멈추지 않으면 한국교회는 모든 것을 잃게 될 것이다. 이 두 가지를 멈추기 전에는 회복도 없다. 갱신에 절대로 성공하지 못한다. 멈추고 돌아서는 행동이 한국교회 회복의 시작점이다. 지금이라도 멈추고 돌아서면, 회개하면 하나님이 새로운 역사를 시작하실 것이다. 성경에서 다른 방법은 없다.

▼ ▼ ▼

## 미래에는 타협하지 않는 말씀을 선포하는 교회가 성장한다

무너진 유럽교회, 무너져 가는 미국교회에서도 타협하지 않는 말씀을 선포하는 교회는 지금도 성장하고 있다. 지금도 초대형 교회가 일어나고 있다. 미래 예측에 있어서도 마찬가지다. 미래에 어떤 교회가 성장할 것인가? 타협하지 않는 복음을 전하는 교회가 성장한다. 필자가 앞에서도 예측했듯이, 앞으로 한국 사회를 대변하는 가장 중요한 키워드는 '위험 사회'다. 경제적으로 저성장, 사회 갈등과 분열, 부의 불균형 분배와 소외 등으로 무기력과 스트레스가 증가한다.

풍요의 시대, 성장의 시대는 신을 필요로 하지 않는다. 신이 없어도 내가 가진 돈, 네트워크, 권력, 명예, 힘, 사람을 가지고 얼마든지 내 문제들을 해결할 수 있다고 자만한다. 그러나 의지했던 힘이 무너지고, 물질에 어려움을 느끼고, 자신의 능력에 한계를 맞고, 노력해도 소득이 늘지 않고, 위험 사회가 되면 사람들은 '절대자'를 찾는다. 앞으로 한국 사회는 겉으로는 위험 사회, 안으로는 신을 갈구하는 영성 사회로 전환될 것이다. 종교의 부흥기가 시작될 것이다. 이 두 가지의 모순이 한국인의 마음에 공존하게 될 것이다. 물론 종교의 부흥기가 곧 기독교의 부흥을 담보하지는 않는다.

이런 모순의 시대에 사람들은 두 가지 종교를, 두 가지 교회를 찾는다. 흔들리는 사람의 마음을 잡으려면 둘 중에 하나를 해야 한다. 먼저, '종교적 쇼'를 하는 교회가 성장할 것이다. 아주 빨리, 크게 성장할 것이다. 사람의 마음속 공허감과 절대자를 찾으려는 욕구를 잘 채워 줄 수 있는 종교적 감성과 쇼를 제공하는 교회가 선풍적인 호응을 얻을 것이다. 매력적으로 보일 것이다. 진짜보다 더 진짜 같은 쇼를 통해 사람들은 종교적 카타르시스를 얻으려고 할 것이다. 멋져 보이는 대상을 만들어 슬픔과 상처를 달랠 것이다. 눈물을 흘리게 해주는 음악과 자극적인 영상을 보면서 '가짜 회복'을 사 갈 것이다.

가짜가 가짜처럼 보이면 외면을 당하지만 가짜가 진짜를 넘어설 정도로 교묘해지면 대중을 사로잡는다. 히틀러가 그러했고, 수많은 거짓 선지자가 그러했다. 이단의 수가 늘어나는 것이 그러하다. 자기의 문제가 해결되었다고 속거나 그 거짓말과 쇼 안에 숨기 원하는 심리 때문이다.

그런데 이런 풍조가 불 일듯 일어나는 만큼 역흐름도 발생한다. 가짜가 판치고, 쇼가 난무할수록 '진짜'가 뭐냐는 질문이 많아진다. 진짜 제품을 찾듯 진짜 교회를 찾는다. 스타일도 투박하고, 예배 형식도 예스럽고, 교회 건물도 오래되었고, 목사님이 그리 잘생긴 것도 아니고, 설교도 세련되지 않지만 그 교회 그 강단에서 선포되는 말씀을 들으면 진짜 같다고 느낀다.

이런 변화는 이미 시작되었다. 변화 포착에 가장 빠른 조직이 기업이다. 기업들은 한국 사회에 이미 이런 상황이 시작되었다는 것을 잘 안다. 그래서 속이려면 제대로 속이든지, 판타지를 확 주든지, 아니면 군살 쫙 빼고 진짜로 승부를 겨룬다. 교회는 아직 이런 변화가 시작되었다는 것을 통찰하지 못하고 있다.

좌로나 우로나 치우치지 않고 진짜 복음을 전하는 교회가 성장한다. 미국에서도 타협하지 않고 예수 그리스도의 말씀을 전하는 교회, 죄를 드러내고 회개를 선포하는 교회, 하나님 앞에 무릎을 꿇으라고 선언하는 교회들이 성장 중이다. 그런 교회 중 어떤 곳은 강대상 앞에 이상한 구조물이 하나 있다. 방탄유리다. 진짜를 전하니까 일어나는 현상이다. 대부분은 마음에 거리낌이 오면 회개하고 은혜를 받지만 일부는 화를 낸다. 인상을 찌푸리며 싫어한다. 심지어는 일어나서 총을 쏴 버린다. 이런 교회가 진짜다. 힐링보다 마음의 찔림이 먼저다. 웃는 것보다 회개가 먼저다.

힐링에도 2가지가 있다. 적당히 어렵고 적당히 힘들면 "넌 할 수 있어. 넌 괜찮아. 실패해도 다시 할 수 있어" 하고 지지하고 격려해 주면 힐링을 받는다. 그러나 절체절명의 위기에 놓여 보라. "넌 할 수 있어"라는 말로는 절대로 위로가 안 된다. 완전 파산 직전까지 가 보라. 파산해 보라. 긍정의 힘이 귀에 들리지 않는다. 진짜 바닥에 떨어지면 사람들은 이런 방법으로 위로와 구원을 받는다. "그래, 너는 틀렸어. 넌 끝장났어. 너의 능력으로는 안 돼. 너는 죄인이야!" 완전 밑바닥으로 가면 오히려 이 말이 위로가 된다.

한국교회가 착각하는 것이 한 가지 있다. 긍정의 힘, 지지, 감정이입, 위로는 세상이 더 잘한다. 세상에는 당신보다 이런 말을 더 잘하고, 더 잘 들어 주는 전문가가 넘친다. 사람들은 이런 말을 들으러 교회에 오는 것이 아니다. 사람들이 교회에서 듣고 싶은 말은 이것이다. "당신은 죄인입니다!" 이 말을 들은 사람들은 이렇게 다시 묻는다. 아니, 이런 말을 묻고 싶어서 교회에 찾아온다. "그러면 어떻게 해야 구원을 얻을 수 있습니까?" 어떻게 해야 위로를 받고, 힐링을 받을 수 있느냐가 아니다. 어떻게 해야 구원을 얻을 수 있는지 알고 싶어서 오는 곳이 교회다.

그런데 이런 마음을 가지고 오는 사람에게 교회는 "여기는 그런 질문에 대답을 해주는 곳이 아니라 당신을 위로하고, 지지하고, 돈 벌게 해주고, 성공하게 해주는 곳입니다"라고 말한다.

사람이 어딘가를 찾아갈 때는 목적을 가지고 간다. 교회도 마찬가지다. 하나님 앞에, 예수 그리스도 앞에 나를 드러내 보이고 싶어서 온다. 내가 예수님처럼 살 수 있어서 오는 것이 아니다. 예수님처럼 살 수 없는 사람들이 온다. 예수님의 말씀을 다 지킬 수 있다는 자신감이 있어서 오는 것이 아니다. 감히 범접할 수 없는 예수님의 말씀 앞에 나를 무릎 꿇리기 위해서 온다. 이것이 사람들이 타협 없는 복음을 좋아하는 이유다.

타협하는 메시지는 자기 소견에 옳은 대로 믿는 믿음을 양산하지만 타협 없는 메시지는 영혼에서 우러나오는 진정한 회개를 불러온다. 타협 없는 메시지는 무한한 영광의 빛 되신 하나님을 선포하는 것이기 때문에 그 빛 앞에서 자신의 모든 더러움을 드러내 준다. 변명하지 않고 회개하게 해준다. 죽는 순간까지 하나님의 은혜 앞에 자신을 무릎 꿇게 한다. 첫사랑을 회복하게 해준다. "죄가 깊으면 깊을수록 은혜가 깊다"라는 말씀이 무슨 뜻인지 깨닫게 해준다. 어설픈 감성 터치 설교에 우는 것이 아니라 말씀의 도전과 진단 앞에 진정한 눈물을 흘리게 한다. 예수 그리스도의 보혈의 은혜 앞에 감사의 눈물을 흘리게 한다.

이것이 진정한 교인의 모습이다. 선택해야 한다. 쇼를 하려면 확실히 해서 확실하게 가짜가 되든가, 아니면 타협 없는 복음을 선포해 진짜 교회가 되어야 한다. 최악은 이도 저도 아닌 모습이다.

▼ ▼ ▼

## 미래에는 진리 전쟁의 시대가 온다.
## 변증에 능한 교회가 성장한다

미래에는 교인 한 사람 한 사람이 변증에 능해야 한다. 진리 전쟁의 시대가 오기 때문이다. 미래에는 지금보다 지식이 더 증가하고, 이단도 증가할 것이다. 한국 사회도 유물론적 세계관이 더 펼쳐질 것이다. 그래서 변증에 능한 교회가 살아남고, 변증하는 지식을 가진 교인이 자신의 신앙을 지키고 세상을 변화시킬 수 있다. 변증은 타협 없는 말씀을 전하는 것과 연관된다.

유럽교회와 미국교회가 완전히 무너지기 직전에 나타난 현상이 변증이었다. 한국도 이제는 무턱대고 믿으라는 시대가 지났다. 믿음을 삶으로도 변증해야 하고, 지식으로도 변증해야 한다. 온실 속에 있을 때, 기독교가 우호적인 평가를 받을 때는 변증 능력이 크게 빛을 발하지 않는다. 하지만 기독교가 비판을 받고, 유물론적 세계관이 학교에 만연할 때는 우리의 신앙을 적극적으로 변증해야 한다.

유럽교회와 미국교회에서 젊은이들의 교회 이탈이 심할 때 나타난 현상도 마찬가지였다. 온실처럼 교회 안에서 자란 청년들이 대학에 가고 사회에 발을 내디뎠다. 그러나 이미 유럽과 미국은 대학과 사회 전반에 유물사관과 진화론이 깊숙이 침투해 있었다. 자신의 신앙과 성경의 진리를 변증할 수 없는 청년들은 이런 사조에 처참하게 무너지고 말았다.

현재 한국 사회가 비슷한 시기에 접어들고 있다. 정보가 증가하고, 이단이 증가하고, 미션스쿨에서 예배를 드리지 못한다. 대학과 사회는 기술 만능주의, 유물사관, 진화론이 장악했다. 교회는 비판받고 조롱당한다. 기독교인이라고 말하기 힘들다. 단순히 "와 보라"라는 말로는 전도하기 힘들다. 자기 신앙을 지키고 전도할 수 있는 좀 더 수준 높은 변증 능력이 필요해졌다.

변증에 능한 교회가 되려면 성경을 타협 없이 전하는 것만큼 체계적으로 가르치는 것이 중요하다. 성경을 체계적으로 가르치는 것을 '교리 교육'이라고 한다. 일부 목회자들은 "지금이 어떤 시대인데 교리를 가르칩니까?"라고 말한다. 교리를 가르치면 교회에 오지 않는다고 생각한다. 부흥이 안 된다고 생각한다.

우리가 이렇게 말하는 동안 이단들은 철저하게 자신들의 교리를 가르치고 있다. 자신들의 잘못된 교리를 철저하게 가르치는 이단은 계속해서 성장하고, 자신들의 교리를 포기하는 교회는 계속해서 쇠퇴한다. 이단은 자신들의 잘못된 가르침을 '타협 없이 선포하고' 오랫동안 철저하게 가르쳐 '변증 능력'을 갖게 만든다. 하지만 진짜 진리를 가진 교회는 설교도 타협하고 짧게 하고, 성경 공부도 얕고 짧게 끝내 버린다. 훈련은 짧을수록 좋다고 주장한다. 3년보다 1년, 1년보다 6개월, 6개월보다 4주에 훈련을 끝내면 탁월하다는 평가를 받는다. 그리고 곧바로 '사람의 일' your work produced by Pastor을 시킨다. 예수님의 제자가 아닌 사람의 제자로 삼는다.

그러나 놀라운 사실은 필자가 한국교회를 돌아다니면서 보니, 교리를 가르치는 교회에서 회복과 부흥, 영적 각성이 일어나기 시작했다. 케케묵었다고 평가받는 교리문답을 가르치는 교회들이 성장하기 시작했다. 물론 우리 머릿속에 그려진 부흥의 속도나 모습과 같지는 않다. 프로그램을 시작한 후 얼마 안 되어 교인 수가 폭발적으로 증가하고, 교회에 뜨겁고 열정적인 모습이 나타나는 식은 아니다. 사실 "이런 모습이 과연 교회 부흥의 유일한 증거인가?"라고 이제는 되물어야 한다.

수년 동안 치열하게 싸우고, 수많은 교인이 이탈하고, 담임목사를 자주 갈아치우고, 예배에 은혜가 사라졌던 교회가 회복되고, 치유되고, 뭉치고 있다. 다른 사람의 말을 들어 주고 이해하기 시작했다. 무엇이 중요한 것인지 다시 생각하기 시작했다. 용서 구함과 용서함이 시작되었다. 폭발적인 숫자 증가는 아니지만 떠났던 교인이 돌아왔다. 예배에 의미가 실리기 시작하고, 기도의 내용이 달라졌다. 무엇보다 교인들의 눈빛이 달라지고 얼굴이 달라졌다.

 이 모든 것은 손들고 뛰면서 뜨겁게 찬양하고, 온몸을 흔들며 큰 소리로 외치며 기도하는 교회에서 나타나는 일들을 기록한 것이 아니다. 한국교회는 지금까지 손들고 뛰면서 뜨겁게 찬양하고, 온몸을 흔들며 큰 소리로 외치며 기도해야 부흥한다고 생각했다. 교인들이 듣기 좋아하는 말씀부터 선포해야 지혜롭다고 생각했다. 완전히 틀린 말은 아니다. 경험적으로도 증명된 이야기다. 하지만 다른 부흥의 모습과 방식도 있다. 타협하지 않는 말씀, 죄를 계속 드러내고 회개를 도전하는 말씀, 먼지 나고 케케묵은 교리들을 다시 들춰내서 차근차근 성경을 가르치는 교육, 크게 소리치지 않아도 자신을 깊이 돌아보고 생각하게 하는 기도를 통해서도 교회와 교인들이 치유되고, 회복되고, 부흥한다는 것을 받아들여야 한다.

 이와 같은 현상이 이 시대 사람들의 시대적 요청이라는 것을 통찰해야 한다. 그들은 말씀에 감성적으로 감동하는 것도 원하지만 깊은 이성적 이해와 설득의 방식으로 하나님에 대해서 깊이 알고 싶어 한다. 변증의 시대는 교회 밖 전도 현장에서가 아니라 교회 내 교인들의 마음과 머릿속에서 시작되고 있다.

▼ ▼ ▼
## 삶으로 예수를 변증한다는 것은
## 예수의 기준으로 산다는 것이다

　기독교 진리에 대한 변증, 예수 그리스도의 복음에 대한 변증, 성경에 대한 변증은 논리로만 하는 것이 아니다. 삶의 변증이 필요하다. 현재, 그리고 미래 진리 전쟁의 시대에 변증에 능한 교회가 되려면 삶의 변증이 뒤따라야 한다. 미래에는 전도도 삶의 변증이 밑바탕이 되어야 가능할 것이다.

　그런데 삶의 변증이라고 하면 많은 기독교인이 '착하게 사는 것'이라고 생각한다. 삶의 변증은 착하게 사는 것과 다르다. 착하게 사는 것도 포함하지만, 그것과는 전혀 다르다. 착하게 사는 것은 구원과 상관없다. 비기독교인도 착하게 산다. 물론 나쁘게 사는 것은 전도에 큰 장애물이 된다. 착하게 사는 것이 전도에 도움이 될 수는 있지만 구원을 가능하게 하지는 않는다. 아담이 죄를 지어서 타락했지만 인간이 착한 일을 한다고 해서 죄가 없어지지는 않는다. 착한 일을 한다고 해서 구원을 받지도 않는다. 한국 법을 착하게 잘 지킨다고 해서 미국 시민권을 주지는 않는 것과 같다. 착한 사람이 아니라 예수를 닮은 사람이 되어야 전도가 된다.

　기독교인의 삶의 목적도 착하게 사는 것이 아니다. 예수님의 가르침은 우리가 착한 기독교인이 아니라 성화되는 기독교인이 되기를 명령한다. 착한 사람이 아니라 예수 닮은 기독교인이 되기를 명령한다. 착한 사람이 아니라 하나님의 자녀, 예수님의 제자가 되기를 명령한다. 착한 사람이 되려면 세상의 법과 기준을 잘 지키면 된다. 세상 관습을 잘 지키면 된다. 하나님의 자녀, 하나님 나라의 백성, 예수님의 제자가 되기 위해서는 따라야 할 기준과 법이 다르다. 세상의 법과 기준이 아니라 하나님 나라의 법과 기준을 따라야 한다. 세상의 관습과 도덕률이 아니라 예수 그리스도께서 가르쳐 주신 도덕 기준을 따라야 한다. 성화의 기준을 따라야 한다. 그래서 하나님 나라의 법은 세상의 법과 착함의 기준을 훌쩍 넘어선다.

삶으로 예수를 변증한다는 것은 내가 변증하고자 하는 그 진리, 복음, 예수의 기준으로 산다는 것을 보여 주는 것이다. 이것이 삶의 변증이다. 미래 교회는 삶의 변증에 능한 교회가 부흥하고 성장할 것이다. 이를 위해서는 가장 먼저 해야 할 것이 '기준의 재설정'이다. 내가 변증하고자 하는 진리, 복음, 예수의 기준을 세상의 기준, 내가 지키기 쉬운 기준, 내가 이해하는 수준의 기준으로 낮추지 말아야 한다. 이해되지 않더라도, 지키기 힘들고 불가능하더라도, 세상과 다른 명령을 하더라도 나를 예수님의 기준에 맞추어야 한다. 그래야 삶의 변증이 시작된다.

기준을 재설정하지 않고는 삶의 변증을 시작하기란 불가능하다. 기준을 재설정해야 새로운 의식이 형성되고, 새로운 의식이 형성되어야 새로운 행동을 시작할 수 있다.

예를 들어 보자. 오늘날 우리는 자본주의 시대를 산다. 우리가 사는 자본주의를 흔히 '영미식 자본주의'라고 부른다. 영국과 미국은 기독교 국가이지만 영미식 자본주의는 성경에서 너무 멀리 가고 있다. 이 현실은 학문적으로 평가하고 증명하지 않아도 2008년 글로벌 위기 이후 전 세계 사람들이 피부로 체감하고 있다. 분명 무언가 잘못되었다.

경제 상식으로도 잘못되었고, 성경의 기준으로도 심각한 문제를 가지고 있다. 영미식 자본주의에 문제가 있다는 것도 놀랍지만, 더 놀랍고 우스꽝스러운 문제가 있다. 한국교회와 교인들은 이토록 문제가 많고 심각한 반성이 필요한 영미식 자본주의 경제원칙을 잘 지키기만 하면 착한 경제인, 선한 경제인이라고 착각하고 있다는 것이다. 상황이 이 지경이니 당연히 믿음의 역사가 일어날 수가 없다.

1~3세기 무렵, 초기 기독교에는 믿음의 역사가 강렬하게 일어났다. 경제 영역에서도 마찬가지였다. 사도행전을 보면, 초대교회 교인들은 경제활동을 하는 데 있어 로마의 기준을 따르지 않고 예수님이 가르쳐 주신 기준을 따랐다.

> "믿는 사람이 다 함께 있어 모든 물건을 서로 통용하고 또 재산과 소유를 팔아 각 사람의 필요를 따라 나눠 주며" (행 2:44~45).

많은 이들이 이 말씀을 오해한다. 초대교회 교인들이 마치 우리 주위에서 볼 수 있는 종말론자들처럼 모든 것을 다 팔아 던져 버리고 산속으로 들어간 것으로 잘못 해석한다. 초대교회 교인들은 성령 충만을 받은 이후에도 여전히 세상에 살았고, 경제활동을 계속했다. 세상을 버리고 산속으로 숨어들지 않았다. 곧 세상의 종말이 오니 아무것도 필요 없다고 생각하지 않았다.

성령의 능력을 받자 믿는 사람들이 소유 중심의 경제 기준에서 자신들의 물건을 서로 통용하는 성경의 경제 기준으로 기준을 재설정한 것이다. 착한 일의 수준을 넘어선 것이다. 끝없이 재산과 소유를 늘려 가는 로마의 경제 기준에서 각 사람의 필요를 따라 나눠 주는 아름다운 분배 기준으로 기준을 재설정했다. 기준이 재설정되자 빛, 소금, 누룩의 역할이 시작되었다. 그 결과는 이러했다.

"온 백성에게 칭송을 받으니 주께서 구원받는 사람을 날마다 더하게 하시니라"(행 2:47).

하지만 로마가 기독교를 국교로 받아들인 후 하나님의 기준으로 삶을 재설정하지 않아도 전혀 문제가 없을 정도로 세속화되자 양상이 달라졌다. 믿음의 역사가 사라졌다. 기독교인이 되기는 쉽고 당연했지만 칭송받지는 못했다.

이처럼 3~4세기 이후부터 1,200년이 넘도록 빛, 소금, 누룩이 되어야 할 기독교는 큰 소동(역사)을 일으키지 못하고 변두리에서만 맴돌았다. 겉모습은 화려해졌지만 능력이 없었다. 교회는 교인들에게 그들이 몸담은 사회를 잠자코 받아들이라고 가르쳤다. 주어진 최소한의 사회적 역할만을 하고, 최소한 남에게 해코지만 하지 않으면 충분하다고 가르쳤다. 그리고 나눔과 통용의 기쁨보다는 재산과 소유를 끊임없이 늘리는 기쁨을 즐기는 법을 가르쳤다. 칭송은 줄어들었지만 재산은 늘어났다. 심지어 교회가 재산과 소유를 탐욕스럽게 늘리는 데 앞장섰다. 예수님의 기준과 도덕률을 버리고 로마의 기준과 도덕률 수준으로 후퇴하자 중세의 암흑기는 시작되었다.

비단 경제적인 영역에서만이 아니다. 우리는 삶의 모든 영역에서 기준을 재설정해야 한다. 무엇보다 기준의 재설정이 선행되어야 한다.

내가 원하고 내게 적당한 기준이 아니라 예수님의 기준으로 삶을 살아나가야 한다. 단순히 착한 삶이 아니라 예수님의 참 제자다운 삶을 살아야 한다. 그때 삶의 변증이 시작되고, 변증에 능한 기독교인이 되며, 마침내 미래의 진리 전쟁에서 승리를 거머쥘 수 있다.

▼ ▼ ▼

### 거듭난 자의 기준이 되는
### 예수 그리스도의 말씀을 들어야 산다

한국교회는 지금 '쇠퇴기'라고 해야 할 만큼 위험한 상황에 빠져 있다. 결정적 성화(예수 그리스도의 의의 전가로 얻는 성화)의 위기는 아니고 점진적 성화(예수 그리스도의 의의 기준에 맞추어 가는 성화)의 위기다. 점진적 성화의 위기는 예수 그리스도의 기준에서 벗어나면 필연적으로 발생한다. 모든 위기는 기준이 흔들리면서 시작된다. 현재 글로벌 금융 위기도 부의 분배의 기준이 흔들리고, 파괴되고, 왜곡되면서 시작된 문제다. 세계가 그렇고, 한국교회도 그렇다. 위기를 수습하려면 변하지 말아야 할 기준을 흔들리지 않게 본래대로 다시 세워야 한다.

밖으로는 급격한 국제 정세 변화, 장기간 지속되는 글로벌 경제 위기, 기술의 발달, 기존 권위에 대한 반발, 저출산 고령화로 이전과 다른 인구구조 변화와 초고령화 사회의 위기, 저성장, 부의 불균형 분배, 부동산 거품 붕괴로 인한 자산 가치 하락 등이 교회와 교인을 위협하고 있다. 안으로는 교회 지도자의 윤리와 돈 문제, 교회 부채, 혼합주의,

세속주의, 탈교회주의 등이 심화되면서 한국교회의 총체적 부실과 쇠퇴를 가속하고 있다. "어떻게 해야 한국교회가 새롭게 갱신되고 부흥할 수 있을까?"라는 질문이 제기되고 있다.

한국교회에 대한 불신이 높아진 이유 중 하나는 복음의 수평적 차원인 이웃을 향한 사회적 책임을 제대로 감당하지 못한 탓이다. 기독교인들이 사회적, 경제적, 정치적, 문화적 영역에서 나타난 문제에 관해 관심이 없거나 총체적 변화를 시도하지 못했다는 평가가 나온다. 이 평가는 옳다. 하지만 더 중요한 문제는 필자가 앞서 다루었듯이 '기준'의 흔들림 문제다. 영미식 자본주의에 문제가 있고, 반성과 성찰이 필요하며, 새로운 자본주의 체제가 필요하다고 세상 사람들이 말하기 전에 교회와 기독교인들이 먼저 문제를 제기했어야 했다. 성경이 가르치는 기준에 맞는지 평가해 봐야 했다.

이런 평가와 문제 제기는커녕 한국교회는 부동산 투기에 대해서도 침묵하거나 축복이라고 잘못 가르쳤다. 기준이 흔들렸기 때문에 잘못 가르칠 수밖에 없었다. 잘못된 기준을 믿고 있었기에 통찰력이 없었고 갱신할 수 없었다. 잘못된 기준을 갖고 있었기에 고칠 수 없었고 바로잡을 수 없었다. 도리어 잘못된 행위를 하나님의 이름을 빌려 강화하고 정당화시켜 주었다. 심지어 축복이나 선으로 판단해 주고, 믿음의 역사라고 칭송해 주었다. 부의 규모가 하나님이 자신을 얼마나 사랑하시는지를 가늠하는 기준이 되게 만들어 버렸다. 이런 상황에서는 잘할수록, 축복을 강화할수록 문제가 더 커진다.

기준이 다르면 '선의 차이', 수준의 문제를 넘어 하나님을 버리는 시대로 달려간다. 하나님이 필요 없는 시대로 달려간다. 이미 서구 사회는 '무신시대'無神時代라 해도 과언이 아니다. 유럽과 미국은 교회 공동체 밖에는 하나님이 없는 시대가 되었다. 하나님은 교회의 예전 속에만 계신다. 교회 안에서는 하나님이 기준이고, 경제 영역에서는 영미식 자본주의가 기준이다. 이것이 한국교회가 부의 불균형 분배, 착취, 투기 등 경제문제에 대해 침묵, 방관하는 이유다. 존재론적, 법정적 성화는 가능하지만 일상에서의 성화가 불가능한 이유다.

진정한 믿음의 역사를 회복시키고, 진정한 성화의 삶을 살며, 삶으로 예수 그리스도를 변증하기 위해서는 세상의 기준이 아닌 예수 그리스도의 말씀으로 되돌아가야 한다. 거듭난 자의 기준이 되는 예수 그리스도의 말씀을 들어야 한다. 예수 그리스도의 기준을 들어야 올바른 믿음, 곧 하나님이 기뻐하시는 믿음이 생긴다. 하나님이 기뻐하시는 믿음이 있어야 성령의 역사, 믿음의 역사가 일어난다.

▼ ▼ ▼

## 제자도는 성경이 기준이다

기독교 2천 년 역사상 한국교회는 가장 기도를 많이 하는 교회일 것이다. 좋은 점이다. 세계가 배워야 할 점이다. 자랑으로 여겨도 된다. 하지만 기도는 분량만큼이나 중요한 것이 있는데, 계시된 말씀이라는 튼튼한 터 위에 있어야 한다는 것이다. 하나님의 말씀, 약속에 근거해야 한다. 예수 그리스도의 기준은 기도의 방향을 잡아 주는 키다. 방향이 상실된 기도는 중언부언이고 이방인의 기도가 된다.

지난 20년 동안 제자훈련이 한국을 강타했다. 그러나 예수 그리스도의 기준을 따르지 않는 제자도는 이념이나 신화로 전락할 위험이 크다. 필자의 영적 스승이셨던 고 옥한흠 목사님도 이것을 가장 경계하셨다. 그분이 경계하셨던 위험이 한국교회 곳곳에서 나타나고 있다. 제자훈련을 한다고 떠들어 대는 교회들에서 더 많이 나타나고 있다. 제자 됨의 기준이 성경이 아니라 담임목사가 되었기 때문이다. 제자 됨의 평가 기준이 예수님의 기준이 아니라 담임목사와 세상의 성공이 되었기 때문이다. 제자훈련이 자기 사람을 만들고, 세상적으로 성공하기 위한 또 다른 도구로 전락했기 때문이다.

　세상 기준에 만족하는 태도는 매우 잔인하고 무자비하게 교회를 붕괴시킬 것이다. 예수님의 제자로의 부르심은 예수 그리스도의 인격, 삶, 기준에 매이는 것이다. 예수 그리스도의 기준은 불가능한 기준이 아니라 은혜로운 계명이자 성화의 도전 과제다. 우리에게는 명령을 바꾸거나 내 취향과 가능성의 수준으로 낮추어 해석할 권한이 없다. 예수님은 명령하시는 분이고 우리는 따라야 하는 제자다. 하나님은 명령하시는 분이고, 예수님은 해석하시는 분이며, 우리는 따라야 하는 백성이다.

　'시민 의', '사회 의'가 우리를 구원하는 의가 되지 못하고 '예수님의 의의 전가'만이 우리를 구원한다. 좋은 시민 기준, 좋은 사회 기준은 우리의 성화의 기준과 방향이 되지 못한다. 제자도가 되지 못한다. 오직 예수 그리스도의 의와 그 의에 따른 기준만이 우리의 성화의 기준과 방향이 된다. 제자도가 된다. 어떤 이는 하나님의 기준이 모호하다고 말한다. 거짓이다. 하나님의 기준이 오히려 사회의 기준보다 더 명확하다. 시민의 기준, 사회의 기준은 시대에 따라 변하고, 상황에 따라 다르기에 더 모호하다.

▼ ▼ ▼

### 경제에서도 성경적 기준을 타협 없이 가르쳐야 한다

자본주의 시대를 살아가는 기독교인들에게 가계와 기업, 국가의 경제활동은 아주 중요한 삶의 현장이다. 이 현장을 무시한 성화는 반쪽이다. 이 현장을 무시한 성경적 기준 제시도 반쪽이고, 제자훈련도 반쪽이다.

현실적으로도 한국교회와 기독교인에게 쏟아지는 비판의 상당수가 경제활동과 관련 있다. 제자훈련을 하지만 조롱의 대상이 되는 교회도 이 문제가 중심에 있다. 개인적으로 착한 지도자이지만 돈 문제는 성화되지 않아서 생기는 문제다. 흔들리지 않는 구원의 확신은 훈련받았지만 경제활동은 예수님의 기준으로 훈련받지 않았기 때문이다. 세상의 상식과 용인되는 편법이나 부패한 관례를 따르기에 세상이 타락한 만큼 돈 문제가 타락한 것이다.

교회 교육 현장이나 자녀 교육 현장에서 교사나 부모들도 돈 문제가 아이들의 삶에 직접적인 영향을 끼친다고 지적한다. 아이들이 어릴 때부터 교회가 경제 교육을 해야 한다고 요구한다. 2008년 미국에서 서브프라임 모기지 사태가 발발한 후 미국교회는 빚 중독자를 치유하는 프로그램을 시행했다. 종교개혁자 칼빈도 경제에 대한 성경적 기준을 가르치고 감독했다. 경제 영역에서도 믿음의 역사가 일어나기를 기대했기 때문이다. 필자가 앞서 예측했지만, 지금이라도 경제 영역에 있어서 성경적 기준을 타협 없이 가르치는 일을 시작하지 않으면 앞으로 10~20년 이내에 한국교회 대부분이 경제문제로 극심한 내홍을 치를 수 있다. 교회 안에서 터져 나오는 타락한 경제활동의 민낯이 한국교회를 더욱 수치스럽게 만들 수 있다. 시급한 문제다. 당연히 이런 위기를 방지하는 첫 출발은 성경이 말하는 기준으로 경제활동의 목적과 방법을 재설정하는 것이다.

이런 이유로 필자는 현대 경제에 필요한 경제 기준 몇 가지를 성경에서 도출해 보았다. 예수 그리스도의 경제 기준을 실례의 차원에서 다루었다. 즉 경제의 모든 부분을 다루지 않았다는 점을 미리 밝힌다. 기준의 실례와 적용 방식을 다룸으로 경제활동에서 타협 없는 선포가 무엇인지를 생각해 보기 위함이다. 그리고 한국교회와 교인들이 경제 영역에서 성화된 삶을 살기 위해 최소한으로 알아야 할 기준 정도를 다루기 위함이다.

전제를 말한다. 성경이 말하는 기준은 착한 기업인, 깨끗한 돈만을 버는 부자의 수준이 아니다. 경제 전반에 예수 그리스도의 기준을 받아들여야 한다고 명령한다. 가이사의 것은 가이사에게 내야 한다. 하지만 예수님은 그 이상을 요구하셨다. 이것이 경제 영역을 다루는 출발점이다.

한 가지 주의할 점이 있다. 예수 그리스도의 기준, 성경의 기준을 가져온다는 것은 문자적으로 기준을 따르는 것이 아니다. 성경에는 당시 문화 맥락에 하나님의 기준을 적용한 내용이 기록되어 있다. 수천 년이 지난 지금, 우리는 새로운 문화 맥락에 살고 있다. 그래서 성경에 나타난 문자적 내용을 그대로 가져오면 안 된다. 당시 문화 맥락을 걷어

내고 하나님의 뜻을, 기준을 가져와야 한다.

예를 들어, 지금은 구약성경에 나오는 희년의 형식적 모습을 그대로 지킬 수 없다. 문화가 다르고, 상황이 다르고, 경제구조가 다르기 때문이다. 농경시대가 아니라 산업주의 시대다. 정보화 시대다. 농사를 짓지 않는 사람이 대부분이다. 그래서 희년을 문자대로 지킬 수 없다. 예수님이 모세의 율법에 기록된 "간음하지 말라"라는 정의를 "마음속에 음욕을 품는 것도 간음이다"라고 법 정신을 꺼내서 실천하라고 해석해 주셨듯이 말이다.

두 가지를 피해야 한다. 첫째, "잔말 말고 문자 그대로 따르라"라는 식이다. 둘째, "성경에 제시된 것은 이 시대에 적용할 수 없는 그 당시의 정의와 기준이다"라고 하면서 교묘하게 빠져나가는 행태다. 예수님이 가르쳐 주셨듯이, 희년이나 구약에 나오는 다양한 경제 정의와 기준이 우리에게 알려 주는 하나님의 뜻은 지금도 유효하고 적용 가능하다는 점을 인정해야 한다. 목욕물을 버린다고 아이까지 버리는 오류를 범해서는 안 된다. 지금이라도 경제 영역 속에 나타난 하나님의 뜻(율법 정신)을 타협 없이 가르치고 지키게 해야 한다.

무엇이든 "모 아니면 도"라는 식으로 극단을 취하는 것은 바람직하지 않다. 상황과 상관없이 모조리 취하거나 다 버리는 어리석음을 지양하고 하나님이 성경에 제시하신 경제 정의, 하나님이 이 땅에 이루기 원하시는 경제 정의에 귀 기울이기 바란다. 문화 맥락에 맞게 적절하게 취해 옷 입을 때 하나님이 원하시는 경제 정의가 이 땅에 실현되는 모습을 목도할 수 있을 것이다.

(16세기 이후 종교개혁자들, 청교도들을 통해 일어난 삶의 개혁이 어떻게 교

회를 다시 살렸는지에 관해서는 'book in book 2'에서 소개한다. 하나님이 원하시는 경제 정의에 대해서는 많은 지면이 할애되므로 'book in book 3'으로 자리를 옮겼다. 하나님의 정의와 원칙에 맞는 경제구조, 경제 원리에 대해 알기 원하는 독자들은 참조하기 바란다.

경제 영역에 있어서의 한 걸음의 실천, 갱신의 행위 하나하나가 모여 변화가 불가능할 것만 같은 이 땅의 부조리한 경제 정의와 기준을 하나님의 기준으로 놀랍게 변화시키기를 간절히 바란다.)

book in book 2

# 스위스 라인 골짜기에서 일어난 삶의 개혁이 교회를 다시 살리다

**기독교인은 영혼의 구원과 동시에**
**자신이 몸담은 세계의 사회구조에 대해 책임을 진다**

중세의 암흑기 이후 16세기에 이르러 스위스 라인 골짜기 북부의 개혁 교회에서 중세 암흑기를 극적으로 반전시키는 새로운 비전과 실천이 등장했다. 이들을 통해 세상의 사회구조와 그 기준에 따라 사는 삶이 심판 대상이 되어 유죄 판결을 받았다. 세상의 기준에 맞춰서 착하게만 사는 기독교인의 삶과 교회에 '개혁'이 필요하다는 선고가 내려졌다. 가히 혁명적 선언이었다.

16세기 말과 17세기 초 잉글랜드 청교도 운동에서도 중세인들과 전혀 다른 생각이 일어났다. 3~4세기 이후부터 16세기 이전까지 중세 암흑기 때는 이 세상의 억눌린 자와 불행한 자를 돌보는 일은 하나님의 일이라고 생각했다. 우리의 몫은 하나님이 그 일을 잘하시도록 재촉하는 것으로 생각했다. 그들은 이렇게 기도했다. "우리를 축복하소서. 무한히 축복하소서. 우리의 재산과 소유가 끊임없이 늘어나도록 축복하소서. 세상의 모든 돈이 우리 교회와 우리 가정에 다 쌓일 때까지 축복하소서."

그러나 청교도들은 자신들이 사는 세계의 기준을 따라 사는 것이 착한 일이 아니라, 세상은 타락했기 때문에 지속적인 개혁이 필요하다는 것을 깨달았다. 책임감을 느꼈다. 16세기 이후 종교개혁자들, 청교도들은 이렇게 기도하기 시작했다.[2] "지금 이 세상에서 벌어지는 고통, 불균형, 불의, 그로 인한 비참한 상황과 이웃에 대해 우리가 책임감을 갖게 하소서." "주님, 우리에게 많은 복을 주셔서 감사합니다. 이제부터는 우리가 불행한 이들을 기억하고 돌보게 해주옵소서." "오 하나님, 굶주리는 자들에게는 빵을 주시고, 빵을 가진 우리에게는 정의에 대한 굶주림을 주소서."

이는 분명 오순절 다락방 사건 이후 초대교회의 모습으로 다시 돌아가는 혁명적 전환이었다. 하나님의 기준은 이 세상과 어울리지 않는다고 가르쳤던 중세 암흑기를 탈출하는 기적이었다. 재산은 늘어났지만 칭송은 줄어들었고, 소유는 늘어났지만 믿음의 역사는 잃어버렸던 비극적인 상황에서 벗어나는 놀라운 역사였다. 삶의 풍요는 증가했지만 예수님이 가져다주시는 영성의 풍요는 줄어들었던 세속화의 줄을 끊는 사건이었다. 내가 살기 위해 이웃을 버렸던 어처구니없는 생활을 버리는 극적인 순간이었다. 이것은 삶의 개혁이었고, 교회의 개혁이었다. 교회가 다시 빛, 소금, 누룩이 되어 큰 소동, 큰 역사를 일으키면서 세상의 중심부로 다시 진격하는 놀라운 상륙작전이었다.

  기독교인은 영혼의 구원과 동시에 자신이 몸담은 세계의 사회구조에 대해 책임을 진다. 종교개혁자들과 청교도들은 사회, 경제, 문화, 정치 등 모든 영역이 개혁이 필요한 타락한 구조라는 것을 알았다. 한 영혼을 구원하고 하나님의 사람으로 세우기 위해서는 세계의 사회구조 개혁도 필수적이라는 것을 알았다. 교회가 삶의 모든 측면에 관심을 가져야 한다는 원칙을 회복했다. 이 세상 모든 영역에 하나님의 주권이 나타나야 한다는 것을 알았다. 하나님의 기준은 천국에서나 가능한 것이 아니라 이 땅에서도 가능하다는 것을 알았다. 예수님이 명령하신 새로운 기준은 천국이 아닌 이 땅에서 적용되어야 하는 기준으로 선포된 것임을 깨달았다. 자신이 몸담은 사회질서를 예수님의 정신으로 개혁하기 위해 행동하는 것이 예수 그리스도의 부름 받은 제자들의 사명이라는 것을 알았다. 세상의 기준을 버리고 예수 그리스도의 기준으로 삶을 재설정한 온전한 기독교 영성에서 흘러나오는 자연스러운 행동이자 온전한 열매라는 것을 알았다.

  그들은 이것이 창세기에서 하나님이 명령하신 문화 명령의 핵심이라는 것을 알고, 가르치고, 실천에 옮겼다. 그들이 회복한 예수님의 기준은 성경에 충실한 동시에 자신들의 시대에도 적실성을 갖는다는 것을 삶으로 증명하고 변증했다. 그 결과, 교회가 다시 살아났다.

### 20세기, 다시 암흑기로 후퇴하다

  그러나 300~400년이 지나자 다시 암흑기가 시작되었다. 중세처럼 내

세 지향적 신앙으로 축소되었다. 물리적 세계는 우리의 본향이 아니고 우리는 순례자일 뿐이기에 세상은 버려야 할 저급한 대상이라는 생각이 침투하기 시작했다. 세상은 열등하고, 세상의 일은 저급한 것이 되었다. 사회생활은 생계를 유지하는 데 필요할 뿐, 가능하면 언제든지 버리고 산속으로 들어가 재림을 기다리는 것이 훨씬 영적이고 거룩한 삶을 회복하는 지름길이라고 생각하기 시작했다.

참된 행복은 지적인 명상과 기도를 통해 최고의 실재이신 하나님과 영적으로 연합하는 데 있다고 가르쳤다. 이 땅은 천국에 들어가기 전까지 필요한 종교적 의무를 수행하는 곳이라고 가르쳤다. 그래야 영원한 복을 보증받을 수 있으며, 사회에서는 생계유지에 필요한 최소한의 일상적인 일만 하는 것이 좋다고 가르쳤다. 우리는 어쩔 수 없이 사회와 연결된 것이고, 천국에 가는 열차를 타기 위해 잠시 대기실에서 초조하게 발을 구르며 기다리는 상태라고 가르쳤다. 열차를 놓치지 않으려면 졸지 말고 눈을 부릅뜨고 종교적 생활을 하라고 가르쳤다.

그 결과는 균형을 상실한 신앙, 극단적 신앙, 타협하는 메시지와 자기 소견에 옳은 대로 믿는 믿음으로 나타났다. 20세기 후반을 대표하는 기독교 철학자이자 기독교 윤리학자인 니콜라스 월터스토프는 이런 현대 교회와 교인들의 모습을 가리켜 '회피적 종교'라고 강렬하게 비판했다. 회피성은 거의 모든 종교에서 나타난다. 그래서 기독교 역시 회피성을 자연스럽게 받아들이고 정상으로 착각했다. 그러나 결단코 기독교는 회피적 종교가 아니다. 회피적 종교는 우리의 일상적인 삶에 무언가 열등한 것이 있다고 가르친다. 세상은 악으로 가득하고 위협적이라는 신념을 강화한다. 이런 열등한 삶과 악한 세상에서 살아남는 방법은 이것들로부터 '등을 돌려' 무언가 더 고상하고 고급스러운 것으로 달려가는 것이라고 가르친다. 저급한 현상과 세상에 등을 돌리고 더 고상한 실재를 향해 나아가는 것을 목표로 제시한다. 고상한 실재와 연합하는 방법은 골방이나 산속에서 명상하는 것에서부터 자신을 신적 존재 속으로 흡수시키는 것에 이르기까지 다양하다.

회피적 종교는 실재를 성스러운 것과 세속적인 것으로 구분한다. 인간 세상이 불평등한 것은 당연하고, 완전히 타락해 갱신될 수 없는 악의 세력이 점령한 영역이라고 생각한다. 변화시킬 수도 없고, 변화시킬 만한 가치도 없다고 생각한다. 세상에서의 불의, 불평등은 어쩔 수 없고 각자가 잘 견디다가 죽은 후에 천국에 가는 것이 해결책이라고 생각한다. 이런 신념 안에서 갱신의 대상은 '자아', 혹은 '심성', 혹은 '교회' 정도면 충분하다. 이 땅에서의 삶은 고도의 자기 절제를 기반으로 한 명상, 관조, 수련이나 수도의 시간이어야 한다. 세상을 변화시키기보다는 소극적으로 하나님과의 연합을 방해하는 걸림돌을 제거하는 것을 인생의 목표로 삼는다.[3]

루터와 칼빈 등 종교개혁자들은 구원은 믿음으로 받는다는 것만 가르치지 않았다. 그들은 예수님이 가르치셨던 것처럼, "천국은 죽어서만 가는 나라가 아니다"라는 것도 중요하게 가르쳤다. 천국이 죽어서만 가는 나라라고 생각한 이들은 바리새인들이었다. 예수님의 말씀을 기억해 보자.

"바리새인들이 하나님의 나라가 어느 때에 임하나이까 묻거늘 예수께서 대답하여 이르시되 하나님의 나라는 볼 수 있게 임하는 것이 아니요 또 여기 있다 저기 있다고도 못하리니 하나님의 나라는 너희 안에 있느니라"(눅 17:20~21).

천국은 이미 우리 안에서 시작되었다. 천국은 죽어서만 가는 나라가 아니고, 우리가 죽고 난 후에만 만들어지는 나라가 아니다. 천국은 이미 시작되었고, 지금 계속 확장되고 있는 나라다. 우리의 일상생활과 세계에 무언가 열등하고 악한 것이 있지만 예수님은 그것을 묵인하고 등을 돌리라고 가르치시지 않았다. 그런 것들을 묵인하고, 등을 돌리고, 하나님과의 개인적 관계만 생각하면 된다고 가르친 것은 바리새인들이었다. 예수님은 이 땅에 하나님의 공의와 정의가 흘러가게 해 천국을 이루라고 명령하셨다. 갱신의 대상을 사람과 교회만이 아니라 사회 전체로 확장하셨다. 사회구조도 타락하고 부패한 상태이므로 마땅히 고치고 갱신해야 할 대상이라고 가르치셨다. 따라서 우리는 타락한 만큼 고쳐질 필요가 있다고 생각해야 한다. 갱신의 책임감을 가져야 한다. 개인의 내면 개혁을 넘어 총체적으로 하나님의 뜻에 종속되지 않는 모든 것을 개혁의 대상으로 삼고 도전해야 한다. 소극적으로 하나님과의 연합을 방해하는 장애물을 제거하는 삶만을 살지 말고 적극적으로 하나님의 도구가 되어야 한다.

예수님은 갱신하고 고치는 방법도 가르쳐 주셨다. 하나님의 정의와 공의가 내 삶, 곧 내 행동과 생각, 가정, 일터를 통해 흘러가게 하면 된다. 하나님의 기준으로 내 삶을 재설정하면 된다. 예수님의 기준으로 경제활동, 정치 활동, 사회 활동, 문화 활동을 재설정하면 된다. 그 열매가 하나님 나라다. 예수님의 제자라면 그분이 하신 일을 본받아 우리 주위의 모든 곳에 천국이 임하도록 해야 한다. 가정, 동네, 회사, 사회, 경제 현장, 정치 현장, 문화 현장 등 모든 곳에 천국을 만들어 가는 것이 예수님이 주신 사명이다. 이런 의미에서 칼빈은 직업을 '소명'이라고 불렀다.

중세에는 특별한 종교적 직업에만 '소명'이라는 단어를 사용했다. 루터와 칼빈은 이런 생각에 정면으로 대항했다. 직업 전체가 소명이다. 직업은 생계유지를 위한 어쩔 수 없는 선택이 아니라 삶의 모든 면에서 하나님 나라를 형성하는 데 사용되는 도구이자 사명의 도구다. 물론 세상의 모든 직업이 하나님의 도구가 되는 것은 아니다. 타락하고 죄로 물든 세상이기에 특정 직업은 하나님의 기준에 맞지 않을 뿐 아니라 공동선에 이바지하지 못한다. 칼빈은 그럴 경우 그 역할을 포기하거나 직업 구조를 바꾸는 개혁과 갱신을 주장했다. 하나님 나라 확장이라는 사명을 이루는 도구가 되기에 적합한 직업을 찾아야 하고 만들어야 한다고 가르쳤다. 하지만 그 직업이 중세처럼 성직에만 국한되는 것은 강하게 반대했다. 다양한 직업이 다양한 모습으로 하나님 나라의 확장에 이바지하는 것이 하나님의 뜻이라고 가르쳤다. 다양한 영역에서 다양한 활동으로 더 나은 사회, 세상, 미래가 만들어지며 하나님 나라가 확장되기 때문이다.

기억하라. 영혼이 구원을 받는 것은 사명이 아니다. 생명을 얻는 것은 선물이다. 천국에 들어가는 것도 사명이 아니라 선물이다. 그러나 천국을 선물로 받은 사람이 이 땅에 천국이 임하게 하는 것은 사명이다. 가정에, 직장에, 경제 영역에, 정치 영역에, 문화 영역에 천국이 임하게 하라. 이 사명을 거부하는 순간, 교회는 능력을 잃는다. 능력은 사명을 이루라고 주신 선물이다. 사명을 저버리면 능력도 함께 사라진다. 물론 능력이 사라지더라도 이미 주신 죽음 이후의 생명과 천국에 들어가는 권리는 사라지지 않는다. 하지만 이 땅에서 믿음의 역사는 사라진다.

### 예수님의 기준과 점진적 성화

예수님의 기준과 법이 내 이성이나 본성에 싫다고 해도 부정하거나 바꿀 수 없다. 우리는 예수 그리스도의 의의 전가로 의롭다고 법정적 선언을 받았다. 예수 그리스도의 의의 전가로 '결정적 성화'의 상태가 되었다. 좋든 싫든 예수 그리스도의 의의 기준에 맞추어 가는 '점진적 성화'의 길을 가야 한다. 우리의 목표는 착한 사람이 아니라 성화되는 사람이다. 성화는 나를 갱신하고, 이웃을 갱신하며, 세상을 갱신하고, 교회를 갱신해 가는 과정 전체를 표현하는 단어다.

결정적 성화는 나, 이웃, 세상, 교회가 예수님이 가르쳐 지키게 하신 기준으로 모든 원칙과 행위가 재설정된 상태로 다시 태어난 것을 말한다. 그래서 결정적 갱신은 결정적 성화 때 이루어진다. 점진적 성화는 재설정된 기준, 원칙, 행위들을 삶 전체와 경험들을 통해 실제로 깨달아 가는 것이고 체험하는 것이다. 그 원칙대로 산다는 것을 증명하고 전하는 것이다. 그래서 점진적 성화는 삶으로, 경험으로 예수님을 변증하는 과정이다. 점진적 갱신은 점진적 성화 과정의 열매다. 성화를 말하지 않고는 갱신을 말할 수 없다. 성화를 말하지 않으면 갱신과 사회 개혁의 구별이 어렵다.

성화는 총체성을 가진다. 결정적 성화가 우리의 전인을 성화시키는 총체성을 갖듯이 점진적 성화도 총체성을 가진다. 하나님은 구원받은 백성이 교회 안팎의 어떤 영역도 예외 없이, 즉 영적 영역이나 육적, 사회적, 경제적 영역 등 모든 영역에서 예수 그리스도의 주 되심을 인정하고 드러낼 것을 명령하신다.[4] 하나님은 자연 질서와 경제를 포함한 인간의 삶의 모든 영역에서 주님의 뜻을 거스르는 생각, 원칙, 행동을 거부하고 주님의 통치 원칙과 명령에 따라 윤리적 기준을 세우기를 명령하신다.[5] 경제 질서, 사회질서, 그리고 기술 질서 등을 포함한 이 땅의 모든 영역이 예수 그리스도를 주인으로 섬기는 영역으로 회복되고 갱신되기를 원하신다. 그러므로 성화의 길을 걷는 기독교인들은 하나님이 선하게 만드신 세상이 주님의 통치 원리에서 어긋나게 운행되는 것에 대해서 가슴 아파한다. 경제, 사회, 학문, 직장 생활 등을 포함한 모든 영역에서 주님의 뜻이 이루어지도록 노력한다(창 1:28, 고후 10:4~5).

구약에서는 성화를 의미하는 용어로 '순결'과 '분리'의 개념을 갖는 '카다쉬'qadosh라는 단어를 사용한다. 또한 신약에서는 인격이나 사물이 불결함이나 사악함이 없고hoshos, 윤리적 의미에서 불순과 불결이 없으며hognos, 하나님을 섬기는 데 필요한 윤리적 특성을 획득하고자 하나님을 위해 세상에서 자신을 구별하는 것hogios을 의미한다.[6] 성화는 하나님 자체의 절대적으로 위엄적인 거룩, 하나님의 절대적 순결에 대응하는 윤리적 거룩, 하나님과 특별한 관계를 가진 사람이나 사물에까지 파생적으로 적용되는 거룩의 뜻을 가진다.[7]

성화의 개념을 발전시킨 최초의 교부는 어거스틴이다. 하지만 어거스틴은 성화를 칭의 안에 포함시켰고, 성례를 통해 주입되는 새로운 에너지 정도로만 이해했다.[8] 성화에 대한 올바른 개념은 종교개혁자들을 통해서 이루어졌다. 칼빈은 칭의는 하나님의 법적 행위로서 인간의 법적 지위와 관련되고, 성화는 도덕적 재창조 사역으로 인간의 내적 변화에 관련된 것으로 분명하게 구별했다.[9] 칼빈은 경건주의나 감리교처럼 칭의의 가치를 희생시킬 정도로 성화의 의미와 역할을 높이지도 않았고, 합리주의나 칸트의 도덕주의처럼 성령의 초자연적 사역을 제거하고 인간의 능력으로 도달하는 도덕적 개선의 수준으로 낮추지도 않았다. 슐라이어마허처럼 신 의식의 감각과 도덕 생활의 점진적 지배로 해석하지도 않았고, 리츨처럼 기독교 윤리적 삶의 완성으로 보지도 않았다. 칭의와 성화를 구분했지만, 동시에 둘 간의 불가분한 관계도 강조했다.[10]

성화는 인간의 본성을 새롭게 함은 물론, 하나님을 즐겁게 하는 실제적인 삶의 모든 영역에서의 자기를 부인하고, 자기 십자가를 지고, 죄악된 행위로부터 구별되고(소극적인 의미), 성경 말씀에 기록된 하나님이 원하시는 선한 일들을 수행해 가는(적극적인 의미) 변화다.[11] 단순하게 경제적 죄악으로부터 구별되는 것이 소극적인 측면의 성화라면 성령과의 의식적 협력을 통해 성경에 기록된 하나님이 명령하신 경제적 원칙과 윤리의 기준을 배우고 깨달아 경제 영역에서 잘못된 경제 윤리를 개선하고, 경제적으로 선한 일들을 능동적으로 수행해 가는 것은 성화의 적극적인 측면에 해당한다.

이처럼 구원받은 인간은 하나님의 뜻에 어긋난 경제적 죄악과 거룩하고 실제적인 투쟁을 할 뿐만 아니라 삶의 모든 영역에서 책임 있는 참여를 해야 할 의무가 있다.[12] 성화는 개인이 거룩하게 되는 것을 넘어서서 사회적 공동체적 측면을 모두 포함하기 때문이다. 성화는 기독교 공동체 전체와 사회의 모든 영역 안에서 창조를 복원하고, 시대에 따라 제기되는 사회적 요구(환경, 빈곤, 복지, 약물중독, 사회적 악 등)에 관심을 가지면서 하나님의 백성답게 사는 것까지 포함한다.[13] 후크마는 하나님의 영광은 모든 영역에 미치는 완전함이기 때문에 "사회적 관심 없이 성화는 완성되지 않는다"라고 주장했다.[14] 벌코프도 "선행은 성화의 열매다"라고 주장하면서 하나님의 뜻에 따라 행하는 영적으로 선한 행위들은 중생한 인간에게는 자각적인 순종으로 나타나는 심령의 열매라고 했다.[15]

이들이 주장하는 선행은 단순히 사회에서 통용되는 도덕이나 선한 행위 수준을 의미하지 않는다. 성경이 말하는 온전한 성화는 거룩함과 하나님의 영광을 목표로 한다.[16] 성화의 삶은 단순한 선행이 아니라 내부적인 영적 싸움과 훈련, 또한 죄에 대해 죽고(롬 6:23), 주님의 통치 영역으로 옮겨져서 자신을 의의 무기로 드려(롬 6:13) 선한 싸움을 싸우면서(딤전 6:12)

주님의 모든 생각, 감정, 사역을 본받아 이 땅의 모든 삶을 완전히 새롭게 살아가기 시작하는 것, 그리고 주님이 다시 오실 때 영화롭게 변화하는 것까지 포함하는 총체적 의미로 이해되어야 한다.[17] 성화에는 인간 전체의 변화와 동시에 주변부의 변화가 모두 관련된다.[18]

이런 수준의 거룩함은 인간의 도덕적 선이나 인간적 윤리 기준이 아닌, 하나님과의 관계에서만 평가되는 윤리와 선의 개념을 요청한다.[19] 그래서 성화는 도덕론자들이나 펠라기우스적 생각을 하는 사람들이 주장하는 단순한 도덕적인 개선이나 윤리적으로 선한 일 이상을 의미한다. 즉 성화는 인간이 성령의 도우심 없이 스스로 할 수 있는 수준의 윤리적 행위와 선의 수준을 넘어선다.

헤르만 바빙크는 자신의 삼위일체적 믿음의 이해[20]를 근거로 믿음을 단순히 영적이거나 지적인 수준에 머무르게 하지 않고 행동 전체와 연관시켰다. 즉 믿음의 완성은 영적, 지적(이성적 지, 감성적 지), 행동적(예수님의 인격과 사역을 계승하는 비전을 성취하기 위한 가장 고상하고 영광스러운 싸움인 경제를 포함한 모든 영역에서의 기독교적 문화 갱신 추구) 등 세 영역의 균형에서 이루어진다고 보았다.

바빙크에게 믿음의 능력이 발휘되는 영역은 기복적 행위나 병 고침에만 머물러 있는 것이 아니었다. 경제 영역을 포함한 모든 기독교적 문화 갱신을 통해 일반 은혜의 영역을 재창조하고 구속함으로 하나님 나라의 거룩한 보존과 통치까지 바라보았다.[21] 바빙크는 여기까지 이르러야 세상에 대한 진정한 승리라고 여겼고, 이것을 고상하고 영광스런 싸움(딤후 4:7)이라 생각했다. 실제로 바빙크 자신도 이런 철학을 가지고 믿음의 능력을 발휘해 경제, 가정, 사회, 정치, 전쟁 등을 포함한 기독교적 문화 갱신을 실천하면서 하나님 나라의 완성에 힘썼다. 하지만 바빙크는 칭의 이후 성화의 과정에서 일어나는 모든 선행에 인간이 능동적으로 참여하더라도 이는 성령께서 주시는 믿음의 능력 안에서만 가능함을 분명히 했다.

이처럼 개혁주의 신학이 주장하는 성화와 성화의 열매로서의 선한 행위는 하나님과의 관계에서만 의미가 있고, 하나님만을 위해야 하고, 하나님을 섬기는 것만을 목적으로 하는 도덕적 윤리적 삶의 실제적 개선이다.[22] 그래서 '총체적'이라는 말은 단순한 도덕적 개선을 뛰어넘는다. 예를 들어, 경제적 영역에서의 성화는 착한 행위를 통한 경제적 이득의 극대화(인간의 복)가 목적이 아니라 경제 영역에서의 하나님의 영광이 목적이다.[23]

삶의 개혁, 교회의 개혁은 곧 사회의 개혁으로 이어진다. 예수 그리스도의 제자로 부르심을 받은 우리는 자신이 몸담고 있는 부조리한 사회질서를 예수님의 정신으로 개혁하고자 몸부림쳐야 한다. 그러한 개혁과 진정한 변화는 필연적으로 점진적 성화를 요구한다. 점진적 성화는 삶과 경험으로 예수님을 변증하는 과정이다. 예수님은 이 땅의 모든 영역을 예수 그리스도를 주인으로 섬기는 영역으로 회복시키기를 원하신다. 바로 그 일을 우리가, 내가, 바로 당신이 해나가기를 원하신다.

**사랑의** 수고는 복음의 액세서리가 아니다. 귀를 기울이는 사랑, 적극적으로 도와주는 사랑, 다른 사람의 짐을 지는 사랑이다. 이런 사랑을 할 때 신 존재 증명, 복음의 연결점, 말씀의 역사, 교회 공동체의 유지가 가능하다. 한국교회의 회복, 새로운 부흥을 위한 해법은 멀리 있지 않다. 큰 교회만 한국교회의 회복을 위해 무언가를 할 수 있는 것이 아니다. 누구나 할 수 있다.

### 5장

성경이 말하는 근본 해법 2
# 사랑의 수고를 회복하라

▼ ▼ ▼

## 사랑의 수고는 신의 존재를 증명해 준다

　교회 본질의 두 번째이자 한국교회 근본 해법의 두 번째인 '사랑의 수고'에 대해 이야기해 보자. 많은 교회가 사랑의 수고를 선택 사항으로 안다. 복음을 전하는 것은 우선이고, 사랑의 수고는 여유가 있으면 하는 선택 사항으로 안다. 사랑의 수고는 선택이 아니라 필자가 앞에서 언급한 '복음의 삼위일체' 중 하나다.

　사랑의 수고는 3가지 역할을 한다. 첫째, 사랑의 수고는 이웃에게 신의 존재를 증명해 준다. 사랑의 수고를 하지 않는 교회는 신 존재 증명을 할 수 없다. 세상에 존재하는 모든 종교는 신을 보여 준다. 형상을 만들어 놓든 주술을 이용해서 신을 불러내든 신의 모습을 보여 준다. 그 이유는 사람들은 신을 봐야 믿기 때문이다. 성경에 "보지 않고 믿는 믿음이 더 위대하다"라는 말씀이 나오지만 우리가 기독교 신자가 된 것도 신을 보았기 때문에 가능했다. 전도하려면 우리도 신을 보여 주어야 한다. 그러나 기독교는 하나님의 형상을 만들지 않는다. 만드는 것이 원천적으로 금지되어 있다.

그러면 우리는 어떻게 하나님을 믿게 되었을까? 정말 보지 않고 믿는 믿음으로 기독교 신자가 된 것일까? 아니다. 우리도 하나님을 보았기 때문에 믿을 수 있었다. 필자가 주일학교 사역을 할 때의 일이다. "예수님이 어디 계시니?"라고 물으면 대개 아이들은 교과서적으로 대답하곤 했다. "제 마음에요!"라고. 이런 대답에 짓궂게 다시 이렇게 묻곤 했다. "심장에? 뇌 속에? 어디?" 그러면 아이들은 당황했다. 그날도 초등학교 1학년쯤 되는 여자아이에게 "예수님이 어디 계시니?"라고 질문했다. 그런데 그 아이는 손을 들어 한쪽을 가리켰다. 손끝을 따라가 보니 그 아이의 담임선생님이 있었다. 그 아이는 선생님을 통해 예수님을 본 것이다. 우리도 마찬가지다. 기독교는 하나님의 형상을 만들어 섬기지 않는다. 하지만 우리는 우리를 전도한 전도자의 모습에서 하나님을 보았기 때문에 믿기 시작했다. 우리를 가르치신 선생님이나 목회자에게서 예수님을 보았기 때문에 믿기 시작했다. 존경하는 신앙의 선배를 통해 예수님을 보았기 때문에 기독교인이 되었다.

그들은 어떻게 예수님을 보여 주었을까? 그들은 사랑의 말과 행동을 통해 예수님을 우리에게 보여 주었다. 사랑의 수고를 통해 하나님을 보여 주었다. '사랑'은 하나님의 가장 대표적인 모습이자 속성이다. 그래서 사랑의 수고는 신 존재 증명이다. 사랑의 수고를 하지 않는 사람은 하나님의 존재를 증명할 수 없다. 증명할 수 없기에 전도하지 못한다. 보여 줄 수 없기에 설득할 수 없다. "하나님은 사랑이시다"라는 문구가 교회마다 걸려 있다. 교회 입구에 거창하게 현수막으로 걸려 있다. 도로에도 "하나님은 당신을 사랑하십니다"라는 문구가 걸려 있다. 하지만 사람들은 묻는다. "하나님의 사랑은 어디에 있나요?", "당신이 내게 보여 준 하나님의 사랑은 무엇인가요?", "교회가 보여 준 예수님의 사랑은 무엇인가요?" 사랑의 수고를 하지 않는 교회는 성장할 수 없고, 부흥할 수 없다.

▼ ▼ ▼

### 사랑의 수고는 복음의 다리다

사랑의 수고의 두 번째 역할은 복음의 다리가 된다는 것이다. 필자가 한국교회의 부흥 역사를 분석한 결과, 사랑의 수고를 잘할 때마다 한국교회는 부흥의 역사를 맛보았다. 한국교회가 최고의 영성과 영향력을 나타냈을 때는 사랑의 수고도 활발했다.

조선에 공식적으로 통상을 요구한 외국 상선은 1832년 영국 상선 로드암허스트호가 처음이었다. 이후 평화적 거래, 약탈, 폭행 등이 뒤섞여 발생하면서 조선인의 눈에 서양 열강은 침략적 수호 통상 조약 강요자였다. 대표적인 불평등조약은 1876년 2월 조일강화도조약(무역에서 독점적 지위 획득), 1882년 4월 조미수호통상조약, 1882년 9월 조청상민수륙무역장정, 1883년 10월 조영수호통상조약 등이다.[24]

이런 분위기 속에 개항기 조선에는 서양 종교와 문물에 대해 4가지 입장이 있었다. 첫째, 중화주의 입장에서 서양 문물을 야만으로 본 성리학자들, 둘째, 중국 양무운동(중국의 원칙을 서양 그릇에 담자는 개화론)의 영향을 받은 고종과 온건 개화파(고종은 1880년대 조미 수교 전후부터 개화와 부국강병을 위해 서양의 신도서를 4만여 권 구입했다),[25] 셋째, 메이지유신의 영향을 받은 급진 개화파, 넷째, 미국에서 유학하거나 미국 선교사에게 영향을 받은 기독교인들이었다. 급진 개화파와 기독교인들은 갑신정변의 주역이 되었고, '개화론'이 사회운동의 원인이 되었다.[26]

1884년 6월 14일자 『한성순보』에 나오는 "허황한 하늘을 아버지라 공경하며 받들고……종교의 폐단을 조심하라"라는 기사를 보면, 고종 초기에는 반기독교 정서가 있었다.[27] 그러나 중국 양무운동처럼 이토 히로부미가 이끈 메이지 정부에 큰 영향을 미친 사상가인 후쿠자와는 일본의 혼을 유지하고 서구의 제도와 기술을 이용해야 동양의 우두머리가 되고, 더 나아가 동양을 탈피하고 서구의 일원이 될 수 있다고 가르쳤다.[28]

메이지 일본과 양무 중국의 변화를 목격한 고종은 사상적으로는 중화주의를 가졌지만 국정 방향은 서양 문물을 받아들여야만 부국강병을 이룰 수 있다고 생각했다.[29] 하지만 당시 중국, 일본, 조선의 주류 정치인들의 개화 입장은 자국의 혼에 기반을 두고 있었기에 기독교를 견제하는 태도를 보였다. 반면 비주류에 속했던 김옥균, 윤치호, 서광범 등 진보적 개화 지식인들은 자신의 정치적 입지를 강화하기 위해 기독교와 선교사들에게 더 수용적인 태도를 보였다.[30]

이들은 일본에서 활동하던 북감리교의 로버트 맥클레이, 성공회의 헨리 루미스, 북장로교의 조지 녹스 등에게 조선에 좀 더 적극적으로 선교해 주기를 요청했다.³¹⁾ 갑신정변(1884. 12. 4~1884. 12. 6) 실패 후인 1885년 박영효, 서광범, 서재필 등은 일본에서 선교사들에게 한국어를 가르쳤고, 김옥균은 이수정이 번역한 『신약마가젼복음셔언회』 개정 작업을 도와주었고,³²⁾ 고종에게 "널리 학교를 설립하여 인지를 계발하고 외국의 종교를 끌어들여 교화에 도움이 되게" 하라는 편지를 썼다.³³⁾

박영효도 1895년 조선을 방문한 선교사들에게 더욱더 많은 선교사를 보내 달라고 호소했다.³⁴⁾ 10년 만에 미국 유학을 마치고 돌아온 서재필도 젊은 세대가 기독교 문명으로 훈련받아야 나라에 축복이 임할 것이라고 주장했으며, 미국의 천부인권론, 자유, 평등, 민주주의를 가르쳤다.³⁵⁾ 고종도 청일전쟁(1894. 6~1895. 4)에서 일본이 승리하자 미국 선교사들에게 더 긍정적인 태도를 보이는 현실적이고 외교적인 선택을 할 수밖에 없었다.³⁶⁾

1884년 풍전등화의 시기에 급진파의 도움으로 조선에 첫발을 내디딘 미국 남북 장로회, 캐나다 장로회, 호주 장로회 등 장로회 선교사들(호레이스 언더우드, 윌리엄 스크랜튼 등)은 개인 구원과 더불어 한국교회 사회운동을 적극적으로 진행했다. 이들을 중심으로 진행된 한국교회 사회운동은 철저하게 유교 문화에 빠진 한국인들이 기독교에 호의적이게 해 '포교 금압 정책'을 둔화시키는 것은 물론,³⁷⁾ 무지를 깨우고 나라를 부강하게 할 수 있다는 희망을 주었다. 이런 사랑의 수고는 조선에 외래 종교인 기독교가 안착하는 데 아주 중요한 역할을 했다.

초기 장로교 선교사들의 사회운동을 몇 가지로 분류해 보자.³⁸⁾ 첫째, 성경 번역, 성경 연구, 학교 설립 등 교육 사업을 중심으로 조선 백성의 무지를 깨워 주는 사회운동이다. 1897년 아펜젤러와 언더우드는 한글 신문을 발행했고,[39] 1886년 스크랜튼은 최초의 근대식 여성 교육기관인 이화학당을 설립했으며, 1885년에는 알렌이 최초의 근대식 병원인 광혜원과 1886년에는 연희전문학교의 전신인 의과대학을 설립했다. 이런 일들은 김옥균, 서광범 등의 급진 개화파가 고종에게 개화의 기본이며 나라를 구하려면 민중을 교육하는 길밖에 없다고 주장한 것과 같은 맥락에 있다.[40] 특히 서재필은 갑신정변의 실패는 민중의 무지 때문이었다고 평가했다.[41] 1886년 회개하고 기독교 신자가 된 윤치호도 유교는 무력하고 무용한 종교이며, 백성을 교육해 정신spirit을 회복시킬 수단은 기독교밖에 없다고 믿고 자신의 선교적 사명은 민족에게 복음을 전하고 '교육'하는 것이라고 믿었다.[42]

둘째, 의료 사업을 중심으로 질병을 치료하고 생명을 구하는 사회운동이다.

셋째, (성경적 교훈과 원리에 근거해) 잘못된 관습과 법을 바로잡아 근대화를 이끄는 사회운동이다. 재산을 탕진하면서까지 조상을 숭배하는 것을 금했고,[43] 1897년 12월 31일 정동교회에서는 남녀평등권이라는 새로운 사상을 선포했으며,[44] 1914년 혼인 연령을 남성은 17세, 여성은 15세로 정하면서 조혼의 악습을 고쳤고,[45] 축첩 행위를 금하고 일부일처의 가정 윤리를 확립했으며,[46] 음담패설을 금하고, 도덕성을 마비시키고 몸과 마음을 파괴하는 아편과 마약의 악습을 깨우쳤으며,[47] 건강을 해치는 술 문화를 바로잡기 위해 금주령을 내리기도 했다. 그리고 이를 어길 시에는 교인들에게 엄격한 권징을 실시했다. 새문안교회는 술을 마신 교인 이기용을 당회에서 권징하기도 했다.[48]

구한말 『죠선크리스도인회보』와 『그리스도신문』 등 기독교 신문은 문명 개화론의 대변지였다. 당시 대부분의 선교사들은 신앙과 더불어 서양 문화를 전하는 것도 사명으로 여겼다. 선교사들은 서구 문명을 기준으로 반개화, 미개화, 야만으로 문명의 등급을 나누었다. 귀신이나 정령을 믿고 자연을 무서워하는 것을 야만적 종교의 잔재로 보았고, 한국인들은 악령을 만족시키기 위해 엄청난 노력을 한다고 보아 조상을 섬기거나(죽은 자 숭배) 귀신을 섬기는 것을 금했다.[49]

넷째, 독립운동, 국권 수호 운동, 국채보상운동 등 항일운동을 통해 국가의 명운을 살리는 사회운동이다. 선교사들은 조선인들이 자기와 가족은 사랑하되 나라 사랑이 부족하다고 지적하면서 애국심을 고취하고 독립하는 힘을 기르라고 가르쳤다.[50] 구한말 교회들은 독립협회를 적극 지지했고, 1905년 길선주 장로의 발의로 전국 교회가 구국 기도회를 실시했다.[51] 국가 경제문제도 사회운동의 중요한 영역이었다. 외국과 불평등조약을 맺기 시작한 1882년부터 조선에는 면화 재배부터 도자기 및 유기 생산과 일용 잡화에 이르기까지 일본과 서양 상품이 들어왔다. 1894년 이후 외국 자본과 상품이 대량으로 유입되고, 농장과 공장에 투자가 커지면서 전통적인 가내수공업이 붕괴하기 시작했다. 또한 일본과 청나라가 농산물과 금 등을 무자비하게 약탈해 갔다. 철광석도 조선에 제철소가 세워지기 전까지는 100% 일본으로 수출되었다.[52]

외국 자본은 자국의 은행 지점을 세우거나 서민금융에서 고리대금업을 하면서 금융과 화폐 부문에서 교묘한 경제적 수탈을 자행했다.[53] 심지어 배상금 지불 명목으로 막대한 돈을 강탈해 가기도 했다. 1885년

6월 제물포조약을 맺으며 임오군란으로 처단된 일본인들을 위해 55만 원의 배상금을 지불했다. 1885년 한성조약을 맺으며 갑신정변으로 처단된 일본인들을 위해 13만 원을 지불했다.[54] 결국 개인과 국가 경제는 피폐해질 수밖에 없었다. 외세에 정치 외에도 경제적으로 종속당했다. 이렇게 해서 일본에 진 빚이 1,300만 원을 넘었다.

1882년 군인 폭동, 1894년 농민 반란을 명분으로 외세가 조정에 개입할 여지가 커지면서 대한제국의 주권이 일본에 넘어갈 위기에 처했다. 이를 막기 위해 교회는 1907년 1월 국채보상회를 조직하고 전국에서 성금을 접수해 230만 원을 모았다. 언더우드 등 선교사들은 기독교 신문을 통해 "농리 편설"과 "공장 편리설", "시세론" 등의 기사를 연재하면서 실용 학문 지식, 농사와 공장 운영, 세상 변화에 대한 정보를 주는 등 백성을 편리하게 하고 나라를 부강하게 하는 것도 선교의 중요한 영역으로 삼았다.[55]

19세기 미국 부흥 운동에 영향을 받아 근면한 노동과 윤리적 삶을 강조했던 선교사들은 조선의 선비들이 세상이 작동하는 이치와 실상 있는 유익한 학문과 세상 물정을 모르면 마음이 교만해지고 행실이 비루해져서 쓸모없는 존재가 된다고 가르쳤다. 또한 나라가 발전하기 위해서는 누구나 일해야 하고, 일하지 않으면 유용한 학문이라도 공부해야 한다고 가르쳤다.[56]

선교사들은 조선이 반개화의 상태에 머물러 있는 가장 직접적인 원인이 산업이 개발되지 않아서라고 강조했다. 외국인들이 조선의 자원을 수탈해 가는 것도 조선 사람들이 이를 개발하고 사용하지 않기 때문이라고 한탄했다. 조선은 오랫동안 유학 체제 아래서 상공업을 천시했었기에 무역과 상공업 발달이 지체되었고, 토착 자본이 영향력을 발휘할 수준으로 성장하지 못했으며, 양반은 그런 일을 하는 것 자체를 천시했다.[57] 이런 이유로 경제 수탈에서 벗어남과 산업 개발은 교회의 사회운동에서 아주 중요한 위치를 차지했다. 선교사들은 만약 이런 모든 일을 정부가 충분히 하지 못하면 교회라도 나서야 한다고 강조했다.[58]

을사늑약이 체결되자 한국교회의 사회운동은 서북 지방 교인들을 중심으로 한 항일운동으로 초점이 변화되었다. 선교사들은 처음에는 일본의 한국 식민지화에 긍정적이었다.[59] 1905년 을사늑약이 체결된 이후 선교사들이 발행하는 신문이나 회보에는 문명 개화론이나 서구 침략에 대해 비분강개하는 소리는 사라지고 교회의 일과 관련된 내용만 주로 실리기 시작했다. 그리고 일본인의 기술이나 능력을 잘 사용해야 한다는 글들이 실렸다. 이렇게 된 이유는 조선인들이 개혁 운동에 실패하자 실망한 초기 선교사들이 동양의 유일한 문명국인 일본이 반문명국이며 문제투성이인 조선을 통치하는 것을 내심 반가워했기 때문이었다.[60]

당시 선교사들이 일본이 한국보다 훨씬 더 문명국이라고 생각했던 것은 일본에 대한 미국의 초창기 태도와도 관련되어 있다. 1910년 국권 침탈이 이루어질 때 미국은 일본 측에 훨씬 더 우호적인 태도를 보였다. 이는 일본이 한국보다 먼저 개화되어 미국과 가까웠기 때문이고, 동아시아에서 미국은 필리핀을 지배하고 일본은 조선을 지배한다는 서로 간의 암묵적 합의도 한몫을 했다. 즉 현재 서구인들이 한국보다 일본을 좀 더 우호적으로 대하는 태도는 이미 20세기 초 일제강점기를 거치면서 만들어진 것이라고 볼 수 있다.

1910년 12월, 일본의 경제 수탈 정책에 맞서 세금 납부 거부 등 항일 투쟁을 하는 서북 지방 교인 윤치호, 안태국, 양기탁, 이승훈 등 6명을 포함한 105인의 교인이 일본에 의해 실형을 선고받는 사건이 벌어졌다. 선교사들은 '105인 사건'으로 불린 이 사건을 기독교 탄압으로 간주하고, 적극적인 외교 활동을 펼쳐서 99명을 무죄 판결받게 하면서 일본의 한국 지배 야욕에 큰 우려를 느끼기 시작했다.[61] 일제강점기 한국교회의 사회운동은 1910년 3·1운동에서 절정을 맞았다. 길선주 목사를 비롯한 16명의 기독교인이 '독립선언문' 서명 33인에 속했다. 만세운동으로 조선총독부에 수감된 21만 5,224명 중 14.8%(2,254명)가 장로교인이었다.[62] 3·1운동 실패 후 한국교회의 사회운동은 성도의 실제적이고 본질적인 삶을 돕는 쪽으로 전환되었다. 이는 새로운 항일운동이었다.[63]

1929년 세계공황이 발생하자 일본 경제가 파국을 맞았다. 일본 노동자와 농민의 생활이 피폐해지자 일본은 제국주의를 더욱더 강화하면서 유일한 활로로 중국을 예속하고, 만주를 점령해 소련 공격을 준비했다.[64] 전쟁이 길어지자 일본은 조선의 임야까지 약탈했고, 조선 경제는 거의 붕괴 직전까지 몰렸다.

이에 1922년 7월, 산정현교회 조만식 장로는 '조선물산장려회'를 조직해 국산품 애용과 민족 산업 육성 운동에 뛰어들었다. 또한 교회의 70% 이상이 농촌을 기반으로 하고 있었기에 1928년 총회 산하에 '농촌부'를 설치하고 자연스럽게 농민의 권익, 농업의 개량 등 농촌 발전 운동에 개입했다.[65] 물론 영적으로도 교회와 신앙의 순수성을 지키기 위해 일제의 신사참배에 맞서는 것을 새로운 사회운동으로 전개하기도 했다. 역사학자들은 신사참배 거부 운동이 가장 적극적이고 강력한 사회운동이었다고 평가한다.[66]

이처럼 구한말 교회는 개혁주의적 윤리관을 이어받아 시대 요청에 적절하고도 선도적인 사회 변화 운동을 펼쳤다. 나라와 민족이 필요로 하는 사랑의 수고를 아끼지 않았다. 박영효 같은 구한말의 지식인들은 기독교가 나라를 강성하게 만들고 백성을 평안하게 해 훗날 미국과 같은 선진국으로 만들 수 있을 것이라고 믿었다.[67] 3·1운동 이후 한국교회의 사회운동은 농촌 운동, 민족 산업 육성 운동을 중심으로 삼으며 농업시대라는 상황에 걸맞게 개인의 삶과 경제, 그리고 국가의 부국에 직접 개입했다.

이것은 오늘날 한국교회가 새로운 시대적 상황인 다문화, 고령화, 저성장, 기술 사회에 걸맞은 사회운동을 진행하는 데 근거를 제공해 준다. 더 나은 사회로의 개량과 사회적 약자의 실제적이고 본질적인 삶의 향상과 권익을 사회운동의 중심으로 삼아야 한다는 교훈이기도 하다.

숫자는 적었지만 가장 영적이었던 초기 한국교회가 마태복음 28장 18~20절의 개인 구원과 창세기 1장 28절의 지상 대명령(하나님의 기준으로 다스림)에 속하는 사랑의 수고를 병행하는 균형 있는 사역을 했다는 것을 기억해야 한다.[68] 수많은 사람이 기독교인과 한국교회가 보여 준 사랑의 수고라는 다리를 건너 복음을 접했다. 한국교회는 2천 년 기독교 역사상 가장 빠른 부흥을 이루었고, 세계 최고의 교회들을 탄생시켰다.

▼ ▼ ▼

### 사랑의 수고는 교회를 지킨다

　사랑의 수고의 마지막 역할은 교회를 지킨다는 것이다. 한국교회가 분열하는 이유는 교회 안에서부터 사랑이 식었기 때문이다. 용서는 사랑이 수반되어야만 가능하다. 우리는 용서를 잃었다. 정의를 세우는 것은 마땅하다. 그런데 죄를 죄로 지적하는 것과 정죄하고 심판하는 것은 다르다. 세상에서 정의를 세우는 방법은 마지막까지 응징해 죄의 값을 몸으로 받게 하는 것이다. 하지만 기독교는 다르다. 우리는 죄를 죄로 알고, 죄를 죄라고 말하는 것까지만 허락되었다. 죄의 대가를 치르게 하는 심판은 하나님의 몫이다.

　사실 예수님이 이미 십자가에서 그 몫을 지고 돌아가셨다. 예수님이 용서하셨기에 우리도 용서해야 한다. 1만 달란트를 탕감받은 사람이 100데나리온의 빚을 진 친구를 돈을 갚을 때까지 옥에 가둔 것처럼 하면 안 된다. 최고의 사랑의 수고는 용서다. 이 세상에 살면서 목격하고 당하는 모든 잘못은 예수님께 탕감받은 나의 추악하고 살기 어린 죄악보다 적다.

　한국교회는 이 정신을 잃어버렸다. 그래서 맛을 잃은 소금이 되었다. 세상과 전혀 다르지 않은 공동체가 되었고, 다른 종교보다 못한 종교가 되었다. 세상 법정에서는 이런 말까지 나온다. "그런 문제는 교회 안에서 해결하시지, 왜 이곳까지 가지고 나오셨나요?" 사랑을 잃어버린 교회는 분열하고, 싸우고, 침몰한다.

　"그러니까 저를 용서해 주세요"라는 말을 자기 죄를 덮는 방편으로 삼아서는 안 된다. 한국교회는 예수님의 용서와 사랑을 불의하게 악용해 왔다. 상황이 이러하지만, 우리는 용서해야 한다. 명령이기 때문이다. 세상은 세 번 용서하고, 성자는 일곱 번 용서한다. 그러나 우리는 일흔 번씩 일곱 번이라도 용서해야 한다. 이것이 예수 그리스도의 제자의 도덕법이다. 예수님은 무한히 용서하시고 사랑하신다. 우리도 용서하고 사랑해야 한다. 그래야 교회가 회복되고 깨어진 부분이 하나로 이어진다. 이처럼 사랑의 수고는 교회를 지킨다.

▼ ▼ ▼

## 시대가 원하는 사랑의 수고를 하는 교회가 성장한다

사랑의 수고를 하는 교회가 성장한다. 그런데 사랑의 수고는 시대가 변함에 따라 달라진다. 믿음의 역사는 시대가 변해도 변하지 않는 기준과 원칙을 고수하는 것이다. 그러나 사랑의 수고는 시대에 따라 변해야 한다.

사랑과 '스토킹'을 구별해야 한다. 각기 다른 처지에서 자란 두 남녀가 결혼하려면 우선 사랑으로 눈이 멀어야 한다. 상대의 부족함이 보이면 함께 살 수 없다. 그리고 상대가 원하는 사랑의 수고를 해야 한다. 결혼 전에는 "오늘 먹고 싶은 게 뭐야?"라고 물어보면, "나 말고 당신이 먹고 싶은 것을 말해 봐"라고 한다. "오늘 당신이 보고 싶은 영화는 뭐야? 액션 영화 좋아하지? 그것 보러 가자"라고 말하면, "내가 좋아하는 것 말고 당신이 보고 싶은 것 보자"라고 한다. 이렇게 대화하니 결혼하려 한다. 나를 위해 살아 줄 사람 같아 내 인생을 의탁해도 좋다고 생각한다. 이 사람만 옆에 있으면 어떤 고난도 이길 수 있을 것 같다. 하늘의 별도 따 줄 사람으로 생각한다. 이런 사람은 다시 만날 수 없다고 생각하기에 붙잡고 결혼한다.

그런데 결혼 후에는 대화가 변한다. "오늘 영화 보러 가자. 재미있는 액션 영화가 나왔어"라고 하면 "맨날 액션이야. 난 순정 영화가 좋아"라고 한다. 결혼 전에는 상대가 원하는 것을 사랑의 수고로 한다. 그런데 결혼 후에는 내가 원하는 것을 상대에게 강요한다. 전자는 사랑이고, (심한 경우) 후자는 스토킹이다. 사랑의 수고는 내가 원하는 것을 주는 것이 아니라 상대가 원하는 것을 주는 것이다.

한국교회가 사랑의 수고를 하지 않는 것은 아니다. 많은 교회가 구제하고 봉사한다. 이웃을 돌보고, 사회적 약자를 돌본다. 그런데 편한 방식, 익숙한 방식으로 한다. 무엇을 줄지, 어떻게 줄지, 언제 줄지를 일방적으로 정한다. 그냥 받기만 하고 고마워하라는 식이다. 이것은 사랑이 아니라 폭력이다.

주는 교회가 아니라 받는 '시대'가, '상대'가 원하는 사랑의 수고를 해야 한다. 그래야 성경적이다. 귀를 열고 주위를 돌아봐야 한다. 교회 안에 있는 사회적 약자의 고민을 살피고, 울부짖음을 들어야 한다. 교회 밖에서 고통받는 사람들의 실제적인 고민이 무엇인지 살펴야 한다. 귀를 기울이는 사랑이 주님이 원하시는 사랑의 수고다. 시대마다, 지역마다, 연령대마다, 경제 수준마다 다르다. 주기 전에 무엇을 주어야 할지 듣고 살펴야 한다.

사랑의 수고는 복음의 액세서리가 아니다. 귀를 기울이는 사랑, 적극적으로 도와주는 사랑, 다른 사람의 짐을 지는 사랑이다. 이런 사랑을 할 때 신 존재 증명, 복음의 연결점, 말씀의 역사, 교회 공동체의 유지가 가능하다. 한국교회의 회복, 새로운 부흥을 위한 해법은 멀리 있지 않다. 큰 교회만 한국교회의 회복을 위해 무언가를 할 수 있는 것이 아니다. 누구나 할 수 있다.

**지금** 한국교회는 천국의 소망을 잊은 채 살아가고 있다. 이 땅에 영원히 있을 것처럼 산다. 지금 소유한 것을 모두 자신의 것으로 영원히 움켜쥐고 살 것으로 여긴다. 가난한 사람을 무시하고, 부자를 공격한다. 이것은 청지기 정신도, 나그네 정신도 아니다. 천국에 소망을 둔 마음과 행동이 아니다. 더 늦기 전에 강단에서 천국의 소망을 강력하게 외쳐야 한다. 이 땅을 청지기로 살라고 가르쳐야 한다.

## 6장

### 성경이 말하는 근본 해법 3
# 소망의 인내를 가져라

▼ ▼ ▼

## 이 땅을 소망하는 대신 천국을 소망하도록 양육하라

교회의 본질을 회복하기 위한 마지막 해법은 '소망의 인내'다. 기독교인은 이 땅에서 인내의 삶을 살아야 한다. 아담이 타락한 후 땅도 저주를 받아 모든 사람은 고난과 고통을 겪어야만 되었다. 생존을 위해서는 인내할 수밖에 없게 되었다. "죽지 못해 참고 산다"는 말처럼 그렇게 참고 살아야 한다.

그런데 기독교인의 인내는 죽지 못해서, 마지못해서 하는 인내가 아니다. 죽음의 두려움에 의해 자극받는 인내가 아니다. 주인이자 구주이신 예수 그리스도 안에 있는 놀라운 소망에 영감을 받은 인내다. 영생과 천국의 소망이 가져다주는 인내다. 사도 바울의 이야기에 주목해 보자.

"만일 그리스도 안에서 우리가 바라는 것이 다만 이 세상의 삶뿐이면 모든 사람 가운데 우리가 더욱 불쌍한 자이리라 그러나 이제 그리스도께서 죽은 자 가운데서 다시 살아나사 잠자는 자들의 첫 열매가 되셨도다 사망이 한 사람으로 말미암았으니 죽은 자의 부활도 한 사람으로 말미암는도다 아담 안에서 모든 사람이 죽은 것같이 그리스도 안에서 모든 사람이 삶을 얻으리라……그가 모든 원수를 그 발아래에 둘 때까지 반드시 왕 노릇 하시리니……보라 내가 너희에게 비밀을 말하노니 우리가 다 잠잘 것이 아니요 마지막 나팔에 순식간에 홀연히 다 변화되리니 나팔 소리가 나매 죽은 자들이 썩지 아니할 것으로 다시 살아나고 우리도 변화되리라 이 썩을 것이 반드시 썩지 아니할 것을 입겠고 이 죽을 것이 죽지 아니함을 입으리로다"(고전 15:19~22, 25, 51~53).

죽지 못해서 살아가는 인생이 아니다. 죽음이 두려워 인내하고 사는 것이 아니다. 앞으로 다가올 것이 무서워 품는 인내가 아니라 앞으로 다가올 것이 찬란하고 영광스럽기에 품는 인내다. 이 땅의 모든 것을 소유하고 있다고 해도 앞으로 주어질 것에 비교하면 티끌에 불과하다. 영생의 소망이고 천국의 소망이기 때문이다. 사도 바울의 환호성을 들어 보라.

"우리 주 예수 그리스도로 말미암아 우리에게 승리를 주시는 하나님께 감사하노니 그러므로 내 사랑하는 형제들아 견실하며 흔들리지 말고 항상 주의 일에 더욱 힘쓰는 자들이 되라 이는 너희 수고가 주 안에서 헛되지 않은 줄 앎이라"(고전 15:57~58).

영생과 천국이라는 소망을 이루기 위해 인내하며 살아가는 사람은 사도 바울처럼 주의 일에 힘쓴다. 청지기로 충성하며 살고, 맡은 바 사명을 흔들림 없이, 최선을 다해 수행한다. 천국의 소망과 청지기 정신은 동전의 양면처럼 한 몸이다. 떼려야 뗄 수 없다. 천국의 소망이 강할수록 청지기 정신은 강해지고, 이 땅의 소망이 강할수록 청지기 정신은 약해진다.

청지기는 이 땅에서 무엇을 얼마를 소유하든 상관하지 않는다. 많으면 많은 대로 적으면 적은 대로, 때를 얻든지 못 얻든지 충성한다. 청지기는 이 땅에서 나그네로 산다. 나그네로 사는 것은 이 땅의 것을 영원한 것으로 생각하지 않고 살아가는 것이다. 나그네는 지금 머무는 곳이 화려한 호텔이라 해도 잠시 머무는 곳임을 안다. 지금 보는 것이 아무리 아름다워도 잠시 보는 것임을 안다. 지금 머무는 곳이 아무리 좋은 곳이라 해도 자기 집이 아님을 안다. 그래서 그 자리를, 그 음식을, 그 풍경을 즐기고 나눈다. 부유해도 자랑하지 않고, 가난해도 자신을 파괴하지 않는다.

지금 한국교회는 천국의 소망을 잊어버린 채 살아가고 있다. 이 땅에 영원히 있을 것처럼 산다. 지금 소유한 것을 모두 자신의 것으로 영원히 움켜쥐고 살 것으로 여긴다. 가난한 사람을 무시하고 학대하며, 부자를 공격한다. 이것은 청지기 정신도, 나그네 정신도 아니다. 천국에 소망을 둔 마음과 행동이 아니다. 더 늦기 전에 강단에서 천국의 소망을 강력하게 외쳐야만 한다. 이 땅을 청지기로, 거룩한 나그네로 살라고 가르쳐야 한다.

▼ ▼ ▼

### 목회의 본질, 한 사람 철학

교회의 본질과 함께 목회의 본질도 회복해야 한다. 우리가 회복해야 할 목회의 본질은 무엇일까?

이 질문에 대한 필자의 답은 '한 사람 철학'을 가지고 끝까지 '목양(양을 먹이는 것, 치는 것, 돌보는 것)하는 것이다. 필자는 제자훈련이라는 목회 패러다임으로 한평생 양을 먹이고, 치고, 돌보는 사역을 하셨던 고 옥한흠 목사님을 영적 스승으로 삼는다. 옥 목사님을 통해 짧은 기간이나마 진정한 목회자가 어떤 사람이고, 진정한 목회가 무엇인지를 도전받았다. 필자에게는 옥 목사님의 철학을 성공적으로 계승하지 못한 아픔이 있다. 평생을 두고 도전해야 할 과제라 생각한다. '과연 그분처럼 목회할 수 있을까?' 하는 회의도 든다. 필자가 그런 목회를 할 수 있을지 없을지를 떠나 그분이 가르쳐 주신 '한 사람 철학'은 목회의 본질이다.

필자가 이해하고 적용하는 '한 사람 철학'은 크게 두 가지로 나눌 수 있다. 첫째는 '(육신적으로) 잘 대해 주는 사역'이고, 둘째는 '(영적으로) 잘되게 해주는 사역'이다.

먼저, '(육신적으로) 잘 대해 주는 사역'이란 교인에게 잘 보이려고 노력하는 사역이나 교인의 비위를 적당히 맞춰 주는 사역이 아니라 맡겨진 양 무리를 하나님의 마음으로, 주님의 심장을 가지고 사랑하고, 염려하고, 자식처럼 잘 대해 주는 것이다. 맡겨진 교인에게 주일에만 시간과 마음을 허락하는 것이 아니다. 성경의 정보를 전달하는 것으로 모든 것을 다했다는 자세가 아니다. 예수님이 하셨던 것처럼 때로는 친구처럼, 동생처럼, 부모처럼 맡겨진 교인을 육신적으로 최선을 다해 잘 대해 주는 것이다. 육신적으로, 실제적으로 진정한 섬김을 실천하는 것이다.

　요한복음 13장을 보면 세족식 사건이 나온다. 제자들과 저녁을 드신 후 예수님은 갑자기 자리에서 일어나셨다. 그러고는 아주 파격적인 행동을 시작하셨다. 겉옷을 벗으시고, 수건을 허리에 두르시고, 대야에 물을 떠 오셨다. 그리고 제자들의 더럽고 냄새나는 발을 씻으셨다. 허리에 두르신 수건을 풀어 냄새나는 발을 닦으셨다. 베드로는 예수님께 이러시면 안 된다고 강하게 손사래를 쳤다.

　필자는 이 본문을 읽으면서 이런 의문이 들었다. '아니, 왜 다른 제자들은 베드로와 달리 예수님의 행동을 그대로 보고만 있었을까?' 어느 날 갑자기 깨달았다. 베드로를 제외한 다른 제자들이 냄새나는 자기 발을 아무렇지도 않게, 뻔뻔하게 예수님께 내밀고 있었던 것이 아니었다. 예수님의 파격적인 행동에 멍해진 것이다. 예수님의 충격적인 행보에 갑자기 할 말을 잃어버린 것이다.

　유대인의 식사 자리에서 손님의 발을 씻어 주는 것은 종이 하는 일이었다. 종이 하는 일 중에서도 굉장히 천한 일에 속했다. 그래서 유대인의 풍습에 의하면, 유대인 종에게는 손님의 발을 씻어 주는 일을 시키지 않고 노예에게 시켰다. 너무 천한 일이라 종이라도 자기 동족에게는 시키지 않은 것이다. 바로 그 일을 만왕의 왕이시요, 온 우주의 주인이신 예수님이 하신 것이다. 너무나도 파격적인 일이다. 베드로는 강하게 손사래를 치며 저항했지만 나머지 제자들은 할 말을 잃고 그만 얼어 버렸다.

육신적 섬김이란 이런 것이다. 잘 대해 주는 사역이란 바로 이런 것이다. 말로만 자기를 낮출 뿐 실제적으로는 높아지는 것이 아니다. 겸손한 척 고개만 숙일 뿐 육신적으로는 높은 자의 대접을 받는 것이 아니다. 육신적으로 냄새나는 발을 실제로 닦아 주는 것이다. 자신의 발을 씻어 주심으로 진정한 섬김이 무엇인지, 육신적으로 잘 대해 주는 사역이 무엇인지를 친히 보여 주신 예수 그리스도를 보면서 베드로는 어떤 생각을 했을까? 아마도 눈에 눈물이 핑 돌면서 속으로 이렇게 굳은 다짐을 했을 것이다. '나는 이분을 위해서라면 죽어도 전혀 아깝지 않다!'

다음으로, '(영적으로) 잘되게 해주는 사역'은 반드시 (육신적으로) 잘 대해 주는 사역을 전제로 한다. 목회는 육신적으로 잘 대해 주는 사역으로 그치면 안 된다. 목회에는 봉사나 사회복지를 넘어서는 책임감이 있다. 목회는 교인을 구원하는 데서 끝나서는 안 된다. 어떤 희생을 감수하더라도, 어떤 식으로라도 구원받은 교인을 반드시 하나님의 사람으로 세워야 한다. 구원받은 교인을 하나님의 사람으로 세우는 것이야말로 교인을 최고로 잘되게 해주는 사역이다.

현재 한국교회 목회자의 영향력 상실과 가치 하락은 심각한 수준이다. 이유는 명백하다. '한 사람 철학'으로 끝까지 목양하기를 포기해서다. (육신적으로) 잘 대해 주는 사역과 (영적으로) 잘되게 해주는 사역에 실패해서다.

그렇다면 어떻게 해야 목양하는 교인을 어린아이에서부터 어른에 이르기까지 하나님의 사람으로 세워서 잘되게 해줄 수 있을까? 이에 대한 해답은 세상의 성공학에서는 찾을 수 없다. 성경에서 찾아야 한다.

성경이 제시하는 방법은 분명하다. "교인들을 진리 위에 올바로 서게 하라. 그리고 시대적 소명을 갖게 하라!"

7장 | 교회를 리빌딩하라

8장 | 한국교회에 주어진 공통 소명

9장 | 한국교회에 주어진 개별 소명

3부

# 한국교회에 주어진 시대적 소명에 주목하라

**복음의** 본질을 더 빛나게 닦는다는 목적, 복음의 적용과 대상을 시대 변화에 맞추어 이끈다는 목적을 이루는 새로운 비전을 디자인해야 한다. 사자의 용기를 가지고 멈추지 말고 변화를 시도해야 한다. 느헤미야처럼 회복과 다시 세움이라는 분명한 목적을 가지고 기도해야 한다. 요셉처럼 치밀한 전략으로 교회 다시 세우기를 완성해야 한다. 이 과정이 새 술을 새 부대에 넣는 '교회 리빌딩'이다.

# 7장

# 교회를 리빌딩하라

▼ ▼ ▼

## 큰일은 저절로 이루어진다

한국교회를 다시 세우는 첫 번째 기둥은 '교회다움' 과 '목회다움' 의 회복이다. 이것은 '업의 본질' 의 회복이다. 여기에 한국교회의 생존이 달려 있고, 세상의 소금이 되어 시대를 보존하느냐가 달려 있다. 한국교회를 다시 세우는 두 번째 기둥은 '업의 특성' 을 시대에 맞게 변화시키는 것이다. 시대를 이끌어 가는 교회가 되기 위해서는 시대 변화보다 한발 앞서 업의 특성을 변화시켜 미래를 맞이해야 한다. 상황의 변화를 통찰하고 업의 특성을 변화시켜야 한다. 그래야 시대를 이끄는 힘을 얻을 수 있다. 이는 한국교회가 빛이 되어 시대를 밝히고 앞날을 여는 것과 관련이 있다. 필자는 이를 가리켜 '시대적 소명' 이라 부른다. 한국교회가 다시 살고, 하나님이 주신 교회의 역할을 잘 감당하며,

시대를 구하려면 교회의 본질인 '교회다움'과 교회의 특성인 '시대적 소명'을 올바로 세워야 한다. 맛을 회복한 소금과 세상을 두루 비추는 빛이 되어야 한다.

대부분의 사람들은 큰일을 이루는 데 공을 들인다. 작은 일보다는 큰 일을 하려고 덤벼든다. 교회도 '큰일'이라는 단어를 선호한다. 체육대회를 해도 크게 해야 한다. 하나님을 위해서도 큰일을 해야 한다. '큰일증후군'처럼 보인다. 국가와 하나님을 위해 큰일을 해야 하는 것은 당연하다. 한 번 태어나 한 번 죽는 인생인데 크고 좋은 일을 많이 할 수 있다면 좋은 일 아닌가. 하지만 한 가지 기억할 것이 있다. 큰일은 마음먹는다고 이루어지지 않는다. 마음먹은 대로 되는 일이라면 진정한 큰일도 아니다.

한국교회의 위기를 극복하고 무너지기 시작한 한국교회를 다시 살리는 일은 엄청나게 크고 중요한 일이다. 국가의 미래와도 연결되어 있다. 이 일에 성공하는 사람은 위대한 사역을 했다고 역사에 기록될 것이다. 그런데 이 일이 너무 크고 위대한 일이기에 많은 이들이 엄두를 내지 못하고 있다. 불가능한 일이라고 생각한다. 필자는 미래를 준비하는 이들에게 이런 이야기를 해주곤 한다. "큰일은 저절로 이루어진다. 그러나 작은 일은 엄청난 노력을 해야 이루어진다." 상식과 반대되는 말이다.

작은 일은 저절로 이루어진다고 생각하는 사람들이 많다. 작은 일은 작은 노력만으로도 이루어진다고 생각한다. 하지만 필자가 짧은 인생을 살아오면서 크고 작은 성공과 실패를 경험하며 분석한 결과는 다르다. 작은 일일수록 생각보다 큰 노력과 에너지가 들어간다. 사자는 토끼 한 마리를 잡는 데도 온 힘을 기울인다. 실패는 작은 일에서 시작된다. 그래서 진정한 프로는 작은 일에 온 힘을 기울인다. 진정한 프로, 산전수전 겪은 지혜자는 작은 일들에 온 힘을 기울일 때 큰일이 저절로 이루어진다는 것을 안다.

'시스템 다이내믹스' System Dynamics 이론에 '증가형 강화 피드백'이라는 원리가 있다. 작은 에너지이지만 계속해서 피드백을 주면서 영향을 미치면 '임계점'을 통과한 후에는 엄청난 에너지로 확장된다는 원리다. 마이크에서 하울링 howling이 일어나는 원리와 같다.

[피드백 고리(Feedback Loop)]
강화 피드백 Reinforcing Feedback : 증가형 강화 피드백 Reinforcing Feedback

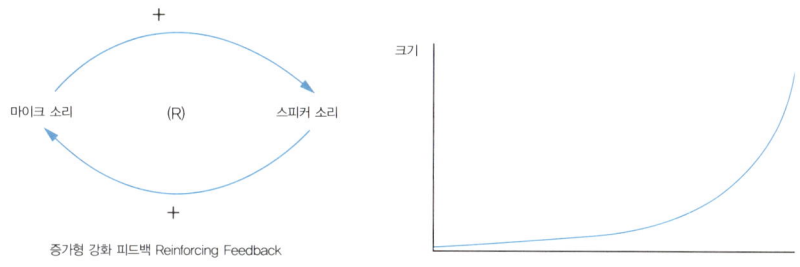

예수님도 교회를 세워 수천 년에 걸쳐 세상을 구원하는 엄청난 일을 이 원리로 하신다. 예수님은 전 세계를 구원하는 일에 단 12명의 제자를 세우신 것으로 공생애를 끝내셨다. 사도 바울도 수많은 전도 여행을 다녔지만 사람들을 구름 떼처럼 몰고 다니거나 수천수만 명의 군중을 대상으로 사역하지 않았다. 예수님처럼 소수의 제자를 세웠고, 그들은 거의 모두 연약한 존재들이었다. 비록 작은 에너지와 사람들이었지만 그들은 세상과 이웃을 향해 계속해서 피드백을 주면서 사역했다. 그리고 고난을 견디며 기다리다가 '임계점'의 시간을 통과했다. 그러자 마침내 로마의 기독교는 폭발적으로 성장했다. 그 이후에도 기독교는 몇 번의 임계점을 통과하면서 각 나라와 각 세대에서 폭발적으로 성장했다. 한국교회에도 같은 원리가 적용되었다. 전 세계가 기적이라 평가하는 한국교회의 놀라운 부흥도 초기의 소수의 제자, 작은 사역에 혼신의 열정을 다하는 태도가 만들어 낸 것이다.

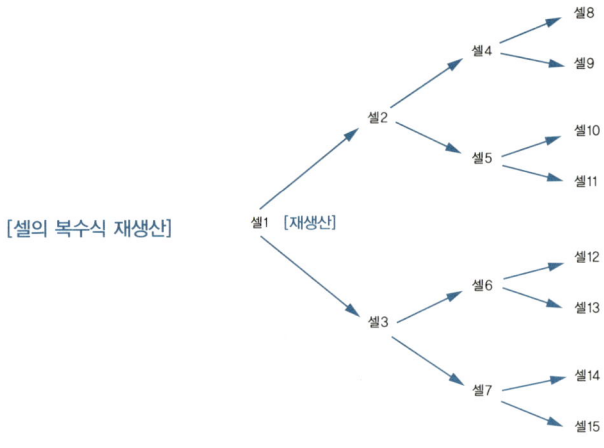

[셀의 복수식 재생산]

필자는 한국교회의 회복과 다시 세움도 이 방법을 사용해야 가능하다고 생각한다. 한국교회는 반드시 회복될 것이다. 그렇게 되어야 한다. 이 꿈을 포기하지 말자. 그러나 작은 일에 혼신의 열정을 다하도록 하자. 자신이 먼저 섬기는 교회의 작은 시작이 되자. 많은 이들이 한국교회의 다시 세움, 자기 교회의 다시 세움에 동참하지 않는다고 불평한다. 이제 불평은 그만두자. 그것은 큰일이다. 그 큰일이 저절로 이루어지기 위해서는 작은 일에 헌신하는 한 사람이 필요하다. 가장 작은 일부터 시작하자.

작은 일은 온 힘을 기울여야 성과가 난다는 것을 기억하자. 사자가 토끼 한 마리를 잡는 데 온 힘을 기울이듯 하자. 그리고 기억하자. 작은 일은 작은 성과만 낸다. 큰 파문을 일으키지 않는다. 낙심하지 말자. 낙심할 시간이 없다. 하나의 작은 일을 했으면 그다음 작은 일을 시작하자. 역시 온 힘을 다하자. 역시 작은 성과만 날 것이다. 교회 전체는 꿈쩍도 하지 않을 것이다. 그러나 낙심하지 말고 그다음의 작은 일을 시작하자. 이 과정을 반복하자. 인내하며 이 과정을 반복하자. 그러다가 임계점을 통과하면 엄청난 일이 일어날 것이다. 임계점은 상황에 따라 다르다. 그러나 포기하지만 않는다면 반드시 온다. 작은 일들에 온 힘을 다하기를 반복하는 것을 포기하지 않고 달려가면 생각보다 빨리 올 것이다. 그리고 시간이 지난 후 뒤를 돌아보면 꿈꾸고 기도했던 위대하고 큰일이 저절로 이루어져 있을 것이다.

▼ ▼ ▼

### 미련한 다섯 처녀 vs 슬기로운 다섯 처녀

미래를 예측하는 것은 성경이 우리에게 가르쳐 주는 교훈이다. 마태복음 25장 1~13절에는 미련한 다섯 처녀와 슬기로운 다섯 처녀의 비유가 나온다. 두 그룹의 결정적 차이는 신랑을 맞이할 준비를 했느냐 안 했느냐다(7절).

유대인의 결혼 풍습은 우리와 많이 다르다. 유대인 총각이 사랑하는 여인과 결혼하려면 그녀의 집에 찾아가 장인 될 사람과 결혼 지참금을 얼마를 주어야 하는지 협상한다. 협상이 끝나면 지참금을 지급한다. 결혼 계약의 성사다. 이렇게 결혼 계약이 성사되면 장인의 가족은 식탁에 둘러앉아 간단한 연회를 연다.

이 간단한 연회에서 중요한 의식이 진행된다. 신랑이 될 총각이 신부가 될 처녀 앞에 놓인 잔에 포도주를 가득 부어서 건넨다. 처녀가 결혼할 마음이 있으면 그 잔을 마신다. 마시지 않으면 시집갈 의사가 없다는 표시다. 조마조마하게 지켜보고 있는 총각 앞에서 처녀가 포도주를 마시면 모든 사람이 손뼉 치며 즐거워한다. 이 의식이 끝나면 그 처녀에게는 누구도 구혼할 수 없다. 천사가 요셉에게 나타나 "마리아 데려오기를 두려워하지 말라"라고 했던 당시가 바로 이 의식이 끝나고 결혼식이 있기 전의 상황이었다. 마리아는 결혼식은 올리지 않았지만 구혼이 끝난 상태였다.

기쁨에 들뜬 총각은 처소가 마련되는 대로 다시 와서 신부를 데려가겠다고 말한 뒤 집으로 돌아간다. 자기 집으로 돌아간 총각은 약 1~2년 동안 시간을 갖고 신혼 처소(신방)를 준비한다. 그 1~2년이 약혼 기간인 셈이다. 주님이 우리에게 하늘나라로 가서 우리(신부)를 위한 영원한 처소를 마련하고 다시 오겠다고 하신 것도 이런 풍습을 비유로 가르쳐 주신 것이다. 그 기간 보혜사 성령께서 우리를 지키신다. 우리는 결혼이 약속된 상태다.

신랑이 신방을 마련하는 동안 신부도 신랑을 맞이할 준비를 한다. 결혼식에 입을 하얀 세마포를 준비해 어느 날이든지 신랑이 오면 곧바로 입고 나가기 위해 침대 머리맡에 둔다. 유대인의 풍습에 의하면, 1년 정도 지난 후 신랑이 신부를 데려오기 위해 밤중에 신부의 집을 찾아간다. 신부를 데려갈 때 신랑은 자기의 들러리와 친구들과 함께 횃불을 들고 "보라, 신랑이 임한다!" 하고 크게 외치면서 신부의 집으로 간다.

신랑이 온다는 소식은 사람들의 입을 통해 신부의 집까지 전달된다. 언제 올지 모르고 있던 신부는 신랑이 온다는 소식을 듣고 신랑 맞을 준비를 한다. 신부의 친구들 역시 함께 신랑 맞을 준비를 한다. 이것이 마태복음 25장 1~13절에 나오는 상황이다. 신부 된 우리는 신랑이 온다는 징조가 들리면 깨어서 기다려야 한다. 등불을 준비하고 기다려야 한다.

신부를 만난 신랑은 신부의 들러리와 친구들을 데리고 자기 집으로 돌아간다. 유대인의 풍습에 의하면, 신랑의 집에서 혼인 잔치를 한다. 신부 된 우리는 주님이 다시 오시면 주님과 함께 천국에 들어가 신랑이 이미 준비해 놓으신 혼인 잔치에 들어간다. 신랑의 혼인 잔치 때 결혼식을 진행하는 위원들은 '신부 방'이라고 불리는 방으로 신랑과 신부를 데리고 들어간다. 신부의 얼굴은 베일로 가려 놓아서 아무도 볼 수 없다. 이런 풍습 때문에 야곱의 삼촌이 신부를 바꿔치기할 수 있었다. 단둘이 불 꺼진 방에 들어간 신랑과 신부는 처음으로 육체적으로 한 몸이 된다. 이것으로 1년 전에 성립된 결혼 계약이 완성된다.

첫날밤의 합방이 끝난 후 신랑과 신부는 결혼식을 진행하는 위원들에게 결혼이 완성되었음을 알린다. 이 소식을 들은 사람들은 축하하고 7일간 큰 잔치를 벌인다. 잔치가 진행되는 동안 신부는 신부 방에 머물며 밖으로 나오지 않는다. 잔치가 끝나면 신랑은 신부를 데리고 나와 베일을 벗겨 신부의 얼굴을 보여 주고 결혼 생활을 시작한다.

어리석은 다섯 처녀는 신랑이 온다는 소식에 모이기는 했지만 신랑이 올 때까지 필요한 기름을 충분히 준비하지 못했다. 성경은 이렇게 말한다. "신랑이 더디 오므로 다 졸며 잘새"(5절). 어리석은 다섯 처녀는 신랑이 온다는 소식을 들은 후부터 '평균적으로' 올 시간을 계산했다. 그리고 그만큼의 기름을 준비했다. 하지만 신랑은 평균적으로 계산했던 시간보다 '더디' 왔다. 슬기로운 다섯 처녀는 평균적으로 계산했던 시간보다 더 늦게 올 수 있다는 것까지 예측하고 기름을 더 준비했다. 두 그룹의 차이는 이것뿐이다. 예수님은 이 비유를 통해 다음과 같이 교훈하셨다.

"그런즉 깨어 있으라 너희는 그날과 그때를 알지 못하느니라"(마 25:13).

깨어 있으라는 말은 단순히 신랑이 올 때까지 졸거나 잠들지 말라는 것이 아니다. 5절을 보면, 열 처녀 '모두' 졸며 잤다. 깨어 있으라는 것은 '기름을 충분히 준비했느냐'와 더 깊이 관련되어 있다. 완벽한 준비를 하려면 미래에 일어날 다양한 가능성을 검토해야 한다. 어리석은 다섯 처녀는 하나의 미래만 생각했다. 그들이 예측한 미래는 틀린 미래가 아니다. 신랑이 오는 시간에 대한 정확한 계산이었을 것이다. 상식적인 수준에서 기름을 준비했다. 하지만 신랑이 그 예측을 깨고 더 늦게 왔다. 신랑이 더 늦게 오자 기름이 떨어지면서 등불이 꺼져 가고 말았다(8절).

지혜로운 다섯 처녀는 신랑이 생각보다 늦게 올 '또 다른 미래'까지 예측하고 만반의 준비를 했다. 이것이 예수님이 비유를 통해 우리에게 주신 깨어 있으라는 말씀의 중요한 의미다.

마태복음 24장은 주님이 오시기 전에 어떤 시대적 변화가 일어날지를 가르쳐 준다. 미래 징후를 가르쳐 주고, 이를 기준으로 시대 변화를 통찰하라고 명령한다. 세상이 어떻게 변화하고 있는지 주목하고 예측하라고 명령한다. 이것이 첫 번째 준비다. 그리고 두 번째 준비가 마태복음 25장 14~46절에 나온다. 자신에게 주어진 달란트를 가지고 충성되게 일하는 것이다. 믿음의 역사로 소명을 이루는 것이다. 시대적 소명을 이루는 것이다. 세 번째 준비는 주린 자, 병든 자, 목마른 자, 옥에 갇힌 자들을 돌아보는 것이다. 사랑의 수고가 마지막 준비다. 이런 일을 하면서 신랑이 준비한 천국의 혼인 잔치를 소망하며 인내하며 기다려야 한다.

▼ ▼ ▼

## 시대 변화를 통찰하고 시대적 소명을 찾으라

마태복음 24~25장은 시대 변화를 통찰하는 것이 선택 사항이 아니라 필수 조건이라고 가르친다. 주님의 신부 된 교회는 시대 변화를 통찰하면서 주님 오실 날을 준비하고, 시대적 소명을 발견해 이루고, 사랑의 수고를 해야 한다.

필자는 지난 5년 동안 정부와 기업을 대상으로 한국과 세계의 다양한 미래 변화 가능성들을 예측해 발표했다. 다양한 저술을 통해 시대 변화가 어떻게 진행되는지 예측해 전달했다. 기독교인들과 교회 지도자들도 미래의 다양한 변화 가능성들에 관심을 가져야 한다. 시대가 변화되면 주님은 우리에게 새로운 시대적 소명을 요청하신다. 시대가 바뀌면 우리가 해야 할 사랑의 수고도 바뀐다. 시대 변화를 통찰하려면 필자의 저서인 『2020-2040 한국교회 미래지도』와 『2030 대담한 미래』를 읽으면 된다. 시대 변화를 통찰한 후에는 그것을 기초로 한국교회를 위한 새로운 시대적 소명, 각 교회에 주어진 새로운 시대적 소명을 찾아야 한다. 그리고 개인에게 주어진 새로운 시대적 소명을 찾아야 한다.

시대적 소명은 3가지 조건을 갖추어야 한다. 첫 번째 조건은 '하나님이 기뻐하시는 가치'를 창출해야 한다는 것이다. 내가, 부모가, 담임목사가, 이웃이, 세상이 가치 있게 여기는 것이 아니라 하나님이 가치 있게 여기시는 것이 무엇인지 성경에서 찾아야 한다.

대한민국 국민으로 사는 데 있어 가치 있는 것이 무엇인지를 찾을 때는 헌법을 보면 된다. 헌법에 대한민국 국민이라면 어떻게 살고 행동하는 것이 가치 있는지에 대해 나와 있다. 그대로 지키고 살면 대한민국 국민으로서 가치 있는 사람, 모범 시민, 모범적인 국민으로 평가받는다. 하나님이 가치 있게 여기시는 것은 성경에 기록되어 있다. 시대적 소명을 찾으려면 성경을 읽어야 한다. 성경을 공부하고, 하나님의 본뜻을 전하는 설교를 전하고 들어야 한다. 성경을 읽고 기도하면 하나님이 가치 있게 여기시는 것이 무엇인지 찾을 수 있다.

필자는 기도에는 두 가지 목적이 있다고 생각한다. 하나는 하나님 앞에 필요한 것을 간구하는 것이다. 간구에도 두 가지가 있다. 어린아이 수준의 간구인 '무엇을 먹고, 마시고, 입을까'에 대해 아뢰는 것과 남을 위한 기도다. 기도의 또 하나의 목적은 하나님 나라가 이 땅에서 이루어지기를 바라는 것이다. 성숙한 자녀는 '무엇을 해야 부모를 기쁘게 할 수 있을까?', '어떤 일을 해야 가족에 이바지할 수 있을까?', '어떤 삶을 살아야 사회에 유익한 사람이 될까?' 를 생각하고 묻는다. 성숙한 기도도 마찬가지다. '내가 무엇을 해야 하나님을 기쁘시게 할 수 있을까?', '어떤 일을 해야 하나님 나라에 이바지할 수 있을까?' 를 묻는다.

성숙한 기도는 무조건 구하기만 하는 기도를 넘어선다. 말씀을 읽은 후 '특별히 나를 통해 이루기 원하시는 하나님의 가치는 무엇일까?' 를 묻는 기도를 한다. 자신이 섬기는 교회가 이 나라와 이 민족을 위해, 한국교회를 위해, 하나님 나라의 확장을 위해 무엇을 하기를 원하시는지 묻는 기도를 해야 한다.

예배는 말씀과 기도가 종합적으로 일어나는 시간이다. 단순히 복을 비는 시간이 아니다. 예배는 기도와 말씀이 종합되어서 인도해 주신 하나님 앞에 감사하고, 구원의 의미를 다시 한 번 새기고, 어떻게 살아야 하는지 말씀 속에서 깨닫고, 나의 존재가 무엇인지 하나님의 말씀을 거울삼아 돌아보는 시간이다. 설교자가 전달하는 메시지를 통해 하나님이 내게 가치 있게 여기시는 것을 찾기 위해, 그 발견에 대해 감사하기 위해, 한 주간 소명자의 삶을 살았던 것을 보고하기 위해, 이것을 가지고 환호하기 위해 예배를 드리는 것이다.

이런 일이 일어나야 예배가 축제가 된다. 이것이 빠지면 예배는 쇼가 되고, 시대적 소명을 감당하지 못하는 교회가 되고 만다. 쇼가 반복되는 예배, 시대적 소명을 감당하지 못하는 교회 프로그램과 교인이 계속 양산되면 시간이 지난 후 그 교회는 소멸한다.

시대적 소명의 두 번째 조건은 미래 변화를 잘 반영해야 한다는 것이다. 시대적 소명은 내가 사는 시대에 이루어야 하는 것이다. 죽고 난 후에도 시대적 소명이 계승될 수 있지만, 결국은 내 시대에 이루어야 할 일이다.

모세의 시대적 소명은 이집트에서 나와 홍해를 가르고 가나안 앞까지 이스라엘 백성을 인도하는 것이었다. 여호수아의 소명은 요단 강을 가르고 가나안을 정복하는 것이었다. 두 사람은 모두 위대한 지도자였지만 시대적 소명은 달랐다. 베드로의 시대적 소명은 이스라엘 민족에게 복음을 전하는 것이었고, 사도 바울의 소명은 이방인에게 복음을 전하는 것이었다. 두 사람은 모두 위대한 사도였지만 시대적 소명은 달랐다.

지난 100여 년간 한국교회의 시대적 소명과 앞으로 100년간 한국교회의 시대적 소명은 다르다. 홍해를 가르는 것과 요단 강을 가르는 것은 우리의 소명이 아니다. 우리에게는 우리 시대에 해야 할 일이 있다. 하나님이 앞으로 50년, 100년을 어떻게 이끌어 가시는지, 과학 문명을 어떻게 이끌어 가시는지, 사회 변화와 경제 흐름을 어떻게 이끌어 가시는지를 통찰해 새로운 시대적 문제, 시대적 욕구, 시대적 결핍을 예측해야 한다. 이런 것을 하나님의 말씀으로 해결하는 것이 시대적 소명이다.

미래에 관심을 가져야 한다. 내가 살아갈 시대에 민족과 사회, 교회의 위기와 기회가 무엇인지 알아야 한다. 시대적 소명은 다가오는 미래 시대의 위기를 해결해 이 땅이 더 나은 미래로 나아가게 하고, 다가오는 미래 시대의 기회를 하나님이 원하시는 대로 이끌어 이 땅을 더 나은 하나님의 나라로 만든다. 이것이 기독교인이 세상 사람보다 미래에 더 많은 관심을 가져야 하는 이유다.

시대적 소명의 세 번째 조건은 한국교회가 할 수 있는 영역을 찾아야 한다는 것이다. 우리 교회가 할 수 있는 영역, 내가 할 수 있는 영역을 찾아야 한다. 소명은 내게 주신 것을 가지고 다가오는 미래에 하나님의 가치를 실현하는 것이다. 하나님이 내게 주신 관심사와 달란트 등 모든 것을 가지고 일해야 한다. 하나님이 우리 교회에 주신 능력으로 이루어야 한다.

소명은 부르심이다. 하나님은 모세를 부르셨다. 그리고 나서 하나님은 당신이 원하시는 것, 당신이 가치 있게 여기신 '내 민족'을 데리고 오라고 명하셨다. 모세는 어떻게 반응했던가? 그는 능력이 없다는 핑계를 댔다. "저는 한 번 실패한 사람인데 어떻게 합니까? 가 봐야 사람들이 믿지도 않을 것이고, 바로는 지금도 저를 죽이려고 하는데 제가 도대체 가서 뭐라고 합니까? 할 일은 맞는데 제가 무엇을 할 수 있겠습니까?" 모세의 변명과 소심함에 하나님은 이렇게 응답하셨다. "네 손에 있는 것이 무엇이냐?"

이것이 시대적 소명을 이루는 방법이다. 우리 교회가 가진 것, 하나님이 내게 이미 주신 것을 가지고 이루는 것이다. 우리 교회가 할 수 있는 것, 우리 교회의 달란트와 역량을 따져 보면 모세처럼 소심해질 수 있다. 하지만 물고기 두 마리와 보리떡 다섯 개라는 작은 것으로 5천 명을 먹이는 기적을 일으키신 하나님은 모세가 가진 지팡이 하나로 놀라운 기적을 보여 주셨다. 성경은 모세가 이집트로 내려갈 때 "모세가 하나님의 지팡이를 손에 잡았더라"(출 4:20)라고 기록하고 있다. 할 수 있는 것이 아무리 작더라도 하나님의 손에 들리면 한국교회를 다시 세우는 '하나님의 지팡이'로 사용될 수 있다.

▼ ▼ ▼

## 교회 리빌딩의 7단계

시대적 소명을 다시 찾는 것은 선택 사항이 아니다. 한국교회 회복의 핵심 기둥이자 2050년 이후에도 생존하기 위한 핵심 조건이다. 하나님의 사람이 되기 위한 필수 조건이다. 한국교회, 그리고 우리 편에서는 '시대적 소명'이지만 하나님 편에서는 한국교회와 우리를 향한 창세전에 작정된 '하나님의 계획'이자 '하나님의 뜻'이다. 여기에 앞서 4장에서 설명한 '교회다움'을 더해야 한다. 교회의 본질('교회다움')과 시대적 소명, 이 두 가지를 기준으로 앞으로 30년 미래 교회를 설계해야 한다. 필자는 이것을 '교회 리빌딩'이라고 부른다.

복음의 본질을 더 빛나게 닦는다는 목적, 복음의 적용과 대상을 시대 변화에 맞추어 이끈다는 목적을 이루는 새로운 비전을 디자인해야 한다. 사자의 용기를 가지고 멈추지 말고 변화를 시도해야 한다. 느헤미야처럼 회복과 다시 세움이라는 분명한 목적을 가지고 기도해야 한다. 요셉처럼 치밀한 전략으로 교회 다시 세우기를 완성해야 한다. 이 과정이 새 술을 새 부대에 넣는 '교회 리빌딩'이다.

다음은 '교회 리빌딩 세미나'를 진행할 때 사용하는 7단계 절차와 내용을 요약한 것이다.

### 1단계 | 현재 상황 및 역량 분석

- 교회 외부의 현재 상황 분석 : 사회, 기술, 환경, 경제, 법과 제도, 정치, 종교 영역에서 현재 발생한 위협, 위기, 가능성, 기회
- 교회 내부의 현재 상황 분석 : 현재 발생한 위협, 위기, 가능성, 기회
- 교회 내부의 교회다움 분석 : 우리 교회 성도의 믿음의 역사, 사랑의 수고, 소망의 인내 역량 분석
- 교회 내부의 현재 역량 분석 : 사역 가능 연령, 재정 역량, 자산, 하드웨어, 소프트웨어, 영적 역량 등 분석

### 2단계 | 미래 변화 및 역량 예측

- 교회 외부의 미래 변화 가능성 예측 : 글로벌 차원과 한국의 사회, 기술, 환경, 경제, 법과 제도, 정치, 종교 영역에서 미래 발생 가능한 위협, 위기, 가능성, 기회 예측
- 우리 교회가 속한 지역의 미래 변화 가능성 예측 : 거시적 변화를 고려하면서 우리 지역의 인구, 경제, 사회현상, 기술 접목 수준, 환경, 제도, 종교 상황 등에 대한 미래 발생 가능한 위협, 위기, 가능성, 기회 예측, 미래의 문제, 욕구, 결핍 변화 예측
- 교회 내부의 미래 변화 가능성 예측 : 미래 한국교회 및 우리 교회 안에 발생 가능한 위협, 위기, 가능성, 기회
- 교회 내부의 미래 역량 예측 : 미래의 성도 수, 사역 가능 연령, 재정 역량, 자산, 하드웨어, 소프트웨어, 영적 역량 등 내부 역량이 10년, 20년, 30년 단위로 어떻게 변화될지에 대한 에이징 곡선 Aging Curve 예측 시나리오들

### 3단계 | 현재의 교회 사역 테스트 시뮬레이션

- 현재 목회 철학, 비전 및 목표의 지속 가능성 테스트 시뮬레이션 : 1~2단

계의 분석 및 예측 자료를 기반으로 현재 우리 교회가 가지고 있는 비전, 사역 목표의 지속 가능성을 분석한다.
- 현재 시스템과 프로그램들의 지속 가능성 테스트 시뮬레이션 : 1~2단계의 분석 및 예측 자료를 기반으로 현재 시스템의 장단점을 분석하고, 현재 시스템이 2단계에서 예측한 미래 변화들을 고려할 때 10년, 20년, 30년 단위로 어느 정도의 효율성을 낼 수 있을지를 테스트 시뮬레이션한다.

### 4단계 | 교회 위기 및 기회 시나리오들 도출
- 우리 교회의 미래 위기 및 기회 시나리오들 도출 : 1~3단계를 기초로 10년, 20년, 30년 단위로 나타날 가능성이 있는 3~4개 정도의 우리 교회의 미래 위기 및 기회 시나리오들 도출

### 5단계 | 미래 사역 이슈 도출
- 우리 교회가 해야 할 교회의 본질 회복을 위한 미래 사역 이슈 도출
- 우리 교회가 감당해야 할 시대적 소명 도출

### 6단계 | 비전 디자인
- 비전 디자인 : 하나님이 가치 있게 여기시는 시대적 소명(3~4개) 도출
- 비전 시나리오 구축 : 비전이 실현될 때 그려질 수 있는 미래의 모습들 (3~4개) 시각화

### 7단계 | 비전 전략 및 시스템 수립
- 비전 전략 수립 : 비전 Preferred Scenario을 성취하기 위한 공통 전략과 또 다른 전략들 수립

- **교회 시스템 재설계** : 비전을 성취하는 데 적절한 교회 시스템 재설계
- **사역 프로그램 재선정** : 비전 전략과 새로운 시스템을 근거로 사역 프로그램과 교육 및 훈련 프로그램 선정

**지금까지** 한국교회는 달리기만 했다. 부흥 성장이라는 논리로 멈추지 않고 쉼 없이 달려왔다. 긍정적인 부분도 있었지만 이제 한국교회는 임계점에 도달했다. 임계점에 도달한 한국교회는 인위적으로, 그리고 타의에 의해 멈춤의 시기에 접어들었다. 하나님이 주시는 메시지가 무엇인지, 왜 하나님이 멈추게 하셨는지에 대해 고민해야 한다. 이런 시간은 아프고, 괴롭고, 버겁지만 다시 일어서기 위해서는 거룩한 기다림의 단계를 거쳐야만 한다. 멈추어 기다리며 지혜를 구하는 심정으로 기도하면 분명 생각지 못했던 것을 볼 수 있다.

**8장**

# 한국교회에 주어진 공통 소명

▾ ▾ ▾

**공통 소명 1**

## 3가지 씨를 뿌려야 다시 일어설 수 있다

한국교회가 붙잡아야 할 시대적 소명은 다양하다. 다양하기에 미래의 한국교회의 모습은 다양한 형태를 보이게 될 것이다. 교회의 크기만 다를 뿐 천편일률적인 모습을 가졌던 지난 몇십 년과는 다를 것이다. 하지만 몇 가지 시대적 소명은 공통적으로 나타날 것이다. 필자는 대부분의 교회가 공통으로 가져야 할 시대적 소명을 설명하려고 한다.

『2020-2040 한국교회 미래지도』에서 발표한 것처럼, 2050년에는 기독교 인구가 300~400만으로 줄어들고, 교육 부서는 15~40만으로 급감한다. 현재 6만 5천 개 정도 되는 한국교회의 절반이 사라질 위기다. 기독교는 이슬람교에게도 밀려 한국 종교 네 번째 순위가 될 가능성이 크다. 수많은 교회가 생존을 위해 합병하고, 상당수의 교회당이 신천지, 하나님의교회 같은 이단이나 다른 종교로 팔려 나갈 것이다. 이런 미래가 현실이 되는 것을 막기 위해서는 다시 씨를 뿌려야 한다. 3가지 씨를 뿌려야 한다. 전도, 신앙 계승, 출산 장려 사역이다.

전도가 어렵다는 것이 상식이 되어 버렸다. 다양한 이유가 있다. 그 이유를 하나씩 자세히 다루는 것도 의미가 있다. 물론 그중에는 이유 같지 않은 이유도 있을 것이다. 교정하고 반박하는 과정도 필요할 것이다. 그런데 그렇게 하지 않으려 한다. 전도가 어려울 뿐 아니라 불가능하다고 말하기도 한다. 이것 역시 교정하고 반박할 필요가 있다. 그러나 그렇게 하지 않으려 한다. 전부는 아니더라도 일리가 있을 수 있다. 그러나 성경은 이렇게 명령한다. "때를 얻든지 못 얻든지"(딤후 4:2) 씨를 뿌려라!

'전도'와 '교회 출석'은 다르다. 교회 출석은 쉽다 어렵다를 말할 수 있다. 그러나 전도는 쉽다 어렵다를 말할 수 있는 항목이 아니다. '전도'傳導란 자신이 믿는 '도리'道理를 '전'傳하는 것이다. 듣든지 안 듣든지 상관없이 알리는 것이다. 씨를 뿌리는 것과 열매를 맺는 것을 구별해야 한다. 앞서 한국교회 분석에서 설명했듯이, 지난 20여 년 동안 청년 대학부와 교육 부서가 쇠퇴했다. 하지만 30~50대는 2010년까지 계속 증가했다. 이유는 간단하다. 30~40년 전 뿌려진 씨가 열매를 맺었기 때문이다. 지난 20여 년의 30~50대 장년층의 성장은 총동원전도주일, 새생명축제 등 전도의 결과다. 그런데 엄밀히 분석하면 30~40년 전에 뿌린 씨앗을 '추수'한 것이다.

2010년 이후 한국교회에서 30~50대도 서서히 줄고 있다. 그 이유도 간단하다. 추수할 열매가 줄었기 때문이다. 20~30년 후에도 계속 추수하려면 지금 씨를 뿌려야 한다. 전도는 씨를 뿌리는 것이다. 열매를 생각하지 말고 믿는 도리를 전하는 일을 시작해야 한다. 교회 출석으로 곧바로 연결되지 않더라도 믿는 도리를 전해야 한다. 교회로 사람을 데려오는 일을 전도라 여기지 말아야 한다. 전도는 예수님의 말씀을 전하는 것이다. 내 입으로, 그리고 내 삶의 모습으로 알려 주는 것이다.

씨를 뿌리는 것과 추수를 구별해야 한다. 전도는 씨를 뿌리는 것이다. 씨를 뿌려야만 우리 교회나 이웃 교회가 추수할 수 있다. 추수에 대한 열정이 엄청나다고 해도 열매가 열리지 않으면 소용이 없다. 아무리 열심히 노력해도 얻는 것이 없다. 지금은 추수보다 씨를 뿌리는 것에 힘을 기울일 때다. 특히 30대 이하 사람들에게 집중해야 한다. 그러면 10~30년 후에 한국교회는 다시 거대한 추수기를 만나게 될 것이다.

사실 당신이 섬기는 교회의 자녀들만 추수해도 주일학교를 당장 2배는 부흥시킬 수 있다. 한국교회가 세상보다 더 빠르게 고령화되는 이유는 저출산과 함께 신앙 계승 실패라는 어려움이 겹쳤기 때문이다. 교회는 출산 장려에도 힘을 쏟아야 한다. 필자는 '출산 장려 사역'이라고 말한다. '사역'이라고 일컫는 이유는 이 문제가 국가의 미래를 위해서도 아주 중요하기 때문이다.

한국 사회는 20년 이내에 초고령화 사회의 저주에 빠지게 된다. 세계에서 가장 먼저 초고령화 사회에 빠진 일본을 보라. 경제가 붕괴되었고, 사회 곳곳에서 심각한 문제가 속출하고 있다. 한국은 일본보다 더 빠르게 초고령화 사회로 진행되고 있다. 일본보다 덜 준비된 상태로 초고령화 사회를 맞이하고 있다. 충격은 2~3배 이상이 될 것이다. 국가가 큰 혼란에 빠지고, 경제가 심각한 상태에 이르며, 개인의 미래가 비참한 상황으로 전락할 가능성이 크다.

한국에서 이토록 빠르게 초고령화 사회 현상이 발생한 이유는 크게 두 가지다. 먼저, 급속한 경제성장으로 평균수명이 크게 증가했고, 다음으로, 저출산 현상 때문이다. 저출산 현상이 더 큰 이유다. 출산 장려 정책은 국가의 사활을 가름할 정도다.

한국 사회를 구하고 교회를 살리려면 출산 장려 사역을 시작해야 한다. 이대로 가면 2050년, 절반의 교회가 사라진다. 지금 주일학교가 없는 교회들은 사라질 대상 1순위다. 살아남은 절반의 교회들도 80~90%는 주일학교가 전멸한다. 이처럼 출산 장려 사역은 교회의 생존과 직결되어 있다.

▼ ▼ ▼

**공통 소명 2**

### 교육 부서가 해답이다

씨를 뿌린 다음에는 씨가 잘 자라나도록 해야 한다. 필자의 예측에 의하면, 앞으로 10년 이내 교육 부서가 없는 교회는 30~50대 장년층이 이탈하는 현상이 빠르게 발생할 것이다. 앞으로 교회를 옮기고 선택하는 데 있어서 가장 중요한 이유는 주일학교가 있느냐 없느냐, 교육의 수준은 어떠한가가 될 것이다.

교회가 좀 더 빨리 고령화되고 무너지는 이유가 무엇일까? 왜 수많은 교회가 사라질까? 젊은이들은 없고 지금 있는 성도들은 나이 들어

소천하니까 교회가 무너진다. 어린이와 젊은이가 있으면 사라지지 않는다. 교회 재정이 왜 힘들까? 한국교회가 왜 부도가 날까? 재정적 부담을 감당할 젊은이들이 없기 때문이다. 올라오는 사람은 없고 은퇴자, 점점 소득이 떨어지는 사람만 있으니까 빚을 갚을 여력이 줄어들면서 부도가 난다.

이처럼 교육 부서의 유무, 교육 부서의 부흥은 성도 수와 재정 여력에 직접적인 영향을 미친다. 아직도 이것을 깨닫지 못하는 지도자가 많다. 성경적으로도 하나님이 우리에게 주신 명령은 죽도록 충성하라는 것이다. 우리 마음대로 주일학교를 문 닫을 권리를 주지 않으셨다. 우리에게 주신 책임은 단 한 명의 주일학교 학생이 있다면 그 아이를 교육시키기 위해 죽도록 충성하는 것이다. 한 명도 없으면 나가서 한 명을 전도해 다시 시작해야 '충성' 하는 것이다. 어렵고 힘들어도 다시 해야 한다. 하나를 둘로, 둘을 셋으로 만들어야 한다. 그래야 교회에 미래가 있다.

이미 망한 유럽교회나 망해 가고 있는 미국교회도 주일학교를 살리는 교회는 성장하고 부흥한다. 거대한 교회로 우뚝 일어선다. 단 한 명이라도 총력을 기울여야 한다. 가능성이 없더라도 총력을 기울여야 한다. 한 사람, 한 부서라도 다시 시작해야 한다. 온 교회가 전체 시스템을 교육 부서를 살리는 쪽으로 재구성해야 한다. 교사가 부족하면 교사를 채우기 위해 성가대도 해체하겠다는 심정으로 해야 한다. 이 정도의 열정을 가져야 한다. 재정 운영에서 주일학교를 우선하도록 설득해야 한다. 아이들에 대한 투자는 밑 빠진 독에 물 붓기가 아니라 미래를 위한 가장 확실한 투자다. 교회를 살릴 마지막 남은 출구이자 급격한 쇠퇴를 막는 마지막 보루다.

## 주일학교를 살리는 2가지 비법

20년 이상 주일학교 현장에서 사역하면서 깨달은 것이 많다. 그런 경험을 모아 8권의 책으로 출간하기도 했다. 그중에서 한국교회 주일학교를 다시 일으켜 세우는 데 필요한 기본적인 몇 가지만을 간추려 정리하고자 한다.

주일학교 부흥에는 중요한 원칙 2가지가 있다. 첫째, 주일학교 생태계를 회복시키는 것이다. 청년 대학부를 살리려면 고등부를 살리면 된다. 고등부를 살리려면 중등부를 살리면 된다. 중등부를 살리려면 어린이 부서를 살리면 된다. 어린이 부서를 살리려면 유치부를 살리면 된다. 한 부서의 부흥은 이렇게 진행된다.

연초가 되면 하위 부서에서 아이들이 올라온다. 그리고 이 아이들이 1년 동안 전도한다. 한 학년의 전체 숫자는 하위 학년에서 올라온 아이들이 70~80%, 이들이 전도한 아이들이 20~30%가 된다. 하위 학년이나 부서에서 아이들이 적게 올라올수록 전도된 아이들의 숫자도 줄어든다. 하위 부서에서 한 명도 올라오지 않으면 전도를 통해 새로 출석하는 아이들의 숫자도 제로가 된다. 하위 부서에서 많이 올라올수록 이들이 전도해 새로 출석하는 아이들의 숫자도 늘어난다. 그래서 총력을 다해 하위 부서를 부흥시켜야 한다. 그런데 한국교회는 하위 부서를 희생해서라도 맡은 부서를 살리려고 사역한다. 청년 대학부를 살리기 위해 교사로 봉사하지 못하게 한다. 철저하게 붙잡아 놓는다. 단기적으로는 효과가 나오겠지만 하위 부서가 무너지면서 언젠가는 청년 대학부도 급속하게 붕괴된다.

둘째, 교사를 세우는 데 총력을 기울이는 것이다. 주일학교 담당 교역자의 우선순위는 학생 전도가 아니다. 교역자는 교사를 세우는 데 집중해야 한다. 교사의 수준을 높이는 데 전력을 기울여야 한다. 교사도 전도하는 것이 우선순위가 아니다. 교사는 맡은 아이들을 살리는 데 총력을 기울여야 한다. 전도는 아이들이 하는 것이다. 교역자는 교사를 살리고, 교사는 아이들을 살리고, 살아난 아이들이 전도하는 것이다. 교역자와 교사가 전도하지 말라는 말이 아니다. 사역의 우선순위, 사역의 중심이 무엇이어야 하는지를 이야기하는 것이다. 교사의 수준이 낮으면 아이들의 수준이 낮아진다. 신앙적으로 제 앞가림이 힘든 아이들은 전도하지 못한다.

교회는 교육 부서의 재정 운영에 우선순위를 두고, 교육 부서는 교사를 세우는 데 우선순위를 두고 재정을 집중시켜야 한다. 현재 한국교회는 교사가 절대적으로 부족하다. 주일학교 사역은 생각만큼 쉽지 않다. 챙겨야 할 것도 많고, 교육을 위해 포기해야 할 부분도 많다. 휴가 기간과 수련회가 겹치는 것이 상식이다. 휴가로 자신을 재충전하는 것 대신 성경학교나 수련회에 참석해 아이들을 양육하기로 선택하는 것은 큰 결단을 필요로 한다. 게다가 인구구조 변화로 청년층의 부재와 맞물려 청년 교사의 씨가 말라 가고 있다. 청년들만 사역하는 것은 아니지만 청년 교사가 필요한 것은 사실이다. 이를 해결하기 위해서는 교회의 사역을 재조정하고 예산을 집중해야 한다. 물론 이것만으로 교사를 세우는 일이 완성되지는 않는다.

현재 한국교회는 교사들의 절대적 헌신과 사명감, 열정이 부족하다. 영적 자질은 개인의 문제이지만 교사 훈련이 빈약해 만들어진 결과이

기도 하다. 한국교회는 나쁜 버릇이 있다. 3년에 할 훈련을 1년에 끝내고, 1년에 할 훈련을 6개월에 끝내고, 6개월 걸릴 훈련을 단 일주일에 끝내면 탁월하다고 평가한다. 그런데 그런 훈련은 없다. 질을 향상시키기 위해서는 절대적인 시간, 절대적인 재정이 필요하다. 현재 상당수의 교회에 정기적인 교사 훈련이 없다. 1년에 한두 번 할까 말까다. 당신의 자녀를 가르치는 학교 선생님이 단 몇 시간 교육을 받고 가르친다고 생각해 보라. 곧바로 학교로 달려가 따질 것이다. 상상할 수도 없는 일이다. 그러나 교회에서는 그런 일이 아주 자연스럽게 용납되고 있다. 슬픈 현실이다.

▼ ▼ ▼

## 교사를 위한 변명

교회마다 다음 세대를 살리고자 열심이다. 하지만 절대적인 자원이 부족하다. 고령화 증가와 기본적인 교인 감소 때문에 재정이 줄어들고 있다. 인건비, 건물 유지비, 선교비, 사역비 등 재정이 사용되어야 할 곳이 많다. 교회 건축 빚이라도 있으면 재정 압박은 상당하다. 이런 상황에서 가장 먼저 재정 긴축을 요구받는 영역은 주일학교다. 그런데 주일학교 사역도 무작정 재정을 줄일 수는 없다. 반드시 지출해야 하는 부분이 있다. 그래서 충돌이 일어난다. 예산을 줄이려는 지도부와 줄일 수 없는 현장에 차이가 존재한다. 이런 차이를 없애려면 장년층이 성장해 전체 재정이 늘어나든지 주일학교 교사가 재정을 뒷받침해야 한다.

교사들은 이미 이런저런 모습으로 아이들에게 투자를 많이 하고 있다. 그래서 재정 헌신도를 늘린다는 것은 위험 요소다. 사역자가 새로운 사역을 시도할 때 필요한 것은 물질만이 아니다. 한정된 재정을 충당하기 위해서는 교사들의 시간 헌신이 무엇보다 중요하다. 교보재를 만들고, 심방하고, 기도회 등을 해야 한다. 새로운 사역을 준비하기 위해 관련 세미나에도 참석해야 한다. 그러나 요즘 같은 시대에 주일 예배 후 매주, 혹은 몇 시간씩 시간을 더 내어 달라고 요청하기란 쉽지 않다. 주일 하루 한두 시간 나와서 아이들과 함께하는 것도 힘겨워하는 상황에서 더 많은 헌신을 요구하는 것은 꿈도 꿀 수 없다.

교사뿐 아니라 주일학교 시스템도 한계에 봉착했다. 실제 주일학교 교육은 천편일률적이다. 매 주일 1부에 해당하는 예배와 2부 분반 성경 공부, 가끔 있는 3부 특별 활동, 그리고 연간 두 번의 성경학교 및 수련회, 전도 행사가 틀의 대부분이다. 시공간 압축의 환경에 살고 있지만 주일학교 교육은 거의 30년 가까이 똑같은 시스템을 유지하고 있다. 이러한 한계는 시간과 공간의 한계, 전도 동력의 상실, 문화 접촉점 상실, 동기부여 상실과 같은 문제와 맞물려 매 10년마다 30%씩 주일학교 숫자를 급감시키는 원인이 된다.

이러한 문제를 해결하기 위한 노력도 있었다. 그런데 대안으로 제시된 프로그램들은 접근성이 탁월하지 않다는 약점이 있다. 대안 프로그램들은 의도와 다르게 재정이 넉넉한 교회, 헌신된 교사와 젊은 교사가 많은 중대형 교회만의 전유물이 되었다. 이러한 자본의 힘은 대형 교회로 성장하는 도구로 전락해 성장 가속화의 원동력으로 쓰였고, 주변의 작은 교회들의 위축을 가속했다. 물론 대안 프로그램들의 치명적 약점은 자본에만 있지 않다. 이런 프로그램들의 접목을 위해서는 기존에 있던 모든 콘텐츠를 송두리째 바꾸어야 한다는 부담이 있다. 모든 책임을 감당해야 하는 사역자들의 부담이 이만저만이 아니다. 이런 모든 교회 교육의 중심이 오프라인에 한정되어 있다는 것도 문제점이다. 홈페이지가 있지만 유명무실하거나 게시판을 활용하는 데 그치고 있다.

▼ ▼ ▼

## 교사의 열정이 주일학교를 살린다

이런 한계에도 불구하고 분명한 사실은 교사를 살리는 것이 출발점이라는 것이다. 주일학교를 살리기 위해서는 다양한 전략과 프로그램이 필요하다. 모든 것을 열거하고 제시하는 것은 불가능하다. 이 책에서 주일학교를 살리는 데 필요한 다양한 프로그램과 사역 전략을 얻기를 원한다면 교육 부서에 대한 필자의 현재 이야기에 만족하지 못할 것이다. 필자가 여기서 말하고 싶은 것은 이것이다. 주일학교를 살리는 데 필요한 다양한 사역과 전략이 구사되기 이전에 가장 먼저 필요한 것은 교사의 열정을 다시 불러일으키는 것이다. 교사가 살아야 사역도, 전략도 열매를 맺을 수 있다. 교사를 살리지 않고는 아무것도 되지 않는다. 교사의 열정을 되살려야 주일학교를 살릴 수 있다. 교사의 열정을 되살리고, 그들로 하여금 자신이 먼저 예수님의 제자로 사는 삶을 회복하도록 훈련해야 한다.

기독교 교육은 세상의 교육과 다르다. 주일학교 교사는 성경의 정보나 지식을 전달하는 자가 아니다. 기독교 교육은 예수님의 가르침을 삶으로 직접 실천하면서 본을 보여 주는 것이다. 1천 마디 말보다 한 번의 모범이 아이들을 변화시킨다. 성경 지식이 늘어 가는 교사는 많지만 모범을 보여 주는 교사는 줄어들고 있다. 성경에 대한 지식은 많지만 자신이 만난 하나님을 보여 주는 교사는 줄어들고 있다. 자신이 만난 하나님, 자신이 닮아 가고 있는 예수님을 모범으로 보여 주고 가르쳐야 아이들이 변화된다. 아이들이 변화되어야 전도도 가능하고, 부흥도 가능하다. 이런 것은 프로그램으로는 불가능하다. 찬란한 미사여구, 화려한 쇼, 화려한 음악, 현란한 프로그램이 아이들을 변화시키지 않는다.

요새는 아이들에게 상처받아 교사를 그만두기도 한다. 언제 그만둘까 고민한다. 올해만 교사로 봉사하고 내년에는 어떻게든 그만두겠다고 생각한다. 연말 교사 강습회에 가면 주일학교 사역자들에게 당부하는 말이 있다. "연말이 되면 전화를 끊고 사라지세요. 교사들이 전화하면 절대 받지 마세요. 주일이면 교사 회의 하지 마세요. 주일 예배 시간을 알리는 종이 땡 하고 치면 그때 들어오셔서 예배 인도를 하시고 주기도문이나 축도가 끝나면 뒤도 돌아보지 마시고 얼른 문밖으로 나가세요. 누군가가 식사하자고 하면 절대 나가면 안 됩니다. 밥을 사려면 연초에 사지 왜 연말에 살까요? 꿍꿍이가 있어서 그런 겁니다."

연말에 이런 전화가 왔다고 하자. "전도사님, 저 최 집사인데요." "네, 최 집사님! 무슨 일이세요?" "전도사님, 제가 올해 교사를 처음 했는데 얼마나 행복했는지 몰라요. 제가 신앙생활을 오래했는데 지금까지 왜 교사를 안 했는지 정말 후회가 돼요. 저는 올 한 해 교사하면서 아이들을 만나며 정말 행복했어요. 말씀 준비하면서 눈물 흘린 것, 은혜 받은 것, 기도하던 것이 생각나요. 아이들을 보면 가슴이 벅차올랐어요. 아이들과 보내는 그 한 시간이 일주일 내내 기다려지고 잠도 설치는 경우가 많았어요. 1년 동안 교사하면서 천국이 따로 없었어요. 정말 행복했어요." "아! 그러세요? 감사합니다. 그런데 집사님, 무슨 고민이 있으세요?" "예, 고민이 하나 있습니다." "무슨 고민이에요?" "예, 제가 올해 교사를 처음 했잖아요. 그런데 전도사님과 부장 선생님이 매주 돌아다니시면서 저희 반을 들여다보시는데, 가끔 고개를 갸우뚱하고 가시더라고요. 물론 제가 생각해 봐도 공과를 가르치면서 두서없는 말도 자주 하고, 이 말 했다 저 말 했다 식은땀 흘려 가면서 가르친 적도 많았어요. 이런 저의 모습을 보시고는 전도사님이나 부장 선생님이 제게 내년에도 아이들을 맡겨야 하는지 심각하게 고민하시는 것 같았어요. 제가 아무리 기도해 봐도 저를 교사로 다시 임명하지 않으실 것 같더라고요. 그래서 제가 일주일 동안 금식하며 기도하고 있습니다. 만약 저를 내년에 교사 안 시켜 주시면 담임목사님 찾아가서 피켓 들고 시위할 겁니다. 저는 내년에도 정말 교사 해야 합니다. 교사 정말 하고 싶습니다. 안 하면 큰일 납니다."

이런 전화를 받으면 얼마나 기쁘고 감격스럽겠는가. 그런데 이런 전화를 하는 사람은 없다. 연말에 오는 전화는 이런 전화가 아니라 어떻게 해서든지 교사를 그만두겠다는 전화다. 연말에 식사하자고 하는 분들의 속내도 같다. 그래서 사역자들은 연말에 오는 전화는 받지도 말고, 연말에 음식을 대접하겠다는 자리에는 나가면 안 된다. 얼마나 서글픈 상황인가.

## '반사'를 기억하는가?

전라남도 장흥군 대덕면 진목리. 필자의 아버지의 고향이다. 필자도 아주 어렸을 적에 이곳에서 얼마간 살았던 기억이 있다. 아른아른 빛나고 있는 바닷가, 집 아래 발장(바다에서 뜯어 온 김을 말리는 곳)에 가서 배가 실컷 부를 때까지 김을 뜯어 먹곤 했던 기억이 생생하다. 흙냄새 풀풀 나는 시골 사람들이 그랬듯이, 어렸을 적 아버지와 삼촌, 그리고 고모들은 할아버지를 도와 산에서 나무를 하거나 소 짚여물을 쑤거나 농사일을 도왔다. 바다에 나가 전라도 사투리로 '해우', 즉 김도 뜨으러 다녔다.

이런 '깡촌'에 사는 평범한 사람들도 생계를 연명하는 일 외에 귀한 일을 할 기회가 있었다. 아버지는 젊은 시절 이 깡촌에서 주일학교 반사를 한 적이 있었다. 지금은 '주일학교 교사'라고 부르지만 그때는 교회 선생님을 '반사'班師라고 불렀다. 아버지는 친한 친구 한 분과 반사 생활을 아주 열심히 했다.

유교 사상에 꽉 찌들어 있던 옛날 사람들이 그러했던 것처럼 아버지 친구분의 아버지도 바쁜 집안일을 해야 할 시간에 교회에 나가서 반사 일을 하면서 아이들과 노닥거리기만 한다고 아들을 심하게 핍박했다. 조상을 섬기고, 바다 신들을 섬겨야 하는데 아들이 예수쟁이가 되어서 교회에 들락날락하니 곱지 않은 시선을 보냈다. 아버지와 친구분은 이러한 핍박 가운데서도 다음 세대를 이끌어 갈 어린아이들을 하나님의 말씀으로 가르치고 돌보는 일을 포기하지 않았다. 지금 우리보다 성경도 잘 모르고 가르치는 기술도 없었지만 아이들을 사랑하는 마음과 열정으로 교사의 직분에 충성을 다했다. 심한 핍박을 받았지만 아이들을 가르치다 보면 기쁨과 보람이 일어나서 그 어려운 모든 환경을 이길 힘이 생겼다. 반사 생활을 열심히 하는 만큼 집안일도 열심히 했다. 예수를 믿는다고 집안일을 소홀히 한다는 책을 잡히지 않으려고 했다.

하지만 예수 믿고 아이들을 가르치는 반사 생활을 한다는 것 때문에 핍박은 끊이지 않았다. 특히 아버지의 친구분이 받은 핍박은 상당했다. 토요일만 되면 일부러 일을 더 많이 시키면서까지 아들이 교회 가는 것을 심하게 방해했다. "너, 오늘까지 밭에 가서 김을 다 매어 놓거라. 그 일이 다 끝나면 내일 바다에 나갈 터이니 그물을 깨끗하게 씻어 놓고!" "아버지! 오늘 끝내기에는 너무 많은 일이에요. 제가 내일 아침에 교회에 다녀와서 마저 다 해놓을게요." 그러면 친구분의 아버지는 기다렸다는 듯이, "잔소리 마라. 오늘까지 그 일들을 다 못해 놓으면 내일 아침에 교회에 갈 생각은 하지 마라!" 하고 호통을 쳤다. 친구분의 아버지는 아들이 교회에 못 가도록 일부러 많은 일을 시키면서 갖은 핍박을 다 했다. 그래도 아들은 어떻게 해서라도 주일날 아이들을 가르치는 일을 하려고 졸린 눈을 비비면서 밤을 새워 가며, 새벽까지 그 일들을 다 해놓고 잠도 한숨 못 자고 교회로 향했다.

그러던 어느 날, 친구분의 아버지가 장에 나가 술을 잔뜩 먹고 들어와서 아들을 핍박했다. 한참을 잔소리하고 난 후 교회 가지 못하도록 일을 잔뜩 시켜 놓고는 방에 들어가 곯아떨어졌다. 아들은 토요일 저녁부터 주일 새벽이 되도록 그물을 깨끗하게 씻고, 바다에 가서 일할 도구를 정리했다. 그리고 손수레를 끌고 밭에 나가 아버지가 시킨 일을 마저 다 했다. 잠도 자지 못하고 일을 하느라 몸은 고단했지만 아침에 교회에 가서 아이들을 만나 예수님의 말씀을 가르칠 일을 생각하니 마음은 가벼웠다. 입에서는 절로 찬송이 흘러나왔다.

> 아 하나님의 은혜로 이 쓸데없는 자
> 왜 구속하여 주는지 난 알 수 없도다
> 내가 믿고 또 의지함은 내 모든 형편 잘 아는 주님
> 늘 돌보아 주실 것을 나는 확실히 아네(찬송가 310장).

새벽이 되어 일을 다 마친 후 손수레를 끌고 집에 돌아온 아버지 친구분은 교회에 가기 위해 깨끗이 몸을 씻었다. 가장 좋은 옷을 입고 성경책과 찬송가를 들고 아이들을 만날 기대로 벅찬 가슴을 안고 집을 나섰다. 그때 술에 곯아떨어졌던 아버지가 일어났다. 그리고 아직 술이 덜 깬 눈으로 방 문을 꽝 열면서 소리쳤다. "야! 너 이놈의 자식, 어디 가는 거야! 아침 일찍 일어났으면 일할 생각을 해야지. 아비 말이 말 같지 않냐? 내가 분명히 어제저녁에 밭일이며, 바다에 나갈 준비 다 해놓으랬잖아!" "아버지, 어제 시키신 일은 새벽까지 다 해놓았습니다. 밭일도 다 했고요. 바다에 나가실 수 있도록 그물이며 도구들을 깨끗하게 다 씻어서 정리해 두었습니다. 그리고 제가 교회에 갔다 와서 아버지 일을 도울게요."

정말 밤을 새워 맡겨진 일을 다 해놓았다. 아버지는 이러한 행동에 더 화가 났던지 고함을 버럭버럭 지르기 시작했다. 다짜고짜 우격다짐했다. "너 이 녀석! 오늘부터는 교회에 못 간다. 내 눈에 흙이 들어가기 전에는 다시는 교회에 갈 수 없어." "아버지, 고정하세요. 식사도 다 차

려 놓았으니 식사하고 계세요. 저는 금방 교회 갔다 오겠습니다" 하고 아들은 문을 향해 걸어갔다. 이때 등 뒤에서 아들의 이름을 부르는 아버지의 고함이 들렸다. 손에 성경책과 찬송가를 들고 문 앞으로 걸어가던 아들은 그 소리에 뒤를 돌아보았다. 그리고 외마디 비명을 질렀다. "억! 아버지!" 아버지가 손에 쥐고 있던 칼을 집어 던진 것이었다. 그 칼은 뒤로 돌아선 아들의 가슴에 박혔다. 그 길로 친구분의 아버지는 어디론가 도망가 자취를 감추었다.

가장 친한 친구가 자기 아버지가 던진 칼에 맞아 죽었다는 소식을 들은 아버지는 급히 그 집으로 달려갔다. 집안은 온통 아수라장이 되어 있었다. 가슴에 칼이 꽂힌 채 숨진 친구의 손에는 아이들에게 가르쳐 줄 피 묻은 성경책이 들려 있었다. 그의 꿈이 묻어 있는 성경책이었다. 가난한 마을, 헐벗고 굶주림에 지친 아이들에게 하나님이 주시는 아름다운 꿈들을 가르쳐 주고, 믿음 안에서 역경을 이기고 하나님께 쓰임 받는 이들로 자라나게 하려는 바로 그 꿈이 담긴 성경책이었다.

우리를 가르쳤던 옛 주일학교 선생님들은 이런 환경에서 우리를 가르쳤다. 우리보다 가난하고 무식했지만 주님이 주신 직분에 충성하고 우리를 사랑하는 마음으로 열심을 내어 가르쳤다. 그들의 눈물과 열정이 한국교회를 부흥시킨 밑거름이다.

▼ ▼ ▼

## 무언가 하나에 열정을 기울이면 기적은 일어난다

교육 부서 지도자와 교사들은 침체의 원인을 나름 분석해 그 이유를 이렇게 말한다. "교회가 너무 구식이고, 목회자가 너무 나이가 많아 새로운 시도를 주저합니다. 목회자는 깨어 있는데 장로님들이 받쳐 주지 못합니다. 그분들의 생각과 가치관이 시대에 뒤떨어져 있습니다. 변화를 시도하려 해도 돈이 없습니다. 교육 부서 예산이 매년 줄어들고 있습니다. 아이들을 위한 공간이 부족합니다. 우리 교회 전도사님은 가르치는 은사가 별로 없고 생각이 고리타분합니다. 새로운 사역을 시도하려 해도 우리 교회에는 인재가 없습니다. 교사가 부족하고 너무 나이가 들었습니다. 교사들이 해보려고 해도 아이들이 너무 바쁩니다. 학원 때문에 아이들을 가르칠 시간이 없습니다. 교육 기자재도 부족하고 반짝반짝한 프로그램도 없습니다."

지난 10~20년 동안 해온 말들이다. 이외에도 더 많은 이유가 있다. 하나같이 틀린 말은 아니다.

그런데 정말 이런 이유들 때문에 아이들이 교회를 떠나고 영적으로 죽어 가고 있는 것일까? 필자가 내린 결론은 '아니다' 다. 이런 것들은 근본적인 원인이 아니다. 부수적인 원인에 불과하다. 우리 아이들이 영적으로 죽어 가고, 교회를 떠나고, 교사들이 아이들에게 상처를 받고, 교사의 직분을 그만두는 등 주일학교의 붕괴를 가져온 근본적인 원인은 다른 데 있다. 바로 주일학교 사역자의 사명감, 교사의 열정이 식었기 때문이다. 원인은 다른 사람이나 외부에 있지 않고 우리 안에 있다. 옛날 주일학교 선생님들보다 아이들을 사랑하는 마음이 부족하고, 게으르고, 나약한 마음을 가지고 있기 때문이다. 이것 없이는 아이들을 살릴 수 없다. 프로그램은 사명감과 열정을 빛나게 하는 도구다. 있으면 좋겠지만 없어도 사역하지 못하는 것은 아니다. 없어도 아이들을 살리지 못하는 것은 아니다. 이것이 세상 교육과 기독교 교육이 다른 점이다.

직장 일이 바빠서, 학교에서 시험을 봐서, 자식들을 키우다 보니 맡겨진 반 아이들에게 신경을 쓰지 못하는 것이 당연하다는 안일한 자세 때문에 아이들이 교회를 떠나고 영적으로 죽어 가는 것이다. 기도하자고 모이라고 하면 이 핑계 저 핑계를 대면서 빠진다. 전도하자고 하면 "전도사님 이름이 괜히 전도사님입니까? 전도는 전도사님이 하셔야지요" 한다. 예배 시작 전에 모여서 기도로 준비하자고 하면 괜히 유별을 떤다고 속으로 시비를 건다. 예배에 지각하고도 큰소리를 친다. 급한 일이 생기면 반 아이들을 팽개쳐 놓고 주일 예배를 빼먹는다. 공과 준비는 설교 시간에 몰래 한다.

열정만 있어도 아이들은 죽지 않고 교회를 떠나지 않는다. 문제는 사명감도, 열정도 없다는 것이다. 프로그램이 없어서, 인재가 없어서, 돈이 없어서 망하는 것이 아니라 열정이 없어서 침체하는 것이다. 피 묻은 복음의 열정이 식었기에 주일학교가 침체되고 교회가 문을 닫는 것이다. 가슴을 모두 태우고도 남을 만큼 아이들에 대한 열정이 필요하다. 아이들의 얼굴을 떠올리며 눈물로 기도해야 한다. 생명이신 예수 그리스도를 만나지 못해 방황하고 있는 아이들을 생각해야 한다. 문제아라고 손가락질할 것이 아니라 성숙하고 변화될 수 있도록 기도해야 한다.

열정이 있는 사람은 역경이 있어도, 목숨을 위협하며 길을 막더라도 굴복하지 않는다. 오히려 불이 더 활활 타오른다. 환경 보호에 대해 열정이 있는 사람을 보라. 목에 칼이 들어와도, 환경의 중요성을 외치다 직장을 잃어도, 아무도 알아주지 않고 월급을 받는 것도 아닌데 이곳저곳을 찾아다니며 환경을 수호한다. 그 일을 하다가 손가락질을 받고 어려운 시련을 만나더라도 열정이 있는 사람은 포기하거나 낙심하지 않고 오히려 더 힘을 낸다. 그 사람의 가슴에는 환경에 대한 열정, 자연에 대한 열정이 숨쉬고 있기 때문이다. 열정이 있어야 사명감을 되살릴 수 있다. 열정과 사명감은 동전의 양면과도 같다.

교사는 사람에 대한 열정이 있어야 한다. 가르치는 아이들에 대한 열정이 필요하다. 그 아이를 살리고자 하는 열정이 필요하다. 공부를 못해 가정에서도 포기하고, 학교에서는 꼴찌를 헤매고 다니는 아이라 할지라도 그 아이에 대한 희망과 열정을 포기해서는 안 된다. 반의 분위기를 흐리고, 습관적으로 가출하고, 상습적으로 아이들을 괴롭히고 못된 짓만 골라서 한다고 해도 그 아이를 위해 열정을 쏟아야 한다. 가슴에 불을 가지고 그 아이를 위해 기도해야 한다. 한국교회 주일학교가 무너진 것은 이런 열정이 사라졌기 때문이다. 열정이 사라지면 사명감도 사라진다. 열정과 사명감이 없는 지도자와 교사가 진행하는 프로그램은 생명력이 없다. 생명력이 없기에 아이들을 사로잡을 수 없고, 살릴 수 없다.

열정이 있는 사람은 환경을 탓하지 않는다. 열정이 가득한 사람은 사람을 탓하지 않는다. 불평하지 않고, 지도자를 대적하지 않으며, 힘들어도 낙심하거나 상처받지 않는다. 오히려 다른 사람을 격려하고, 용기를 북돋운다. 교회가 돈이 없으면 자기 주머니를 털고, 시설이 부족하고 시간이 부족하면 사랑과 눈물과 관심으로 아이들을 껴안는다. 열정만 있어도 아이들은 감동하고, 눈물을 흘리고, 마음을 연다. 이것이 그 어떤 프로그램이나 시설을 좋게 하는 것보다 교사를 살리는 것이 가장 우선이라고 주장하는 이유다.

▼ ▼ ▼

## 열정을 가지고 아이들의 삶으로 들어가라

하나님은 우리에게 탁월한 기술, 위대한 프로그램을 바라지 않으신다. 아이들은 그런 것으로 변화되지 않는다. 기술이 아닌 가슴으로 변화된다. 필자가 고등부 사역을 할 때였다. 고 3 아이들을 맨 앞에 앉게 했다. 맨 앞에 앉은 고 3 아이들이 찬양하고 기도할 때 펑펑 울었다. 그래서 한때 착각했다. 내가 능력이 있어 웃겼다 울렸다 하니까 아이들이 은혜를 받는다고 착각했다. 나중에 안 것인데, 설교나 찬양에 은혜를 받아서 운 것이 아니라 답답해서 운 것이었다. 찬양의 가사가 너무 처량해 자기 상황과 맞아서 운 것이었다. 그 아이들은 찬양이 아니라 구슬픈 유행가를 들어도 눈물을 흘릴 상황이었다. 고통 가운데 계신 주님이 아니라 고통 가운데 있는 자기가 생각나 운 것이었다.

이런 상황을 깨닫고 나니 한편으로 나 자신이 부끄러웠고, 다른 한편으로 아이들이 너무 안쓰러웠다. '도대체 저 아이들에게 무엇을 해 줄 수 있을까?' 하고 고민하다 깨달은 것이 있다. 그들이 원하는 것은 "공부 잘해라. 너는 할 수 있어. 하나님이 너를 뒤에서 밀어 주고 계시니까 고통을 잘 견뎌라"라는 말이 아니었다. 아이들도 다 알고 있었다. 하나님이 자기를 도우신다는 것을. 그들이 진짜 원했던 것은 함께 울어 주는 것이었다. 아이나 어른이나 구별할 것 없이, 여러 모습으로 세상에서 억압당하고 고통당하는 사람들이 교회에 기대하는 것은 함께 울어 주는 것이다. 함께 울어 주는 주일학교, 함께 울어 주는 교사, 함께 울어 주는 공동체가 그들이 원하는 교회의 모습이다.

예수님의 사역도 마찬가지였다. 필자는 예수님의 사역을 묵상하고 연구하면서 이해가 안 되는 것이 하나 있었다. 예수님이 병자를 고치며 우시는 장면이었다. 예수님은 하나님의 아들이시다. 우리를 만드신 분이다. 예수님은 우리가 어떤 병에 걸렸다 하더라도, 혹 죽었다고 해도 우실 필요가 없다. 그냥 말씀만 하시면 일어난다. 못 고치시는 병이 없다. 그런데 예수님은 우셨다. 왜일까?

그것은 우리가 사람이기 때문이었다. 예수님이 전도하셔야 할 대상이 신이 아니라 사람이기 때문이었다. 사람은 아무리 좋은 진리라도 마음이 열려야 한다. 그래야 그것을 받는다는 것을 주님은 아셨다. 마음을 여는 것은 그 사람의 고통에 함께 들어가는 것이다. 그래서 예수님은 민망히 여기시고 우셨다. 그것이 예수님의 사역이었다. 남편의 문제가 있고, 돈에 문제가 있는 사람에게 예수님은 그 문제를 제쳐놓고 천국이 가까웠다고 하시지 않았다. 그 사람의 실제 문제, 우물가의 여인은 남편의 문제, 삭개오에게는 돈의 문제에 개입하셨다. 직접 상대방이 복음을 들어야 할 실제적 문제를 통해서 접근하셨다. 그 사람의 실제적인 문제를 제쳐놓지 않으시고 그 문제를 통해서 하셨다. 세상은 그 문제로 해답을 주지만 예수님은 문제로 들어가 근원적인 말씀을 해법으로 주셨다. 이것이 예수님의 주된 사역이었다. 그리고 예수님은 제자들에게 이렇게 명령하셨다. "너희도 가서 이처럼 하라."

필자가 20년 넘게 교육 부서 사역을 하면서 깨달은 것이다. 처음 사역할 때는 기술이 중요한 줄 알았다. 나중에는 함께 울어 주는 것이 사역이라는 것을 깨달았다. 열정을 가지고 아이들의 삶으로 들어가는 것이 진정한 사역이라는 것을 깨달았다. 우리 아이들이 고통스러워하고 있다. 우리에게는 별 문제가 아니지만 아이들은 하루에 몇 번이라도 죽고 싶은 심정이다. 그래서 수능 시험이 끝나면 몇 명씩 계속 떨어져 죽는다. 떨어져 죽는 아이들은 그나마 용기 있는 아이들이다. 나머지 아이들은 죽고 싶어도 용기가 없어서 뛰어내리지 못한다. 그래서 그런 아이들이 교회에 와서 우는 것이다. 그런 아이들에게 우리는 무엇을 했는가? 지금도 우리의 아이들은 울고 있다. 죽고 싶어 하고 괴로워한다. 우리는 그런 아이들을 위해 무엇을 하고 있는가? 진짜 사역은 그 자리에 함께 있는 것이다. 열정을 가지고 그들 옆에 있는 것이다. 무언가 많이 가르치기보다 열정을 가지고 아이들의 삶으로 들어가는 것이다. 거기에 생명의 비밀, 회복의 비밀, 부흥의 비밀이 있다.

▼ ▼ ▼

### 본질은 하나님의 사람을 세우는 것이다

열정을 회복한 후에는 무엇을 해야 할까? 우리 주위에는 이미 여러 가지 사역이 있다. 수많은 프로그램이 있다. 그 어떤 사역을 해도 된다. 중요한 것은 이 모든 사역과 프로그램이 '하나님의 사람을 세우는 것'을 지향해야 한다는 것이다. 열정으로 그들을 가슴에 품은 후에는 그들을 하나님의 사람으로 세우기 위해 열정을 발휘해야 한다. 프로그램과 사역이 이벤트가 되면 안 된다. 이벤트는 열정을 저하시키고, 사명감을 변질시킨다. 우리는 이미 수년에 걸쳐 이벤트의 폐해를 목격했다. 이벤트를 통해 사람을 불러 모았다. 수많은 아이가 몰려들었지만 곧바로 연기처럼 사라졌다. 지난 10여 년 한국교회 주일학교는 이런 악순환의 반복이었다. 이제부터 해야 할 일은 막대한 투자나 성공의 가면으로 재진입하는 것이 아니라 하나님이 그토록 원하시는 하나님의 사람을 세우는 일에 온 힘을 집중하는 것이다.

구약시대에는 하나님이 직접 사람을 부르셨다. 아브라함을 부르시고, 모세를 부르시고, 다윗과 다니엘을 부르셨다. 또한 그들을 훈련해 사명을 감당하게 하셨다. 직접 보여 주시거나 직접 일 처리를 하셨다. 이것이 구약에 나타난 하나님의 방식이다. 그러나 신약시대에는 하나님이 방식을 약간 바꾸셨다. 하나님은 '사람을 통해' 하나님의 사람을 세우신다. 정확하게는 우리 가운데 세우신 지도자를 통해서 하신다. 첫 번째 지도자는 예수님이셨고, 그다음은 열두 제자, 70인, 120명 등이었다. 하나님은 지금도 우리 가운데 지도자를 세우셔서 그를 통해 하나님의 사람을 세우는 일을 하신다.

그렇다면 지도자란 누구일까? 성공한 1인을 말하지 않는다. 숫자나 명성과 상관없이 영향력을 끼치는 자리에 있는 사람이다. 당신이 영향력을 끼치는 자리에 있다면 바로 당신이 지도자다. 그리고 당신의 사명은 하나님의 사람을 세우는 일이다. 100명, 1천 명도 중요하지만 시작은 한 사람의 변화, 하나님의 사람으로 살아가는 삶의 변화에 주목하는 것이다. 이 부분은 이미 『2020-2040 한국교회 미래지도』에서 상세히 설명했다. 필자는 이것을 일컬어 '하나님이 하나님의 사람을 세우시는 프로세스'라고 칭했다. 하나님의 사람을 세우려면 5단계가 필요하다.

1단계는 '부르심'의 단계다. 하나님이 아브라함을 부르셨듯이 직접 부르시는 단계다. 교사들은 아이들을 양육할 때 반드시 부르심의 단계에 집중해야 한다. 하나님이 죄 가운데 있는 나를 불러 구원하심으로 새로운 생명, 새로운 인생을 주셨음을 인식하는 단계다. 첫 단추가 중요하듯 이 단계를 거치지 않고서는 절대 하나님의 사람으로 세울 수 없다. 2단계는 '비전'의 단계다. 아브라함에게 비전을 보여 주셨듯 우리도 비전을 발견하는 단계다. 하나님은 아브라함을 훈련하시기 전에 비전을 보여 주셨다. 비전이 명확할 때 어떠한 훈련도 감내할 수 있다.

3단계는 '훈련'의 단계다. 하나님의 사람이 세워질 수 있도록 인격, 언어, 태도, 행동, 청지기 정신 등 수많은 것을 훈련해야 한다. 사람마다 특화된 훈련이 필요하며, 비전의 영역에 '맞춤형'으로 설계된 구체적이고 실제적인 훈련이 요구된다. 4단계는 '비전 재인식'의 단계다. 2단계에서는 비전의 방향성만 설정되었다. 즉 우리가 아직 훈련되지 않은 연약한 존재이기에 비전을 발견했다 하더라도 우리의 욕망, 생각 등이 그 속에 투영될 수밖에 없다. 그래서 훈련을 통해 하나님의 계획에 투영된 나의 찌꺼기들을 걸러내고, 그 과정에서 정제된 비전을 다시 발견해야 한다. 이것이 비전 재인식의 단계다. 마지막으로 5단계는 '비전 재생산'의 단계다. 비전 성취의 단계이며 비전과 한 몸이 된 상태를 의미한다. 아브라함이 비전 그 자체가 된 것과 같다.

이러한 일련의 과정을 통해 하나님의 사람을 세우려는 리더의 노력을 시작해야 한다.

▼ ▼ ▼
## 이 세대는 의미를 주어야 헌신한다

우리에게는 주일학교를 살릴 지혜가 필요하다. 어떤 사역과 프로그램이 유익한지 판단할 지혜가 필요하다. 지혜는 시대를 이해하는 데서 출발해야 한다. 시대에 맞지 않거나 시기를 놓친 아이디어는 적용 불가하다. 또한 지혜는 아이들을 이해하는 데서 시작해야 한다. 어떻게 하면 시대와 아이들을 이해할 수 있을까? 필자가 권하는 방법은 일단 멈추는 것이다. 멈춰야 비로소 볼 수 있는 것이 있다.

지금까지 한국교회는 달리기만 했다. 부흥 성장이라는 논리로 멈추지 않고 쉼 없이 달려왔다. 긍정적인 부분도 있었지만 이제 한국교회는 임계점에 도달했다. 임계점에 도달한 한국교회는 인위적으로, 그리고 타의에 의해 멈춤의 시기에 접어들었다. 하나님이 주시는 메시지가 무엇인지, 왜 하나님이 멈추게 하셨는지에 대해 고민해야 한다. 필자의 생각에는 반성을 원하시는 것 같다. 멈춰서 돌아보고, 생각하고, 문제점을 발견하라고 하시는 것 같다. 그래야 다시 뛸 수 있기 때문이다. 이런 시간은 아프고, 괴롭고, 버겁지만 다시 일어서기 위해서는 거룩한 기다림의 단계를 거쳐야만 한다. 멈추어 기다리며 지혜를 구하는 심정으로 기도하면 분명 생각지 못했던 것을 볼 수 있다.

시대 변화에 대해서는 『2020-2040 한국교회 미래지도』에서 이미 다루었다. 이 책에서는 아이들의 변화를 간단히 설명하려 한다. 우리 아이들은 진정성에서 피상성으로 이동 중이다. 진정성과 피상성은 역사적으로 보면 진자 운동을 한다. 우리 세대까지 지난 한국교회 50년은 '진정성의 시대'였다. 진정성은 프레임이기에 생각에서 행동까지 바꾼다. 진정성은 개인보다 대의를 중요하게 생각하는 것이다. 국가가 있어야 개인이 있다. 교회가 있어야 교인이 있다. 이 시대 사람들에게도 개인적 욕구는 있다. 그런데 국가가 있어야 개인이 있기에 국가를 위해 개인을 희생시킨다. 이것이 진정성의 시대다.

하지만 우리 아이들의 특성은 '피상성'이다. 피상성은 국가나 교회보다 개인이 더 중요하다는 생각이다. 물론 이들이 국가와 교회를 중요하게 여기지 않는 것은 아니다. 내가 있어야 국가도 있고, 교회도 있다고 생각할 뿐이다. 이것이 피상성이다. 국가나 교회, 대의 등을 나쁘게 생각한다는 것이 아니라 우선순위가 바뀐 것이다. 진정성의 시대에는 대의가 있으니 국가가 1순위이고, 개인이 2순위다. 피상성은 개인이 1순위이고, 국가나 교회가 2순위다. 내가 1순위이고, 목사의 권위가 2순위이기에 내가 은혜 받지 못하면 목사의 권위가 있어도 소용이 없다. 젊은 세대로 갈수록 이런 태도가 더 커진다.

진정성의 시대에는 교회가 어려우면 개인이 어렵더라도 교회를 살려야 하니까 재산을 팔아 헌금을 더 낸다. 그것이 1990년대 이전이다. 그 때는 위기가 오면 교회에 헌금이 줄지 않고 오히려 더 늘었다. 하지만 이제는 달라졌다. 지금은 위기가 오면 헌금이 줄어든다. 교회의 주력층이 피상성의 시대를 사는 이들이기 때문이다. 내가 경제적으로 회복되어야 헌금도 낼 수 있다고 생각한다. 이런 생각은 젊은 세대로 갈수록 더 커진다. 이런 세대가 점점 교회의 주력으로 올라온다.

피상성의 시대를 사는 이들의 생각과 행동이 나쁘다고 평가하면 절대 답이 안 나온다. 진정성의 시대를 살았던 이들이 피상성의 시대를 사는 이들을 보면 틀렸다고 생각할 수 있다. 진정성이 옳은가, 피상성이 옳은가를 따지는 식의 태도는 옳지 않다. 옳고 그름의 문제가 아니라 '다름'의 문제다. 진정성의 세대에게도 단점이 있다. 그들은 이해가 안 돼도 대의명분이면 해야 한다고 생각한다. 그래서 겉으로 볼 때 헌신하는 사람이 많다. 하지만 마음으로 완벽하게 설득되고 감동해 자발적으로 헌신하는 사람은 적다. 반면 피상성의 세대는 일방적인 강요나 명령 때문에 행동하지 않는다. 이 세대는 의미를 주어야 헌신한다. 그래서 헌신의 속도가 늦다. 하지만 그들은 마음으로 설득되고 감동하면 자발적으로 헌신한다. 자발적으로 헌신했기에 모든 것을 바쳐 헌신한다. 감동하고 의미를 찾으면 기대 이상으로 헌신한다. 이런 모습이 우리가 가르치는 아이들의 마음이다.

▼ ▼ ▼

## 미래의 교육과 학교는 어떤 모습일까?

교육과 관련해 한 가지만 더 언급하고 마무리하려 한다. 미래학자인 필자에게 많은 사람들이 "미래의 교육과 학교는 어떤 모습일까요? 지금과 다른 새로운 가능성은 무엇일까요?"라고 질문한다. 미래 교육과 학교는 인간의 수명 연장, 이동 거리의 확대, 지식 규모의 증가, 산업 패러다임의 변화, 기술혁명 등으로 큰 변화를 맞게 될 것이다. 200년 전만 해도 학교에 다니는 사람이 아무도 없었다. 부모나 주위 환경을 통해 생활을 위한 배움을 얻었다. 지금은 20대까지는 제도화된 학교에 다니는 것이 상식이 되었다.

2025년 이후 교육 방식, 교육 내용, 평생교육의 의미가 달라질 것이다. 미래에는 현재 우리에게 익숙한 학교 구조가 약해질 것이다. 마음만 먹으면 언제든지 대학에 갈 수 있다. 그런데 미래에는 평생 학교에 다녀야 한다. 언제든지 필요한 기술을 배워야 생존할 수 있다. 평생교육이라는 개념은 지금도 익숙하다. 그런데 미래의 평생교육은 단순히 교양을 늘리거나 배움의 한을 달래는 수준을 넘어설 것이다. 실용 지식이 3년마다 바뀌는 빠른 속도로 인해 어제의 진실이 오늘 무용해지고, 거대한 정보의 바다인 인터넷에 검증되지 않은 정보와 왜곡된 지식이 더 빨리 늘어나면서 무용 지식의 함정이 깊어지며, 평균적으로 직업이나 직장을 15~20번 바꾸어야 하는 미래에는 재교육을 통해 생존을 모색해야 한다.

2025년 이후 새로운 학교의 모습을 경험하게 될 것이다. 교사의 역할도, 학생을 평가하는 기준과 방식도 달라질 것이다. 학생의 다양성은 무한히 커지고, 공부할 시간과 장소에 대한 무한한 선택권이 학생에게 넘어갈 것이다. 배워야 할 학습 수준을 학생 스스로 정하는 시대가 온다. 자신의 능력과 지식의 단계에 맞추어 학습하기 때문에 나이별로 학년을 나누는 방식이 필요 없다. 지역과 언어, 경제의 경계가 최고의 교육을 받을 기회를 가로막지 못한다.

학교교육이 변하고 있기에 교회 교육도 변화의 필요성이 더욱 커진다. 하지만 아쉽게도 교회 교육의 평생교육이라는 개념은 약하다. 평생 하나님의 말씀을 붙들고, 배우고, 지키는 것에 큰 관심이 없다. 일단 주일학교 학생이 아니거나 제자훈련을 하더라도 2~3년의 훈련 기간을 마치고 나면 더는 하나님의 말씀을 배워야 한다고 생각하지 않는다. 주일학교를 졸업하든, 제자훈련을 졸업하든 졸업과 동시에 끝이라고 생각한다. 절대 그렇지 않다. 하나님의 말씀은 단기간, 몇 년 사이에 배우고 끝내는 것이 아니다.

교육의 개념이 바뀌어야 한다. 주일학교 학생도 배워야 하고, 주일학교 교사도 배워야 하며, 모든 교인이 하나님의 말씀을 탐구해야 한다. 더 나아가 그것을 삶의 현장에 적용해야 한다. 적용은 마지막이 아닌 또 다른 배움의 시작이 되어야 한다. 배운 것을 적용하다 실패하면 돌아와 기도하고, 배우고, 다시 적용하는 반복이 신앙을 성장하게 하고 그리스도를 닮아 가게 한다.

교회 교육을 평생교육으로 바꾸려면 온라인 환경을 적극적으로 활용해야 한다. 교육의 방향이 온라인 교육으로 바뀌고 있다. 미국 스탠퍼드 대학을 주축으로 만들어진 온라인 무료 대학MOOC: Massive Open Online Course 사이트인 코세라는 2014년 기준으로 100여 개 대학이 올린 600여 개의 강의가 개설되어 있고, 회원 수가 800만 명을 넘어섰다. 이 사이트에서 코스를 완수하면 학점으로 인정해 준다. 코세라뿐 아니라 에드엑스, 유데미, 유다시티 등 온라인 무료 대학이 계속해서 설립 중이다. 세계 최고의 교수들의 강의를 무료나 저렴한 가격으로 수강하면서 퀴즈를 풀고 리포트를 제출하면 학점이나 인증서를 받을 수 있다.

AT&T는 자사에 취업하려면 유다시티에 개설된 프로그래밍 기술 강의를 비롯해 6~12개월에 걸쳐 주당 10~20시간 동안 특정 강의를 듣도록 했다. 유다시티는 AT&T와 협약을 맺고 '나노 학위'Nano degree를 개설했다. 구글, 페이스북, 세일즈포스, 오토데스크 등 대기업도 나노 학위 과정을 개발 중이다. 이제는 하버드나 스탠퍼드에 다니지 않아도 구글이나 페이스북, AT&T에 취업할 수 있다. 기존 대학이 변화에 둔감

할 때 새로운 교육의 장이 열린 것이다. 기업은 당연히 이런 변화를 반기고, 적극적으로 지원하고, 나노 과정을 수료한 학생들을 취업시킨다. 온라인 대학들도 나노 학위를 반긴다. 수료율을 높일 강력한 동기 부여가 되기 때문이다. 학생도 반긴다. 1년에 수만 달러를 들여 학위를 따지 않아도 된다. 무료나 저렴한 수업료를 내고 원하는 대기업에 취업할 수 있는 인증서나 학위를 딸 수 있다. 온라인 대학이라 국경이라는 경계도 없다. 한국에서도 명문대를 졸업하지 않아도 세계적인 기업에 취업할 수 있는 새로운 길이 열린다. 이런 미래가 지속되면 저출산 현상과 맞물려 앞으로 10~20년 이내에 세계 곳곳에서 상당수의 4년제 대학들이 영향력을 잃거나 사라지게 될 것이다.

그런데 교회 교육에 온라인 교육을 적극적으로 도입하는 데는 걸림돌이 있다. 비용이다. 하지만 앞으로 수년 안에 온라인 구축 시스템들의 비용이 충분히 낮아질 것이다. 초기 인터넷 홈페이지 구축 비용과 지금을 비교해 보면 알 수 있다. 그뿐만 아니라 이미 대부분의 교회가 홈페이지를 가지고 있다. 기존 홈페이지를 적극적으로 활용하면 된다.

〈TED〉나 〈세상을 바꾸는 시간 15분〉 같은 강의를 보라. 지역 교회에서 설교 영상을 업로드하는 것과 큰 차이가 없다. 오픈 소스로 열려 있는 좋은 강연을 활용해도 좋고, 지역 교회 목회자들이 노력해 자기 교회에 필요한 영상을 제작해도 된다. 굳이 비싼 영상 기자재를 사지 않아도 된다. 스마트폰이면 충분하다. SNS를 주목해도 된다. 많은 사람들이 접속하는 사이버공간을 적극적으로 활용하면 된다. 그 공간에서는 일대일의 관계가 24시간 허락된다. 청소년들은 오프라인보다 온라인을 더 편안하게 느낀다. 아이들이 스스로 참여하는 공간을 활용해야 한다. '장'으로 나오도록 그들을 도전해야 한다. 펼쳐진 '장'으로 그들을 초대해서 열린 데이터에서 적시 학습할 수 있도록 가르쳐야 한다.

▼ ▼ ▼

### 공통 소명 3
### 고령화사회, 신중년 사역으로 반전의 기회를 만들라

100세를 사는 장수 시대다. 유엔 사무총장 코피 아난은 지난 2002년 4월 8일 스페인 마드리드 제2차 세계고령화회의 연설에서 "전 세계적으로 고령 인구가 매우 빠른 속도로 증가하고 있으며, 이것은 앞으로 인간의 존재를 거의 알아볼 수 없을 만큼 바꿔 놓게 될 것이다"[1]라고 했다. 한국을 포함한 선진국의 고령화는 생각보다 빠르게 진행되고 있다. 고령화 속도가 빨라진 데는 두 가지 이유가 있다. 하나는 고령화 속도보다 출생률이 빠르지 않기 때문이고, 다른 하나는 인간의 죽음이 늦춰졌기 때문이다.

인류는 지금 무병장수 시대 초입에 있다. 미국은 2025년이 되면 65세 이상 노인 인구가 6,600만 명에 이를 것이다. 일본은 1963년에는 100세 이상 인구가 153명이었는데 2007년에는 3만 2,300명이 되었다. 2050년이 되면 100만 명에 이를 것이다. 전 세계적으로는 100세 이상 인구가 2000년 18만 명, 2010년 45만 명이었다. 2050년경에는 320만 명이 될 것이다. 한국도 예외가 아니다. 2011년 통계청 발표에 따르면, 5년 새 2배 가까이 증가했다. 인구 10만 명당 100세 인구 비중은 3.8명으로,

1,836명이다. 경기도가 360명, 서울이 270명, 전남이 163명으로 뒤를 이었다. 100세 인구로 봤을 때 우리나라도 장수국에 진입하고 있다. 100세 인구의 분포는 유의미하다. 한국이 건강하고 오래 사는 시대로 접어들었다는 뜻이다. 당연한 것으로 여겨질 수도 있다. 하지만 과거 기록을 본다면 당연하다고 말할 수 없다. 『회색쇼크』의 저자, 테드 C. 피시먼의 이야기를 주목해 보자.

옛날 사람들의 수명은 요즘 사람들에 비해 어떠했을까? 브라운은 16세기 런던의 신생아 중 5분의 1가량이 첫돌 전에 죽었으며, 또 다른 5분의 1이 5세 전에 죽었다고 했다. 10세까지 사망률은 높게 유지되었다. 10~40세에는 비교적 건강했지만 이후부터 죽음은 또다시 문을 두드렸다. 16세기 사람들은 청소년기부터 중년기까지 비교적 건강을 유지했지만 오늘날의 런던 사람들과 비교하면 죽을 가능성이 훨씬 더 높았다. 16세기 런던에서 60세 넘게 사는 사람도 일부 있었지만 흔하지는 않았다.[2]

유럽만의 이야기가 아니다. 다산연구소 황상익 서울대 의대 교수는 조선 시대 평균수명을 35세 내외, 혹은 그 이하로 추정했다. 조선 국왕 27명의 평균수명은 46.1세다. 영조만 81세 5개월을 살았고, 만 60세를 넘긴 왕은 20%도 안 되었다. 산업화가 막 시작되던 1800년대의 평균수명도 35세 전후로 추정된다.[3] 해방 후 우리나라의 평균수명은 45세 정도였다. 지금 우리는 장수라는 낯선 경험을 하고 있다. 한국의 고령화 인구는 2028년이 되면 전체 인구의 20%에 이를 전망이다.

## 신중년, 그들은 누구인가?

오래 산다는 것은 좀 늦게 죽음을 맞이한다는 것 이상이다. 1960년 한국인의 평균수명은 50세였다. 그래서 60년을 살면 오래 살았다고 환갑잔치를 했다. 70세까지 장수하면 동네에서 가장 오래 산 어르신이 되어 칠순잔치를 했다. 은퇴라고 해서 똑같은 의미를 갖는 것은 아니다. 평균수명 50세 시대의 은퇴와 평균수명 80세를 넘어 90~100세 무병장수를 꿈꾸는 시대의 은퇴는 그 의미와 성격이 다르다. 산업화 시대의 은퇴는 은퇴와 동시에 죽음을 준비해야 했지만 지금부터 은퇴는 죽음이 아닌 또 다른 시작이다. 은퇴 후 50년은 새로운 인생, 인생 2막의 시작이다. 인생 2막의 전성기를 준비하고 활발하게 활동하는 이들이 서서히 나타나고 있다. 우리는 그들을 노인이나 은퇴자라 부르지 않고 '신중년'이라 부른다. 서울대 이석원 교수는 "고령화 시대에 새롭게 주어지는 6075 시기를 의미 있게 보내기 위한 창업이나 자원봉사 등 다양한 시도들이 벌어질 것"[4]이라고 말했다.

현재 한국교회의 주력 세대는 40~50대다. 하지만 10년 후면 50~60대가 주력 세대, 20년 후에는 60~70대가 주력 세대가 된다. 50~70대가 주력이 되는 현상이 앞으로 20년 후 한국교회의 미래다. 불과 50년 전 50~70대는 노인이거나 생을 마감하는 나이였다. 100세 시대가 시작된 지금도 이 생각이 지배적이다. 평균수명 50세 시대에는 40~50대가 중년이고 60대는 노인이었다. 하지만 100세 시대에는 50~70대는 노인이 아니라 중년이다. 노인으로 분류하려면 최소한 80세 이상이 되어야 한다. 환갑잔치가 없어진 지 오래다. 칠순잔치도 곧 없어질 것이다. 앞으로는 팔순잔치나 구순잔치를 해야 할 것이다. 1940~50년대에 태어난 6075세대는 100세 시대에 중년이라 부르기 미안할 정도로 활력 있고 건강하며, 생명력 있는 건재함을 과시한다. 여전히 사회의 주력이다. 미래에는 더욱 그러할 것이다. 이들이 교회에서 어떻게 사역하느냐가 미래 교회의 지속 가능성을 좌우할 것이다.

일본은 실버 시장 규모가 13년 새 2배로 증가했고, 65세 이상 취업자도 최고치를 경신했다. 일본은 그들을 '단카이 세대'라 부른다. 단카이 세대의 특징은 3가지다. 소비하고, 즐기며, 돈을 굴린다. 과거 중년을 부양해야 할 세대로 규정했다면 이제는 경제를 살리고, 생산하고, 소비하는 주체로 본다. 일본은 신중년 산업 시장 규모가 2000년대 50조 엔에서 2014년 100조 엔(약 1,031조 원)을 넘어섰다. 유일하게 세대별 성장 시장이 시니어 시장이다. 이것을 고령 인구 증가라는 단순 계산으로 접근하면 오산이다. 한국이나 일본이나 더 건강하고 젊게 사는 신중년이 은퇴 후 다시 직장으로 돌아가 소득을 확보함으로 그들의 시장이 커지고 있다. 일본 총무성 통계에 따르면, 현재 65세 이상 취업자 수는 665만 명이고 총취업자 수의 10%를 넘어섰다. 창업도 늘고 있다. 업종을 가리지 않고 매년 2천 개 이상의 회사를 새로 세운다. 일본정책금융공고의 '2012년 창업 대출 실적'을 보면, 55세 이상 창업 대출 건수는 1,196건으로 전년 대비 17% 증가했다.[5]

한국의 신중년도 가치관에서 이미 큰 변화가 생겨나고 있다. 2014년 6월, 전국 만 60~75세 남녀 500명을 대상으로 건강과 일자리에 대한 주관적 인식 심층 설문조사가 시행되었다. 놀랍게도 스스로의 나이를 실제 나이보다 7.3세 젊게 인식하고 있었다. 실제 나이 평균이 63.9세

였는데 56.6세로 인지하고 있었다. 그들이 생각하는 노인은 보건복지부가 규정한 65세보다 5.9세 더 많은 70.9세였다. 그중 18.2%는 자신이 나이보다 11~15세 어리다고 보고 있었다. 그들은 스스로 젊다고 느끼기에 일에 대한 욕구도 강한 편이다. "젊었을 때보다 지금 더 일을 잘할 수 있는가?"라는 질문에 대해 "그렇다"는 대답이 50.6%였고, "나이에 상관없이 능력을 인정받아야 한다고 생각하는가?"라는 질문에 "그렇다"는 답변이 무려 93.2%나 되었다. 물론 상당히 주관적인 견해다. 하지만 최혜지 서울여대 교수에 따르면, 현행 65세 기준은 특별한 근거가 없는 것이며, 노인복지법이 제정된 1981년의 65세가 통계적으로 은퇴 후 13년을 더 산 것에 비해 현재 65세는 평균적으로 20년을 더 산다. 이 점을 고려할 때 주관적인 견해라고만 할 수는 없다. 즉 1981년에 비해 평균 7년 더 산다는 수치로 볼 때 그들이 평균 7.3세 더 젊다고 인지하는 것에 의미가 있다고 할 수 있다.[6]

　회춘 중인 이들의 소비 패턴도 일본의 단카이 세대 못지않다. 젊은 층의 전유물처럼 여겨졌던 IT 제품 시장에서도 신중년은 큰손이 되었다. 출시되고 있는 사물인터넷 IoT: Internet of Things 제품의 특징을 살펴보면, IT업계는 시니어 헬스 산업 쪽에 큰 무게를 두고 있다. 온라인 스토어도 신중년의 취향에 맞게 글자 크기를 키우고 건강 전문관도 개설하는 중이다. 엔터테인먼트 산업도 신중년을 타깃으로 하고 있다. 서울의 한 실버 영화관은 좌석 대비 관객이 점차 증가하고 있다. 한국보건산업진흥원의 〈고령 친화 산업 현황 및 전망 보고서〉에 따르면, 우리나라 신중년 산업의 시장 규모는 2010년 32조 원이었지만 2015년 67조 원, 2020년 124조 원 규모로 승가할 것으로 추정된다.

삼성생명 은퇴연구소의 진단은 흥미롭다. 신중년은 4가지 자산을 가지고 있는데, 즉 우리 경제를 성장시킨 역량과 높은 문화 수준, 일할 수 있는 능력과 에너지, 높은 교육 수준과 교양, 삶의 지혜와 경험이다.[7] 한국교회가 신중년을 새롭게 인식해야 하는 이유이기도 하다. 신중년은 천덕꾸러기가 아니다. 지금까지 우리 사회를 견인한 주역으로서, 이제 다시 한 번 우리 사회를 주도할 세대이고, 아직도 젊음의 에너지를 가지고 열정 있게 덤벼들 수 있는 세대이며, 높은 지혜와 지식, 삶이 녹아 있는 경험으로 다음 세대를 복음적으로 이끌 멘토다.

▼ ▼ ▼

### 신중년, 사명은 끝나지 않았다

신중년은 미래 한국교회 사역에 중요한 역할을 할 수 있다. 신중년 세대가 건강하고, 활기차고, 경제적 여유가 있기에 한국교회의 중요한 자원이 될 수 있다고 말하는 것이 아니다. 앞서 말한 그들의 신체적, 물질적 요소가 장점이 될 수 있다. 그러나 그것만이 전부는 아니다. 교회 교육의 대안으로 신중년 세대를 주목하는 데는 또 다른 이유가 있다. 그들의 내면적 역량과 필요성 때문이다. 신중년의 가장 큰 특징은 지나온 시간과 남은 시간에 대해 생각하는 시기라는 점이다. 신중년은 인생의 봄과 여름에 생각지 못했던 피조물의 연약함을 깨닫고, 성경이 말하는 인간의 한계와 어리석음과 죽음에 대해 차츰 실감하는 시기다. 엘리어트 제큐어스의 말을 주목해 보자.

성숙의 달성과 함께 독립적인 성인이 되는 것은 주된 심리적 과제다. 역설적인 것은 중년이 인생의 황금기라는 성취기에 들어가지만 동시에 중년들은 그 뒷전에서 죽음이 서성인다는 것을 알게 된다. 즉 죽음에 대한 묵시적 암시를 직간접적으로 강하게 체험하는 시기다. 죽음은 중년기 사람들에게 이제는 실제적이고 개인적인 문제가 되는 것이다.[8]

이처럼 인생의 가을에 접어든 중년 세대는 사변적이거나 교과서적인 죽음을 넘어 실제적인 죽음을 고민한다. 중년 세대가 갖는 죽음에 대한 느낌은 허무주의에서 오는 무기력함과 나약함, 고통을 의미하지 않는다. 죽음을 깊이 있게 고민하며 이전과 다른 생에 관한 통찰과 성찰을 가진다. 인생에서 가장 진중하고 깊이 있는 성찰을 하는 시기다. 이러한 그들의 고민은 부정적으로 작용하기보다는 삶을 다시 디자인하는 힘으로서, 긍정적으로 작용한다.

그들은 크게 3가지 변화를 경험한다. 첫째, 물질관의 변화다. 생의 봄과 여름에는 대부분 물질을 숭배하고 탐욕을 절제하지 못한다. 젊음의 특징이다. 젊은 시절 인간은 물질만 있으면 자신이 신이 될 수 있다고 착각한다. 그러나 생의 가을이 되면 물질이 전부가 아님을 깨닫게 된다. 고 이병철 회장도 죽음을 앞두고 24가지 질문을 남겼다. 물질로 해결될 수 없는 것을 발견하는 시기가 바로 이때다.

둘째, 인간관의 변화다. 젊은 날에는 돈이라는 우상을 따라 사람보다 이익을 위해 인간관계를 맺었다. 성공해야 했고, 일을 이루어야 했기 때문이다. 의도적이든 아니든 성공과 일을 위해 사람을 이용했고, 사람을 도구화하는 것을 쉽게 여겼다. 그러나 신중년이 되면 인간 자체에 대한 관심이 생겨난다. 물질과 영예보다 사람이 더 중요함을 깨닫게 된다.

셋째, 책임의 방향성의 변화다. 명예와 위치에 대한 책임에서 가치, 정의, 사랑, 관계 등과 같은 책임 의식으로 방향을 전환한다. 이처럼 실제적인 죽음을 고민하는 이들은 남은 생을 좀 더 의미 있고 가치 있게 살려고 한다. 남은 생을 신중하게 살려고 한다.

이러한 3가지 변화는 여러 가지 긍정적인 형태로 나타난다. 특히 공동체성과 복음의 가치 추구가 그것이다. 산업화의 역군이었던 중년들은 일을 위해 가족 공동체를 돌아보지 못했고, 복음의 가치를 놓치고 살았다. 하지만 중년이 된 그들은 의미와 가치에 눈을 뜨게 된다. 특히 기독교인으로서 하나님이 우리에게 원하시는 시대적 소명이 무엇인지 알고 싶어 한다. 이런 관심이 생긴 신중년은 다시 젊은 날로 돌아갈 수 없다는 것을 알기에 다음 세대가 똑같은 잘못을 경험하지 않기를 원한다. 『중년 리모델링』의 저자 임경수의 말이다.

> 중년의 삶의 가치와 경험이 전수되지 못할 때 개인과 사회는 이기성과 파괴성의 악순환이 지속될 것이다. 삶의 법칙과 원리들을 교육하지 않고 후손들이 이러한 유무형의 가치들을 전수받지 못하면 연속적으로 시행착오의 삶을 살 수밖에 없다.[9]

신중년은 퇴역 군인이 아니다. 한국 사회와 한국교회에 무척이나 중요한 자원임이 틀림없다. 중요한 것은 교회가 이것을 인정하는 것이며, 그들이 하나님 나라를 위해 어떻게 쓰임 받게 할지에 대해 관심을 기울이는 것이다.

▾ ▾ ▾

## 교회는 이들을 위해 무엇을 할 것인가?

중년이 되었기 때문에 좋은 자원이 되었다는 의미가 아니다. 아무리 좋은 보석도 세공하지 않으면 원석에 불과하다. 교회는 이 원석을 아름답게 변화시켜야 할 의무가 있다. 그들을 어떻게 교육하고, 여생을 의미 있고 가치 있게 보내게 할지, 특히 교회 교육에 어떻게 활용할지에 대해 고민해야 한다. 사실 신중년의 시기는 갈등의 시기다. 그들의 감정은 정신적 방황이나 우울증을 경험한다. 왜 이런 감정에 휩싸이는지에 대한 과학적인 근거는 확실하지 않다. 융에 따르면, 인간은 봄과 여름의 생의 원칙에서 가을과 겨울의 원칙으로의 전환이 필요한데, 아직 정신적 준비가 부족한 중년들은 그 원칙을 바꾸려 하지 않음으로 심한 혼돈을 겪게 된다. 또한 인간은 자연의 법칙에 따라 후배들에게 자리를 내주어야 한다. 그러나 준비되지 않은 갑작스런 변화로 인해 정신적, 육체적 갈등을 경험하게 된다.

이유가 무엇이든 그들은 혼란스럽다. 교회는 아주 잠깐 정신적 공황 상태에 있는 그들이 올바른 자리로 이동할 수 있게 도와야 한다. 무엇을 도울 것인가? 크게 3가지로 정리할 수 있다. 첫째, 하나님과 대면하도록 도와야 한다. 신중년은 사회 주력에서 비주력으로 자리를 이동당했다. 더 할 수 있고 능력이 있다고 생각했지만 자연스럽게 뒷자리로 밀려난 것이다. 그들의 허탈함은 당연하다. 준비가 되어 있지 않았다면 그 충격은 배가된다. 이때 신중년은 허무와 허탈을 다른 것으로 메울 가능성이 크다. 그것이 바로 '소비'다. 그들에게는 풍족한 자원이 있다. 쇼핑 중독은 기분이 우울하거나 심리적으로 허탈할 때 찾아온다. 쇼핑을 통해 자신을 발견하고 존재감을 확인하는 것이다. 소비 중독이 무서운 것은 경제적인 여력이 충분하지 않아도 억제할 수 없다는 점 때문이다. 소비 차원을 넘어 신중년의 공허함은 각종 중독으로 발전할 가능성이 크다. 쇼핑 중독, 알코올중독, 약물중독, 도박 중독, 인터넷 중독 등이다. 이런 신중년의 존재감 상실에서 오는 허탈함과 공허함은 세상이 주는 즐거움으로 치유될 수 없고 채울 수 없다.

사마리아 여인을 잘 알고 있을 것이다. 그녀의 목마름을 채울 수 있는 것은 세상의 것들이 아니었다. 그 목마름을 채울 수 있는 것은 오직 하나뿐이었다.

"내가 주는 물을 마시는 자는 영원히 목마르지 아니하리니 내가 주는 물은 그 속에서 영생하도록 솟아나는 샘물이 되리라"(요 4:14).

사마리아 여인은 예수님을 만났을 때 회복되었다. 신중년은 지금 사마리아 여인과 같은 상태다. 그들의 회복도 예수님을 만날 때, 하나님을 대면해야만 가능하다. 교회가 그들에게 지금 당장 해주어야 하는 것은 하나님을 만나도록 하는 것이다. 삶이 바쁘고 힘들고 어려워서, 자녀를 양육해야 하고 살아남아야 해서 하나님을 멀리했었다. 하지만 이제는 핑계할 수 없다. 하나님을 대면해야 한다.

둘째, 교회는 신중년이 인생의 의미와 가치를 찾도록 도와야 한다. 봄과 여름에는 물질과 성공이 목표였다. 성공이 의미이자 가치였다. 하지만 돌아보니 그것이 헛된 것이었음을 알게 되었다. 문제는 헛된 것임을 깨달았을 뿐 진정한 가치와 의미가 무엇인지가 명확하지 않다는 점이다. 하나님이 자신에게 의미 있고 가치 있는 생을 살기 원하신다는 것을 알지만 명확하게 일깨워 주는 곳이 없다. 교회가 그들에게 말해야 한다. 교회는 산업화 시대와 함께 성공과 부에 대한 복음을 아낌없이 전했다. 그것만이 전부가 아님을 알았지만 여러 가지 이유를 내세워 번영과 번성의 바벨 복음을 전했다. 그러나 이제는 제자리로 돌려야 할 때다. 돈과 명예가 의미 없는 것은 아니다. 잘못되었다는 것도 아니다. 그것을 의미 있고 가치 있게 쓰는 법에 대해 가르치지 않았고, 그것 말고도 하나님이 기독교인에게 원하시는 의미와 가치가 많다는 것을 알리는 일을 놓쳤을 뿐이다. 이제는 말할 때가 되었다. 하나님이 바라보시고 마음을 두시는 것에 기독교인이 마음을 두고 주목해야 한다고 말이다.

셋째, 교회는 신중년에게 사명 의식을 가르쳐야 한다. 신중년이 다시 사명을 찾도록 돕는 것이 절실하다. 신중년은 엄밀히 말하면 주력 세대가 아니다. 중심에서 한 걸음 물러난 세대다. 그러나 그것은 단지 사회적 역할에 국한된다. 하나님 나라를 위한 일에는 낮고 천함이 없고, 배우고 못 배우고의 차이가 없듯이 나이가 커다란 의미로 작용하지 않는다. 갈렙과 모세를 보라. 모세는 나이 80세에 사명을 깨달았다. 보잘 것없고 이제 끝이라고 생각하는 순간이라도 하나님께 사명을 받으면 얼마든지 쓰임 받는다는 것을 우리는 알고 있다. 그러나 대부분 이것을 성경의 오래된 이야기쯤으로 생각한다.

산업주의의 방식에 따라 세상에서의 은퇴가 교회에서의 은퇴로 이어진다. 산업사회의 방식을 모세나 갈렙에게 적용하면 그들은 아무것도 할 수 없었을 것이다. 산업사회의 틀에 따라 갈렙과 모세에게 충고했다면 어떻게 되었을까? "갈렙 선생님, 은퇴하셨잖아요. 모세여, 당신은 이미 정년을 훌쩍 넘기셨습니다." 사명은 나이가 중요한 것이 아니다. 신중년은 경험이나 지력이나 체력이 아직 유효하다. 특히 사명이 끝나지 않았다. 하나님은 여전히 그들을 하나님 나라를 위해 사용하기를 원하신다. 그래서 앞으로 남은 40~50년의 인생을 존재부터 비전까지 재설계하는 것이 필요하다. 그들이 다시 사명을 회복하도록 교회가 나서야 할 때다.

▼ ▼ ▼

### 신중년, 인터넷을 활용하라

신중년은 다른 세대에 비해 시간적, 경제적 여유가 있다. 특히 그들은 이전 세대보다 교육적 수준이 높다. 대학 이상의 학력을 가진 이들이 많다. 교육적 수준이 높다는 것은 젊은 세대와 소통하기 쉽고, 그들이 활용하는 자원의 습득력이 충분하다는 것을 의미한다. 실제로 신중년의 인터넷 사용 시간은 젊은 세대와 거의 비슷하다. 기업의 마케팅을 살펴봐도 단지 글씨 크기를 크게 하거나 이미지를 좀 더 분명하게 하는 것, 그리고 신중년이 필요로 하는 물건의 종류 외에는 젊은 세대와 별다른 점이 없다. 이러한 신중년의 특징은 웹 기반 교육이 충분히 가능하다는 것을 의미한다. 교회는 그들을 활용함에 있어 웹 기반 평생교육에 관심을 가져야 한다.

또한 중년의 웹 활용 능력은 단순히 교육에만 머물지 않고 다음 세대의 소통 공간인 웹에서의 만남을 가능하게 한다. 교회 교육의 현실은 일주일에 한 시간이 전부인 경우가 허다하다. 교육적인 관점에서 일주일에 한 시간으로는 큰 영향력을 끼칠 수 없음을 우리는 잘 알고 있다. 그러나 시간적 여유가 있는 중년, 웹을 활용할 수 있는 중년을 활용하면 이처럼 부족한 교육 환경을 개선할 여지가 있다. 게임 중독에 대한 부모 교육에서도 단순히 게임에 문제가 있다는 식의 사고는 중독 치료에 도움이 되지 않는다고 말한다. 부모가 게임을 이해하고 게임을 할 줄 알아야 한다. 부모가 게임을 할 줄 알면 소통이 되고, 이 소통을 기반으로 아이의 변화를 이끌어 낼 수 있기 때문이다.

웹의 활성화는 거스를 수 없는 이슈다. 언플러그$^{Unplug}$ 운동이 일어난다고 하더라도 다가올 시대는 웹의 환경에서 벗어날 수 없다. 안타까운 것은 웹 활용이 거스를 수 없는 대세임에도 교회들이 웹 사역에 관심이 적다는 것이다. 청소년과 청년에게 웹은 몸의 일부다. 그들에게 웹은 가상공간이 아니며 현실과 다르지 않은 확장된 영역이다. 중독과 같은 부정적 요소를 말하지만 앞으로 다가올 시대를 거스를 수는 없다. 이것이 웹과 결합한 중년의 장점이 중요한 이유다. 게임 중독 치료에 있어 부모가 게임을 할 줄 아는 것이 중요하게 작용하듯 청소년과 청년 모두 웹에 노출된 이때 중년의 웹 활용 능력은 큰 역할을 감당할 수 있다.

청소년은 오프라인과 온라인이 별개가 아니다. 온라인 세상과 오프라인 세상을 나누는 것이 의미가 없다. 이미 그들의 세상은 연결되어 있다. 이것은 과거처럼 일주일에 한 시간 만나는 것이 교육의 전부가 아닌 세상이 되었다는 것을 말한다. 따라서 신중년의 시간과 웹 활용 능력은 큰 무기가 될 것이다. 교회가 이들을 잘 활용하면 충분히 웹을 기반으로 한 평생 복음 교육과 양육이 가능할 것이다.

▼ ▼ ▼

### 신중년이 준비된다면 제2의 선교 부흥이 가능하다

선교 동원 현장에서 주류는 언제나 청년이었다. 신중년은 자금을 보내 주는 역할만 할 뿐 선교 현장과는 거리가 있었다. 그러나 시대가 변했다. 무한 경쟁 시대에 사는 청년 중 선교의 현장에 뛰어드는 이들이 줄고 있다. 해외 선교 현장만을 이야기하는 것이 아니다. 교회 내 헌신이 필요한 부분에서도 청년을 찾기가 쉽지 않다. 20년 전에는 교회 내 헌신이 필요한 곳에는 청년들로 가득했다. 그러나 불과 몇 년 사이 청년들을 찾기가 쉽지 않다. 청년들이 비운 자리를 어떻게 채울 수 있을까? 해답은 신중년이다. 앞으로 선교 현장에서 신중년의 경험이 큰 자산이 될 것이다. 그들의 경험과 지식은 선교의 충분한 원동력이 될 수 있다.

한국교회는 당분간 경제적 어려움을 당할 것이다. 인건비를 줄이고, 선교비도 줄여야 한다. 그렇다고 선교를 포기할 수는 없다. 선교의 방향성이 재정비되어야 한다. 선교사의 자생력, 자비량 선교가 더욱 중요해진다. 자비량 선교를 위해서는 일정 부분의 경제적 여유와 기술적 경험과 지식이 필요하다. 청년들도 가능하겠지만 쉽지 않다. 청년 중심 선교 사역에서 신중년 중심 자비량 선교 사역으로 전환될 가능성이 크다. 전환되어야만 장기적 관점에서 선교가 가능하다. 교회는 이 부분에 있어 준비가 필요하다. 신중년의 선교 동원이 필요하다. 그리고 무엇보다 선교비만 보냈던 방식에서 탈피해 신중년이 선교를 갈 수 있도록 준비하는 방식으로 전환해야 한다. 영적인 지도와 기술적 교육을 동시에 해야 한다. 이들이 준비된다면 제2의 선교 부흥을 일으킬 수 있다.

이것은 선교만의 문제가 아니다. 모든 교회 사역에서 신중년의 역할이 중요하다. 특히 훈련에 있어 그렇다. 제자훈련은 커리큘럼에 따라 1~2년의 교육으로 끝날 수 있는 것이 아니다. 예수님도 3년 반 동안 제자들을 양육하셨지만 그들은 위기 앞에 붕괴되고 말았다. 훈련은 2~3권의 교재를 끝냈다고 끝나는 것이 아니다. 평생 이루어져야 한다. 평생 이루어져야 하는 제자훈련은 굉장한 에너지와 시간을 필요로 한다. 예수님이 제자들과 매일 함께하셨듯 상상 이상의 인격적, 시간적, 공간적, 환경적, 물질적 투자가 필요하다.

누가 감당할 수 있을까? 바로 신중년이다. 목회자 한 명으로 해결할 수 없는 부분이다. 신중년이 함께한다면 충분히 가능하다. 신중년의 시간과 경험, 그리고 열정을 활용해야 한다. 그들이 만난 하나님을 잘 멘토링할 수 있다면 교회의 새로운 도약이 가능할 것이다.

▼ ▼ ▼

## 더 늦기 전에

문제는 방법이 아니라 통찰과 시간이다. 우리 속담에 "호미로 막을 것을 가래로 막는다"는 말이 있다. 처리할 일을 내버려 두면 큰 손해를 본다는 뜻이다. 적절한 시기에 적절한 방법이 있지만 실행하지 않으면 엄청난 기회비용을 지불해야 하거나 위기를 직면하게 된다.

프랑스는 2000년에 65세 이상 인구가 15.8%인 고령화사회에 진입했다. 연금 부담은 늘어났고 재정은 위기에 처하게 되었다. 2000년 GDP 대비 12.1%였던 연금 지출이 2040년 15.8%에 이를 것으로 OECD는 전망했다. 하지만 프랑스의 대처는 늦기도 했고 부적절했다. 호미면 충분히 해결할 일을 가래를 동원해야 하는 상황에 직면하게 되었다. 1983년 미테랑 정부는 실업률 해결을 위해 정년을 65세에서 60세로 낮추었고, 1998년 정부는 법정 근로시간을 주 38시간에서 35시간으로 줄였다. 이런 조치들은 프랑스의 문제를 더 심각하게 만들었다. 선제 대응의 실패였던 셈이다.

한국교회도 예외가 아니다. 해결할 방법은 있다. 현실을 정확하게 직시하고 지금의 상황에 최적화된 방법을 찾아내 조처하면 된다. 늦기 전에 선제 대응해야 한다. 만약 위기를 극복할 수 있는 방법과 적절한 시간을 놓칠 경우 위기가 더 가속화되어 재앙 수준에까지 이를 것이다.

교회 지도자에게 지혜가 필요한 시점이다. 깨어 있는 지도자가 선제 대응할 수만 있다면 교회는 아직 희망이 있다. 동전의 양면 같은 위기와 기회 속에서 하나님이 주시는 커다란 소망을 바라본다. 한국교회 미래 위기 돌파의 중요한 역량 중 하나가 50세 이후 은퇴하는 신중년이다. 그들의 역량을 활용해 반전의 기회를 만들어야 한다.

## 공통 소명 4
## 미래 준비 학교를 개설해 가정을 지키라

"앞으로 한국 사람들의 최고의 고민은 무엇입니까?"라는 질문을 많이 받는다. 이 질문에 대한 필자의 대답은 하나로 귀결된다. '미래에 대한 불안'이다. 어린아이에서부터 노인에 이르기까지 미래가 다 불안하다. 청소년은 진로에 대한 불안, 청년은 미래 직업에 대한 불안, 장년은 다니는 직장의 미래뿐만이 아니라 자녀의 미래, 그리고 은퇴 후 자신의 미래에 대한 불안이 크다. 은퇴자들은 앞으로 새롭게 살아야 할 40~50년의 미래가 불안하다. "당신의 미래는 안녕하십니까?"라는 인사말로 하루를 시작해야 할 정도다.

바로 이 부분이 한국교회 모두에게 주어진 또 다른 공통 소명이다. 어린아이에서부터 노인에 이르기까지 전 세대에 걸쳐 미래에 대한 변화를 통찰하게 하고, 방향을 잡게 하며, 비전을 발견하게 하고, 지혜롭게 미래를 준비하게 하며, 용기 있게 미래를 향해 발걸음을 내딛도록 하는 사역이 중요한 이슈다. 이 부분에 대한 고민 해결을 도와주는 교회는 전도의 접점을 확보하는 것은 물론, 공동체의 잠재된 역량을 최대한 이끌어 낼 수 있다.

이 사역이 중요한 또 다른 이유가 있다. 앞으로 가정 사역을 잘하는 교회가 성장할 것이다. '핵가족'이라는 키워드는 지난 10~20년간 한국 사회를 대변했다. 앞으로 10~20년은 '나노 가족' Nano Family이라 해야 어울리는 시대다. 2035년경이 되면 한국의 가족 형태는 1인 가족이나 2인 가족이 전체 가족의 65%를 넘게 된다. 가족은 더 작게 분열되고,

홀로 사는 청년, 노인이 증가할 것이다. 이혼율도 계속 증가해 한 부모 가족도 증가하게 된다. 경제난이 겹치고, 사회 변화가 심해지면서 가정을 지키는 것이 점점 더 어려워지게 된다. 그래서 가정을 회복하고 지키는 사역이 중요한 시대적 요청이 될 것이다.

문제는 가정을 어떻게 지키느냐다. 여러 가지 대안이 가능하다. 다양한 대안 중에 하나로 '미래 준비 학교'를 제안한다. 이 사역은 필자가 섬기고 있는 예수나무교회에서 수년 동안 임상 시험하고 있는 사역이다. '미래 준비 학교'라는 이름 그대로 미래를 준비하도록 교육 프로그램을 시행하는 것이다.

임상 시험 결과는 상당히 고무적이다. 전 세대를 막론하고 큰 관심을 보인다. 전도에도 큰 도움이 된다. 남편과 아내가 함께 이 프로그램에 등록해 자신이 처한 현재를 돌아보고, 미래의 변화를 예측하고, 미래를 새롭게 설계한다. 부모가 자녀를 데리고 와서 미래 준비를 함께 한다. 자녀가 세상에 첫발을 내디딜 20년 후 한국 사회는 어떤 모습일까를 예측해 본다. 미래에는 어떤 직업을 갖는 것이 좋으며, 기독교인이라면 어떤 비전과 사명을 품는 것이 좋은지, 그리고 그것을 어떻게 성취할 것인가에 대한 전략을 다양하게 검토해 본다.

중요한 것은 이러한 과정에서 자연스럽게 남편과 아내가 대화하게 된다는 것이다. 인생에 대해 함께 생각하고 서로의 의견을 나눈다. 자신들 앞에 다가오는 위기가 무엇인지 예측해 보면서 어떻게 준비할지 토론하고 구체적으로 준비한다. 부모와 자녀가 '미래'라는 주제를 두고 대화한다. 부모와 자녀 간에 대화가 중요하다는 것은 거의 모든 부모가 안다. 하지만 막상 대화하자고 하면 할 말이 없다. 미래 준비 학교에서는 부모와 자녀가 '미래', '꿈', '행복'이라는 주제로 자연스럽게 대화할 수 있는 기회를 제공한다. 과거의 잘못이나 실패를 들추어 서로 기분을 상하게 하는 대화에서 벗어나게 한다. 아직도 많이 남아 있는 미래를 향해 도전적이고 진취적이며 희망차게 나아갈 길을 부모와 자녀가 함께 생각해 보게 한다. 미래에 다가오는 위기를 부모와 자녀가 함께 극복할 길을 미리 생각해 본다. 이런 대화가 오가는 곳이 미래 준비 학교다.

▼ ▼ ▼

**공통 소명 5**

## 통일과 다민족 시대를 준비하라

앞으로 10년, 늦어도 30년 이내에 통일될 가능성이 크다. 이제 통일은 한국교회의 새로운 사역의 기회이자 책임이 되었다. 모든 교회의 공통 소명이 되었다. 통일이 한국교회의 새로운 회복과 부흥의 기회가 되기 위해서는 더 많이 기도로 준비해야 한다. 동시에 지금부터 영적 준비, 경제적 준비, 사회적 갈등 해소 준비 등을 시작해야 한다. 통일의 주체가 되는 젊은이, 청소년, 어린이를 위한 통일 교육이 필요하다. 이 모든 것은 지금부터 당장 교회 사역에 반영되어야 한다. 지혜를 내 준비하고 사역 전략을 구상해야 한다. 이 사역은 그 어떤 교회도 예외가 될 수 없다. 그래서 공통 소명이라고 강조하는 것이다.

통일과 동등한 중요성을 가지고 준비해야 할 또 다른 공통 소명은 다민족 시대를 준비하는 것이다. 북한 동포는 우리와 얼굴도 같고 언어도 같지만 다른 사상과 문화를 갖고 있어 통일 후에도 수십 년간은 외국인과 비슷한 사회적 대우, 경제적 생활 수준, 문화적 특성을 보일 것이다.

더불어 OECD 국가 중에서 가장 낮은 출산율로 심각한 수준의 저출산 문제를 겪고 있는 한국은 2030년 이후부터 전체 인구가 감소하면서 2050년까지 적게는 600만 정도, 많게는 800~1천만 정도의 인구가 감소하게 될 것이다. 국가 경제를 유지하거나 국력을 강화하기 위해서는 인구가 줄어든 만큼 외국인 근로자들의 이민을 장려해야 한다. 그렇게 될 경우 현재와 비교해서 최대 6~7배의 외국인이 한국에 들어오게 된다. 한국 사람 10명 중 1명은 그 뿌리가 외국인이 된다. 이들이 한국 남자나 여자와 결혼하면서 한두 세대가 지나면 다민족, 다문화가 한국의 정체성이 될 것이다.

필자가 미국 유학 시절 머물렀던 휴스턴은 198개 민족이 함께 사는 다민족 사회였다. 한국도 이와 비슷한 사회로 달려가고 있다. 그들 중 상당수는 한국에서 돈을 벌어 본국으로 돌아가는 형태에서 벗어나 한국 국적을 취득하거나 영주권을 취득해 영구히, 혹은 상당 기간 한국에서 살게 된다.

2050년 이후 아랍계 한국인, 인도네시아계 한국인, 중국계 한국인, 유럽계 한국인, 미국계 한국인, 독일계 한국인, 터키계 한국인, 러시아계 한국인, 필리핀계 한국인 등으로 한국 사람을 구분하는 시대로 접어들 것이다. 거의 모든 교회에 외국인이 출석하게 될 것이다. 거의 모든 교회가 다민족, 다문화 구성원으로 이루어지게 될 것이다. 통일과 더불어 다민족 시대를 대비하는 것이 공통 소명이 되는 이유다.

이런 현상에 적절하게 대응하지 못하면 새롭고 위험한 문제가 발생할 수 있다. 그것은 바로 종교 간 분쟁이다. 앞으로 한국에 들어오는 외국인들의 대부분은 동남아, 아랍권이 될 것이다. 한국보다 경제적으로 열악한 나라에서 입국하게 될 것이다. 이런 나라의 상당수는 이슬람 국가다.

외국에서 이민 생활을 해본 사람들은 알겠지만, 이민을 가면 기존에 종교가 없었더라도 종교를 갖게 된다. 종교 공동체에 속해야만 생존에 필요한 정보와 도움을 얻을 수 있기 때문이다. 종교 공동체에 속해야 같은 민족을 만나 위로를 받고 도움을 얻을 수 있기 때문이다. 한국에 들어오는 수백만의 외국인 근로자도 종교를 기본으로 모일 것이다. 본국에서는 이슬람 신자가 아니었더라도 동포를 만나기 위해서는 이슬람 공동체에 속해야 한다.

비공식적으로 현재 한국의 이슬람 신자는 40만이 넘는다. 이슬람은 전략적으로 한국을 동아시아 선교의 전초기지로 여기고 있다. 앞으로 2050년까지 수백만의 외국인 노동자가 들어온다면 이슬람 인구는 자연스럽게 최소 몇 배 이상 증가할 것이다. 필자의 예측으로는 2050년 경이면 한국 내 이슬람 인구는 300~400만 정도 될 것이다. 그러면 한국도 종교적 분쟁과 갈등에서 안전지대가 될 수 없다. 한국 기독교의 1% 정도의 극단주의자들과 이슬람교의 1%의 극단주의자들이 서로 충돌할 가능성이 있다. 그렇다면 더 이상 종교를 앞세운 테러에서 안전지대가 아니다.

이러한 문제가 발생하지 않도록 하기 위해서는 교회가 외국인 근로자, 다문화 가정의 아이들을 그리스도의 사랑으로 품는 사역을 지금부터 시작해야 한다.

한국교회가 금융권에 지고 있는 빚의 규모가 4조 5천억 원 정도다. 원금을 다 갚을 때까지 들어가는 금융 비용은 이자와 원금을 포함해 9~10조 원이 될 것이다. 만약 한국교회가 건물을 짓는 데 사용한 10조 원을 다음 세대와 사회적 약자와 다문화 가정을 위한 사랑의 수고에 쏟아부었다면 오늘날 이 지경까지 되지는 않았을 것이다. 지금이라도 늦지 않았다. 작은 사랑의 수고라도 시작해야 한다.

필자가 아는 한 교회는 성경 공부가 끝날 때마다 '성장한 만큼 나누자'라는 취지로 1천 원씩 헌금했다. 처음에는 자신이 드리는 1천 원이라는 헌금이 얼마나 큰 일을 할 수 있을까 회의적이었다. 어린아이가 자기 손에 들린 보리떡 5개와 물고기 2마리가 얼마나 도움이 될까 생각했듯 말이다.

그런데 1천 원씩 헌금한 것이 1년에 2,300만 원이 되었다. 교회는 이 돈으로 수십 명의 사람에게 개안수술을 해주었고, 가난한 사람들을 구제했으며, 400명의 환자들에게 성탄절 선물을 했다. 오병이어의 역사가 일어난 것이다. 인터넷에는 한국교회의 희망을 소망하면서 교회 지을 돈으로 가난한 성도의 집을 먼저 마련해 준 교회의 이야기가 전해짐으로 우리의 마음을 훈훈하게 해준다.

이미 수많은 다문화 가정 아이들이 제대로 된 교육을 받지 못하고 사회적 소외자로 전락하고 있다. 이런 아이들이 청년이 되면 반사회적 성향을 띠게 될 수 있다. 북한 새터민도 비슷한 취급을 당하고 있다. 앞으로 더 많은 새터민, 외국인 근로자가 국내로 들어올 것이다. 통일이 되면 2,500만 명의 북한 주민이 전국에 거주하게 될 것이다. 그들을 품고 회복시킬 수 있는 곳은 교회뿐이다. 지금부터 그들을 향한 사랑의 수고를 시작해야 한다. 교회가 이 일을 외면하면 안 된다. 한국교회가 감당해야 할 시대적 소명으로 여겨야 한다.

한국교회가 미래 위기에 대응하고 새로운 부흥을 이루기 위해서는 비둘기처럼 순결한 신앙, 즉 교회다움을 회복해야 하고, 동시에 "뱀처럼 지혜로우라"라는 예수님의 교훈처럼 전략적으로 움직여야 한다. 전략적으로 움직인다는 것은 다음과 같은 순서대로 행동하는 것이다. 첫째, 위기를 공유하고, 둘째, 성령의 역사를 구하는 기도를 하고, 셋째, 근본 해법과 해법의 적용을 깊이 생각하고, 넷째, 용기를 가지고 대담하게 행동하고, 다섯째, 상황을 역전시키는 성령의 역사를 인내하며 기다리는 것이다.

## 9장

# 한국교회에 주어진 개별 소명

▼ ▼ ▼

**개별 소명 1**

## 지역적 특성, 인구 특성이 바뀐다. 목회 전략을 바꾸라

한국 사회는 앞으로 초고령화 시대에 접어들면서 전국적으로 대규모 인구 이동이 펼쳐질 가능성이 크다. 대규모 인구 이동은 지역의 다양성을 증가시킬 것이다. 지난 20~30년간 한국교회의 성장 패턴은 이러했다. 시골 교회나 작은 교회에서 아이들이 훈련받는다. 이 아이들이 대학에 가면 중소형 도시로 올라간다. 거기서 직장 생활을 하다 보면 좀 더 도심으로 간다. 중소형 도시에서 다시 대형 도시나 서울로 이동한다. 대개 이러한 인구 이동 패턴을 보였다. 이런 이동 패턴은 교회의 소멸 및 부흥과 직결되었다. 아이들과 젊은이들뿐만 아니라 장년들의 이동도 비슷했다. 지방 교회가 교인을 훈련시키면 곧 부의 이동을 따라 도시 교회, 수도권의 교회로 옮겨 가서 대형 교회가 도시 중심부나 수도권에 세워지는 시스템이었다. 이런 이동이 과도하게 나타나면서 시골 교회, 지방 교회, 낙후된 지역의 교회들이 하나둘 사라지거나 쇠퇴하는 역작용이 발생하고 있다. 만약 이런 추세가 계속된다면 시골 교회와 지방 교회들은 씨가 말라 버릴 것이다.

하지만 일본보다 더 빠른 속도로 초고령화 사회로 변화되면서 새로운 인구 이동의 패러다임이 펼쳐질 것이다. 이런 새로운 움직임은 지방 교회, 시골 교회 등에 새로운 기회를 제공할 것이다. 용인 외곽 지역에 있는 한 시골 교회에 집회를 인도하러 간 적이 있다. 그 교회의 담임목사님은 지난 10여 년 동안 열심히 목회했지만 교회는 점점 쇠약해져 간다는 말을 하며 한숨을 내쉬었다. 필자는 앞으로 10~15년 후가 되면 이런 교회가 훨씬 더 유리할 것이라고 얘기해 주었다. 단순히 위로하기 위한 말이 아니었다. 2028년이 되면 2,500~2,700만 명이 55세 이상 은퇴자가 된다. 5천 년 역사상 가장 극적인 인구구조 변화다.

지금까지는 지방에서 대학을 졸업하고 일자리를 찾아 도시로 올라갔다. 고향에서 가까운 인근 도시나 광역도시, 수도권으로 올라갔다. 수도권으로 올라가도 곧바로 강남 같은 부유한 지역에 정착하기는 힘들다. 그래서 수도권 인근 위성도시에 정착한다. 대기업에 입사해도 생산직이나 연구소는 수도권 외곽에 있기에 굳이 서울 시내에 살 필요가 없다. 직장이 서울 시내에 있다면 서울 외곽 지역에 거주지를 정한다. 그러다가 거기에 적응하고, 결혼하고, 직급이 올라가고, 부가 많아지면 자녀 교육을 위해 서울 시내로 거주지를 옮긴다. 자녀가 중고등학생이 되면 비싼 거주 비용에도 불구하고 빚을 얻어서라도 강남 지역으로 이

사한다. 그런데 자녀가 대학에 진학하면 거주 비용이 큰 강남이나 서울 지역을 떠나 수도권 인근으로 이사한다. 그리고 좀 더 나이가 들면 경기도 외곽 지역이나 시골로 내려가서 새로운 삶을 시작한다. 100세 시대에 인생의 후반부 50년을 새롭게 시작하기 위해 새로운 정착지를 정한다. 새로운 정착지는 은퇴 후 50년 동안 감당할 만한 사회적 비용이 드는 지역을 택하게 된다.

이런 선택을 해야 할 사람들이 2028년이면 전체 인구의 50~55%인 2,500~2,700만 명이다. 지난 50년은 수도권으로 인구의 대이동이 일어났다면 앞으로 50년은 수도권에서 지방으로, 시골로 인구의 대이동이 일어날 것이다. 그러나 이런 인구 대이동이 지방이나 시골의 모든 교회에 기회가 되지는 않는다. 2,500~2,700만 명이 대이동할 때 우리 지역으로 올 것이냐 안 올 것이냐는 지금부터 교회와 지자체가 어떤 준비를 하느냐에 달려 있다. 은퇴자들은 지방이나 시골로 내려갈 때 은퇴 이후 살 만한 곳인지를 살펴본다. 더 나은 신앙생활을 할 수 있는 곳인지를 살펴본다. 그들을 붙잡을 준비를 하는 지자체와 교회가 그들의 이동을 통해 새로운 성장 동력을 얻게 될 것이다.

이런 대규모 인구 이동과 더불어 또 하나의 중요한 특징이 나타난다. 바로 지역의 다양성이다. 대규모 인구 이동은 지역마다 굉장히 독특한 인구구조를 만드는 동력이 될 것이다. 이는 교회 개척과도 무척 중요한 관계가 있다. 지금까지 한국은 도시 간에는 인구 구성이 비슷했다. 단지 사람이 많으냐 적으냐만 차이가 있었다. 도시마다 비슷한 인구구조를 갖다 보니 모든 교회가 주일학교부터 노인대학에 이르기까지 똑같은 시스템을 갖추어야 했다. 이런 상황에서 교회 개척은 대형 교회의 축소판을 지향했다. 크기의 차이만 있지 교회의 구조나 프로그램, 시스템에는 큰 차이가 없었다.

하지만 미래에는 다르다. 대규모 인구 이동이 진행되면서, 동시에 지역이나 도시 간 인구구성이 서로 다른 현상이 일어날 것이다. 어떤 지역은 노인만 있고, 어떤 지역은 50~70대가 주력이 되어 아이들이 별로 없고, 어떤 지역은 30~50대의 장년이 많아 아이들이 넘쳐날 것이다. 어떤 지역은 경제적으로 취약한 이들이 많고, 어떤 지역은 중산층이 많고, 어떤 지역은 다문화 가정이 많게 될 것이다. 어떤 지역은 경제적으로 다양한 계층이 섞여서 살게 될 것이다. 어떤 지역은 대학생들이 많고, 어떤 지역은 1~2인 가구가 주가 되는 곳도 있게 될 것이다. 어떤 지역은 은퇴 후에도 계속 직장을 다니는 이들이 많을 것이고, 어떤 지역은 은퇴 후 자영업을 하거나 농사를 짓는 이들이 주가 될 것이다.

이처럼 지역마다 독특한 특성을 갖는 시대가 도래한다. 이런 시대에는 지역의 독특한 특성에 따라 요청되는 목회 스타일이 다를 것이다. 대형 교회의 축소판으로는 그들의 목회적, 사회적 요청을 수용하기 어렵다. 이제 교회 개척은 그 지역에 맞는 모습을 가져야 한다. '지역 변화에 따른 목회 중심 영역 변화'를 시도해야 한다. 이것이 교회마다 독특하게 주어지는 개별 소명이다. 우리 지역에 있는 사람들을 어떻게 구원할 것인가를 생각하며 독특한 사역을 해야 한다. 지역사회에 맞는 교회로 설계해야 한다. 우리 교회가 속한 지역적 특성, 인구 특성을 최대한 반영한 전도와 목회 전략을 구사해야 한다. 교회의 겉모습도, 프로그램도, 교회 건물의 구조도, 제자훈련의 방식도 달라져야 한다. 은퇴자 사역이 강조되는 곳, 주일학교 사역이 강조되는 곳, 80대 노인 사역이 강조되는 곳, 1~2인 가정 사역이 강조되는 곳, 젊은이 사역이나 직장인 사역, 다문화 가정 사역이 강조되는 곳도 있게 될 것이다. '지역 변화에 따른 목회 중심 영역 변화'라는 키워드를 기억해야 한다. 교회마다 독특한 개별 소명을 하나님이 부여하실 것이다. 지역의 목소리와 하나님의 음성에 귀를 기울여야 한다.

▼ ▼ ▼

### 개별 소명 2

## 작은 교회, 아름답게 사라지는 교회를 꿈꾸는 것을 두려워하지 말라

목회자들이 두려워하는 2가지 교회의 모습이 있다. 하나는 작은 교회이고, 다른 하나는 사라져 버리는 교회다. 지난 50년간 '부흥'이라는 키워드가 한국교회를 강타하면서 만들어진 두려움이다. 계속해서 숫자가 늘어나지 않는 교회는 실패한 교회, 무능한 교회라는 평가를 받게 되었다. 교회는 계속해서 성장하고 생존해야지 어느 순간 없어져 버리면 엄청난 무능이자 죄악처럼 인식되었다. 주님 앞에 가서 석고대죄라도 해야 할 일이었다.

그런데 정말 작은 교회가 무능한 교회일까? 때가 되어 교회가 사라지면 석고대죄라도 해야 할까? 목회를 게을리해서 교회 성장이 멈추고 문을 닫는 것은 문제다. 충성되지 못한 종이라는 평가를 받아야 한다. 하지만 교회가 속한 지역의 상황이 열악하고 반전되어서 생기는 현상이라면 다르다. 어떤 지역은 노인만 있다. 아이들이 전혀 없는 지역도 있다. 이런 지역에서 주일학교를 하는 것은 불가능하다. 이런 지역은 시간이 되면 교회가 사라질 수 있다. 이렇게 사라지는 교회는 부끄러운 것이 아니다. 이런 교회는 아름답게 사라지는 교회의 모습을 꿈꾸어야 한다. 교인들이 남은 인생을 하나님과 사람 앞에서 아름답게 보내면서 천국에 가도록 목회의 방향을 설정해야 한다. 그 지역에서는 재생산할 수 없기에 다음 세대로 이어지는 교회를 만들 수 없다. 그래서 다른 지역에 새로운 교회의 씨앗을 뿌리는 사역을 도모해야 한다. 우리 지역에서는 교회가 사라지지만 다른 지역이나 다른 도시에서 새로운 교회가 태어나도록 남은 시간을 사용해야 한다. 우리 지역에서 우리 교회가 아름답게 문을 닫더라도 우리의 목회 철학과 사역을 계승하는 교회가 다른 지역, 다른 나라에서 태어나면 하나님께 칭찬받는 교회가 될 수 있다.

작은 교회도 절대로 부끄러운 일이 아니다. 예수님도 12명의 제자만을 양성하셨다. 작은 교회였다. 중요한 것은 큰 교회인가가 아니라 건강하고 충성스러운 교회인가다. 미래 한국은 지역마다 다양한 인구구성을 이룰 것이다. 지금보다 더 다양한 경제적 상황이 펼쳐질 것이다. 어떤 지역은 상업지역이어서 실제 거주자들이 적다. 이런 지역에 있는 교회는 작은 교회가 될 수밖에 없다. 지역 상황이 이렇게 변하면 교회는 지역을 옮겨야 한다. 하지만 상업지역에도 교회는 필요하다. 거기에도 사명이 있다. 이런 교회는 태생적으로 작은 교회의 모습을 띨 수밖에 없다.

주거지역이라도 작은 교회가 필요하다. 큰 교회가 줄 수 있는 교회의 모습이나 공동체의 경험이 있다. 반대로 큰 교회는 만들 수 없는 공동체 경험도 있다. 작은 공동체만 줄 수 있는 친밀함, 깊은 교제, 삶을 구체적으로 나누는 기회 등이 있다. 작은 교회는 수많은 프로그램에 쫓기면서 이리저리 흘러다녀야 하는 압박감에서 벗어나게 해준다. 예배가 끝나자마자 주차장으로 달려가야 하고, 공과 공부가 끝나기도 전에 아이들 손을 붙잡고 나가야 하는 급박함에서 자유롭다. 성만찬을 하더라도 좀 더 친밀하고 풍성하게 할 수 있다. 온종일 교회에서 공동체 활동을 할 수 있다. 교인 전체가 사역에 동참할 수 있다. 교인 전체가 지역사회와 밀착되어 사역할 수 있다.

  작은 교회는 큰일을 할 수 없다는 생각을 버려야 한다. 필자가 알고 있는 작은 교회들은 중대형 교회 못지않게 선교한다. 작은 교회 10개가 모여서 함께 선교한다. 함께 상의해 선교지를 택하고 선교사를 후원한다. 이들이 지출하는 선교비가 연간 2~3억이 넘는다. 연합을 꿈꾸는 목회자들이 증가하는 것은 고무적인 일이다. 용인에는 반경 1km 내에 있는 작은 교회들이 연합해 사역한다. 각 교회는 교인 수가 20명 남짓이다. 하지만 '버티는' 목회가 아닌 연합해 함께 행복한 목회를 선택했다. 작은 교회들이 연합하면 적은 교인들마저 빼앗긴다는 두려움이 있다. 이들 교회는 이런 선입견을 과감하게 떨쳐버렸다. 교인 수가 중요한 것이 아니라 교인들의 행복한 사역 경험이 더 중요하다고 생각했다. 새로운 생각과 도전은 그들에게 새로운 사역과 행복을 경험하게 했다.

  목회자들 간에 1년여 동안 깊은 토론과 준비 끝에 세 교회가 2013년 3월 31일 부활주일 첫 연합 예배를 드리고 함께 하는 사역을 시작했다. 새로운 시도이기에 반발이 있었다. 하지만 함께 해서 받은 은혜가 더 컸기 때문에 시간이 갈수록 교인들의 반응이 좋아졌다. 절기 예배는 정기적으로 함께 했고 야유회, 체육대회 등을 같이 했다. 지역사회를 섬기는 사역도 같이 했다. 하나의 전도지에 세 교회를 소개하는 파격적인 시도도 했다. 2014년부터는 주일학교 연합 예배를 시도했다. 한 교회 목사가 주일학교를 담당했고, 다른 교회는 교사를 보냈다. 목사들이 돌아가면서 주일학교 설교를 했다. 목회자와 교인들은 이렇게 고백한다. "연합하여 상호 배려하고 섬김으로써 인격적 성숙을 경험합니다. 많은 수의 사람이 모여 예배하고 사역하니 영적인 충전을 경험합니다." 목사들은 교회를 '내 교회'로 생각하지 않고 '예수님의 교회'로 생각하게 되었다고 고백한다.[10]

이런 교회뿐만 아니라 전국 곳곳에서 작은 교회들의 연합 사역이 시작되고 있다. 그들은 사회참여를 함께 하거나 교회 행사를 함께 한다. 선교나 훈련을 함께 한다. 이런 연합 사역들은 서로를 해치는 것이 아니라 서로를 세우는 일이 가능하다는 것을 보여 주고 있다. 작은 교회는 절대로 부끄러운 것이 아니다. 크든 작든 자기 것만을 움켜쥐고 '내 교회'를 만드는 것이 부끄러운 일이다.

▼ ▼ ▼

## 용기를 가지고 대담하게 행동하라

한국교회가 미래 위기에 대응하고 새로운 부흥을 이루기 위해서는 비둘기처럼 순결한 신앙, 교회다움을 회복해야 하고, 동시에 "뱀처럼 지혜로우라"라는 예수님의 교훈처럼 전략적으로 움직여야 한다. 전략적으로 움직인다는 것은 다음과 같은 순서대로 행동하는 것이다. 첫째, 위기를 공유하고, 둘째, 성령의 역사를 구하는 기도를 하고, 셋째, 근본 해법과 해법의 적용을 깊이 생각하고, 넷째, 용기를 가지고 대담하게 행동하고, 다섯째, 상황을 역전시키는 성령의 역사를 인내하며 기다리는 것이다.

필자는 지금까지 긴 분량의 지면을 할애해 첫째, 둘째, 셋째를 설명했다. 전략적으로 준비했다면 용기를 가지고 대담하게 행동해야 한다. 좋은 생각과 좋은 행동은 연결되어 있지만 자동으로 이어지지는 않는다. 세상에 좋은 생각을 하는 사람은 많다. 하지만 행동으로 옮기는 용기를 가진 사람은 적다. 한국교회의 개혁을 이야기하는 사람은 많다. 하지만 한국교회의 미래를 살리고 다가오는 위기를 막기 위해 행동하는 교회와 목회자는 적다.

용기를 가지고 대담하게 행동해야 한다. 상황을 역전시키는 성령의 역사를 인내하며 기다려야 한다. 성령의 사람과 말 잘하는 사람을 구별해야 한다. 성령의 사람은 말을 잘하느냐가 아니라 예수님이 명령하신 대로 행동하느냐로 판가름 난다. 열심히 기도하는 것은 중요하다. 하지만 기도한 대로 행동하는 것이 더 중요하다. 다행히 한국 사회, 한국교회의 미래에는 위기도 있지만 새로운 기회도 있다. 성령의 역사를 구하면서 용기를 가지고 대담하게 행동해야 한다. 여전히 순수하게 한국교회의 회복과 갱신, 새롭고 건강한 부흥을 바라는 교인과 목회자가 많다. 바알에 무릎 꿇지 않은 7천 명처럼, 심각한 영적 암흑기에도 새로운 빛을 비출 준비가 되어 있던 종교개혁자들처럼 한국교회에도 하나님이 원하시는 새로운 시대적 소명을 감당하기로 다짐하고 준비된 목회자와 교인이 있다. 그리고 여전히 한국교회를 포기하지 않으시는 하나님이 우리 곁에 계신다.

**에필로그**

# 그래도 교회가 희망이다

### 교회 안에는 여전히 힘과 가능성이 남아 있다

한국교회를 둘러싸고 일어나고 있는, 또한 일어날 수 있는 다양한 문제와 위기를 분석하고 예측했다. 필자의 분석과 상관없이 일부에서는 한국교회의 현 상황을 절망적으로 생각한다. 세상의 빛과 소금은커녕 조롱의 대상이고, 하루빨리 없어져야 하는 대상으로 지목받을 정도다. 한국교회는 희망을 주는 공동체가 아니라 비난과 지탄의 대상이 되어가고 있다. 자기들만의 리그를 한다는 비아냥을 듣는 상황이다. 필자도 이대로 간다면 한국교회는 더 큰 위기에 빠질 것이며, 더 큰 수치를 당하게 될 것으로 예측했다.

하지만 필자는 이렇게 말하고 싶다. 성경적 세계관으로 현재와 미래를 들여다본다면, 그래도 교회가 희망이 되어야 한다. 아니, 그래도 교회가 희망이다. 교회 안에는 여전히 세상을 변혁시키는 역량과 사람을 변혁시키는 힘과 가능성이 남아 있다. 성경이 제시하는 교회는 현대적으로 보면 '변혁적 공동체'에 가깝다. 성경이 말하는 교회가 가져야 할 리더십도 현대적으로 해석하면 '변혁적 리더십' Transformational Leadership과 일치한다.

### 교회 공동체 본연의 모습을 회복한다면

'변혁적 리더십'이라는 용어는 1978년 미국 정치학자 제임스 맥그리거 번스가 처음으로 사용했다. 그는 리더가 조직 구성원의 사기를 올리기 위해 미래의 비전과 공동체적 사명감을 강조하고, 이를 통해 조직의 장기적 목표를 달성하게 하는 리더십을 발휘해야 한다고 주장했다. 그리고 이런 리더십은 보상이나 협상으로 동기를 유발하면서 단기적 성과를 강조하는 '거래적 리더십' Transactional Leadership과 대조된다고 설명했다. 변혁적 리더십은 거래적 리더십과 달리 부하 직원이 더 나은 모습으로 성장하고 변화되는 데 중심을 두고 동기부여한다.

변혁적 리더십의 주요한 특징은 다음과 같다. 현실에 대한 냉철한 분석과 미래를 내다보는 통찰력을 가지고 부하 직원이 더 높은 차원의 원대한 비전으로 나아가도록 동기부여를 하여 자신을 따르는 한 사람 한 사람을 미래를 향해 도전하고 발전하게 한다. 이를 위해 리더는 모범적 가치와 희생적인 행동을 하여 역할 모델의 표준을 제시하고, 비전을 현실화시킬 수 있는 혁신적이고 창조적인 전략을 개발하며, 부하 직원과 조직 전체의 비전이 함께 실현되도록 세심한 관심과 코칭을 제공하고, 모든 이들이 가치관, 행동, 역량 등의 성장을 경험하도록 헌신적으로 노력한다.

이런 리더십으로 이끌어지는 공동체가 변혁적 공동체다. 그래서 변혁적 공동체는 업무 성과에 중심을 두지 않고 사람에 중심을 둔다. 사람에 중심을 두고 약간은 느리지만, 자연적으로 업무 성과가 나타나도록 하지만 시간이 지날수록 기하급수적 성장 곡선을 그리며 상승한다. 이 모든 것은 예수님의 리더십이고, 예수님이 만드신 교회 공동체의 모습이다.

본래 교회 공동체는 이런 모습으로 창조되었다. 세상의 빛과 소금의 역할을 할 수 있도록 창조되었다. 이런 공동체 안에 들어가면 회복과 변화, 갱신과 행복을 경험하도록 창조되었다. 한국교회가 교회다움을 회복하면 이런 공동체의 특성을 발산할 수 있다. 한국교회가 '성과'가 아닌 '사람'에게 관심을 두는 본연의 모습으로 돌아가면 빛과 소금의 역할을 회복할 수 있다. 조롱의 대상이 아니라 희망의 대상이 될 수 있다. 업무 성과보다 사람을 먼저 생각하는 교회, 직분을 남발하기 전에 사람을 세우는 데 중점을 두는 교회로 되돌아가야 한다. 그러기 위해서는 현실을 냉정하게 분석하고 겸허하게 받아들여야 한다.

미래는 긍정적으로, 혹은 부정적으로 예측해서는 안 된다. 미래는 객관적으로 예측해야 한다. 그리고 미래의 모습이 위기든 기회든 그것에 대해 믿음과 소망을 가지고 나아가야 한다. 아울러 더 나은 미래, 하나님 나라의 확장이라는 위대한 비전으로 한 사람 한 사람을 이끌고 나가야 한다. 이런 교회 공동체 본연의 모습을 회복하기만 하면 한국교회는 여전히 세상의 희망이 될 수 있다. 다시 한 번 세상의 희망이 될 수 있다. 반드시 그렇게 되어야 한다.

book in book 3

# 하나님이 원하시는 경제 정의

**경제, 현대사회 및 현대 교회 질병의 중심부**

현대사회의 각종 사회적 질병과 피해자를 만들어 내는 가장 중요한 동인은 경제적 영역에 있다. 현대 교회도 마찬가지다. 왜 그럴까? 자본주의 사회에 살고 있기 때문이다. 그래서 경제구조를 먼저 성찰하고 바꾸지 않으면 현대사회의 질병을 근본적으로 치료할 수 없다. 경제적 탐욕과 권력욕이 현대 경제구조의 중심부에 차지하고 앉아서 주변부를 착취하고 억압하는 한 대부분의 사회적 질병은 치료할 수 없다. 경제적 폭력이 낳은 수많은 갈등은 해결되지 않는다. 잠시 해결한 듯 보여도 다시 재발한다. 사회적 질병을 치료하기는커녕 사회적 약자의 생계를, 생존을 위태롭게 한다. 이것은 필자만의 생각이 아니다. 초대 교부들의 통찰이자 루터와 칼빈, 청교도들의 통찰이었다.

전례 없는 풍요 속에 전례 없는 절대적 가난이 지구 반대편에 존재하고, 전례 없는 상대적 가난이 우리 이웃에 있다. 국내외로 빈부의 격차가 점점 더 벌어지고 있다. 교회들 사이에도 빈부 격차가 심해지고, 교인들 사이에도 심해지고 있다. 진정한 기독교인이라면 이런 현실 앞에 서 있다는 것에 치욕을 느껴야 한다. 하지만 한국교회는 치욕을 느끼기는커녕 중세 암흑기처럼 세상을 꿰뚫어 보는 통찰력 자체를 잃어버렸다. 경제가 교회와 무슨 상관이 있느냐는 식이다. 오히려 수단과 방법을 가리지 않고 부자가 되는 것이 선택받은 증거라고 가르쳤다. 부의 절대량이 나를 향한 하나님의 사랑의 절대량과 비례한다고 가르쳤다. 교회의 크기와 경제력의 규모가 하나님이 사용하시는 수준과 비례한다고 외쳤다.

절대 빈곤이나 상대적 빈부 격차는 창조 때 만들어진 절대적 상황이 아니다. 특정 부류의 사람이나 민족에게는 자연스러워야 하는 조건이 아니다. 무식, 비효율성, 도전 회피 성향, 일하기 싫어하는 나태함과 게으름, 야망의 결여만으로 설명하기에는 비정상적인 절대 빈곤과 부의 불균형 분배다. 사다리를 걷어차서 올라갈 수 없는 상황에 놓인 사람들이 울부짖으며 하는 말도 귀담아들어야 한다. 모든 인간은 하나님의 형상으로 창조되었다. 모든 사람 속에는 하나님의 형상이 있기에 자격을 먼저 거론하기 전에 존경하고 사랑하는 자세로 시작해야 한다. 하나님의 형상이라는 공통점이 있기에 주님이 우리에게 마음으로, 작은 행동으로, 그리고 경제적 활동으로 "서로 사랑하라"라는 명령을 하셨다는 것을 기억해야 한다.[11] 이것이 하나님의 뜻이고 창조의 질서다.

사도들의 가르침을 이어받은 속사도 교부들의 글에서도 같은 가르침이 나타난다. 로마의 클레멘트는 "그러면 형제들이여! 이제 우리는 어떻게 살 것인가? 하나님의 복을 받은 채로 그냥 게으르게 살아갈 것인가? 강한 자들은 약한 자들을 돌보며, 약한 자들은 강한 자들을 존경하도록 하자. 부유한 이들은 가난한 이들에게 도움을 베풀어 주고, 가난한 이들은 하나님께 감사함으로 이 모든 일을 통해서 하나님이 그들의 필요들을 채워 주시도록 하자"[12]라고 가르쳤다. 이외에도 『바나바 서신』The Epistle of Barnabas이나 『허마스의 목자서』The Shepherd of Hermas 등에도 같은 가르침이 있다.

기독교 변증가였던 저스틴 마터의 『변증서』The First Apology에는 "한때 부와 재산을 축적하는 데 가장 큰 기쁨을 느꼈던 우리는 이제……도움이 필요한 사람들과 함께 나눈다"[13]라는 가르침이 나온다. 터툴리안도 기독교인들이 매월 특정일에 자원하는 마음으로 자신의 분량에 맞게 가난한 자들을 돕는 기금을 마련하는 일을 했으며, 다음과 같은 곳에 아름답게 사용했음을 기록했다. "가난한 자들의 장례나 후원을 위해, 부모가 없고 도움의 손길이 미치지 못하는 아이들을 위해, 집에서 나오지 못하시는 어르신들을 위해……탄광이나 섬이나 감옥에 있는 이들을 위해 사용되었다."[14] 크리소스톰은 "나사로와 부자의 비유"를 설교하면서 부자들의 죄악을 씻어 주시기 위해 하나님이 가난한 자들을 그들 곁에 두셨다고 가르쳤다. 부자가 가난한 이웃을 구제하면 가난한 사람이 경험하는 영적 체험을 하게 하신다는 것이다.[15] 특히 터툴리안은 기독교인들의 이런 행위가 이방인에게 "서로 사랑하고 서로를 위해 죽을 준비가 되어 있는"[16]

아주 '독특한 특징'으로 보였다고 말했다. 아리스티데스의 글을 보면, "그들 중에 가난하고 궁핍한 사람이 있는데 도울 여력이 없다면 이들은 2~3일을 굶고 자기 먹을 것을 아껴서라도 궁핍한 사람을 돕는다"[17]라고 기록되어 있는데, 이 정도로 속사도와 기독교 변증가의 시대에도 총체적 복음 관점으로 경제문제에 접근한 시도가 활발했었다.

중세 암흑기를 극적으로 반전시킨 16세기 이후 종교개혁자들과 청교도들의 기도를 다시 떠올려 보자. "지금 이 세상에서 벌어지는 고통, 불균형, 불의, 그로 인한 비참한 상황과 이웃에 대해 우리가 책임감을 갖게 하소서." "주님, 우리에게 많은 복을 주셔서 감사합니다. 이제부터는 우리가 불행한 이들을 기억하고 돌보게 해주옵소서." "오 하나님, 굶주리는 자들에게는 빵을 주시고, 빵을 가진 우리에게는 정의에 대한 굶주림을 주소서."

이런 생각과 기도는 성경의 가르침이요, 초대교회 교부들의 가르침이요, 종교개혁자 루터와 칼빈의 가르침이기도 하다. 이를 무시하는 것은 하나님의 뜻을 무시하고, 창조의 질서를 왜곡하는 죄다.

루터는 참 신학자는 책을 읽고, 명상하고, 사변하는 것만으로는 만들어질 수 없고 오직 믿음으로 십자가만 붙들고 그리스도와 함께 고난의 짐을 함께 지는 것을 통해 만들어진다고 확신했다.[18] 동시에 루터는 중세 시대의 공덕주의를 비판하면서 올바른 복음과 순수한 믿음이 바르게 가르쳐지는 곳에서는, 어디서나 예수님과 사도들의 가르침을 따라 경제적인 선행을 자연적으로 기대할 수 있게 된다고 보았다.[19] 구걸은 하나님의 뜻에 반하는 일이며 기독교의 수치라고 가르치며 노동에 가치를 크게 부여했다. 루터에게 노동은 자극이며, 훈련이며, 이웃 사랑의 행위였다.[20]

칼빈은 돈에 기초한 재화의 교환과 노동 분업을 각자가 속한 공동체 전체를 풍요롭게 하는 '구체적인 상호 교제'라고 생각했다. 그래서 이런 상호 교제를 막는 매점매석으로 부를 긁어모은 자들을 향해 "살인자, 사나운 짐승, 가난한 자를 물어뜯고 삼키는 자, 그들의 피를 빨아먹는 자"라고 격렬하게 비난했다. 경제적 악을 피해야 하지만 경제적 선도 행해야 한다고 주장했다.[21] 칼빈의 이런 생각은 당연히 성경에서 나왔다. 부는 은사(선물)가 아니라 노력과 순종의 대가로 주어지는 복이라는 사실을 간파한 칼빈은 가난은 저주의 대상이 아니고 부요함도 개인적 공로에 대한 하나님의 축복의 증거가 아니라고 가르쳤다.[22] 칼빈은 빈곤은 인간이 선을 행할 기회를 부여하기 위해 하나님이 허락하신 사건이라고 해석했다.[23] 칼빈이 부자들에게 요청한 것은 금욕주의나 재물의 포기가 아니라 자신의 재력이 허용하는 한도 안에서의 선한 행동과 마음이었다.[24]

루터는 농업은 인정했지만 상업은 혐오했다. 칼빈은 상업을 인정했고 경건한 자의 생활이 끈끈한 교제(상업 네트워크)와 상품의 정당한 교환(거래)으로 구성된 건전한 상업적 활동과 비교된다고 말할 정도로 상당히 호의적이었다.[25] 하지만 칼빈은 신자유주의가 주장하는 완전한 자유경쟁 체제는 부정했다. 칼빈은 오히려 자유경쟁을 방치하지 말고 제한하는 것이 더 성경적이라고 생각했다.[26] 칼빈에게 중요한 것은 하나님의 원칙이었고 신앙의 균형이었다. 칼빈은 하나님의 전적 주권 사상을 제네바시의 가난한 자들과 소외된 자들을 돕는 데도 적용했다.

또한 십계명 중에서 제6계명을 해석하면서 사회적, 경제적 정의의 문제에 대한 기독교인들의 의무를 강조했다.[27] 이웃의 소유에 대해 탐심을 갖는 것이나 집, 땅, 아내 등을 공유하는 것은 원소유자이신 하나님께 죄를 짓는 것이라고 보았다. 이런 생각 위에 칼빈은 자본에 대한 사유권을 인정했다.[28] 대신 사유 자본의 축적이 어떤 방법에 의해서 이루어지는가 와 모은 재산을 얼마나 규모 있게 사용하느냐에 대해서는 성경적 기준을 엄격하게 적용하려고 노력했다. 분에 넘치는 사치와 낭비벽은 죄악이며 인간을 짐승으로 전락시키는 행위라고 가르쳤다. 특히 가난한 자들을 착취하는 부자들을 '살인자'라고 부르면서 경제적 불공정의 문제들을 해결하라고 설교했다.[29]

당시 제네바 시[30]에는 로마가톨릭의 핍박을 피하고자 프랑스에서 온 난민들과 갑작스러운 재난과 빈번한 전쟁으로 스페인, 이탈리아, 영국 등에서 많은 사람이 대거 몰려들면서 가난하고 병들고 굶주린 사람들과 부랑인들이 가득했고, 도시 기능이 마비될 정도로 사회적 혼란이 난무하면서 총체적 복음 사역이 필요했다. 이에 칼빈은 '종합구호원' General hospital과 '프랑스 구호 기금' Bourse Francaise 등을 세우고 기관 운영에 깊이 관여하면서 자신과 교회들의 헌금을 통해 마련된 기금으로 하룻밤 묵어갈 수 있게 하고, 병든 자들을 치료해 주고, 가난한 자들과 고아와 노인들에게 생활품과 음식을 제공해 주고, 구호원에서 의류 제조업이나 직물업 같은 사업을 운영하면서 일자리 등을 제공하는 사역을 시작했다.[31]

교회의 집사들에게는 미성숙한 근로자들을 돌보고 가르치는 일들을 수행하게 했다. 칼빈은 집사의 주요 업무는 로마가톨릭처럼 성직자를 보조하거나 교회 예식을 돕고 행정적 업무를 하는 것이 아니라 가난한 자들을 돌보는 것이라는 내용을 1541년에 "제네바 교회 법령" 60조, 62조, 66조 등에 명시하기까지 했다.[32] 칼빈은 로마서 12장 8절에 기록된 '위로하는 자, 구제하는 자, 다스리는 자, 긍휼을 베푸는 자'의 분류에 근거해 집사 직분을 '관리 집사'와 '봉사 집사'로 나누었다. 전자는 교회의 재산뿐만이 아니라 구호금, 수당, 연금 등과 같은 가난한 자들을 위한 물질을 보관하고 분배하는 일을 수행하고, 후자는 병든 자들과 가난한 자들을 돌보고 심방하는 역할과 때에 따라서는 포도원과 농작물, 소와 말 등의 가축을 돌보는 일이나 가난한 자들을 위한 일자리 창출 사업이나 병원의 업무까지도 감당해야 한다고 했다.33)

칼빈은 가난의 문제에 대한 정부의 역할도 강조했다. 그는 정부의 가치는 사회의 약자들에 대해 어떤 역할을 하고, 그 시행 내용이 구체적으로 무엇인가에 따라 결정된다고 주장했다.34) 또한 정부는 시민들의 사유재산을 안전하게 보호하고, 그들이 정당하게 재산을 형성해 가도록 하며, 정직과 단아함이 유지되도록 지도해야 할 책임을 지고 있다고 보았다.

17세기에는 독일 경건주의 운동을 주도한 필립 스페너, 18~19세기에는 영국과 미국을 중심으로 칼빈주의 사상을 뿌리로 하는 청교도들이 총체적 복음의 관점으로 경제문제에 대해 활발하게 사역했다. 그들은 청지기적 관점을 가지고 있었기에 가난한 자들의 필요를 위해 자신의 재물을 사용했다. 칼빈의 사상에 뿌리를 두고 있었던 청교도들은 가난한 사람들에게 음식이나 생필품을 나누어 주는 것에 그치지 않고 일자리를 찾아 주어 경제적 활동을 스스로 하도록 도와주는 것이 가장 좋은 자선이자 구제라고 생각했다.35)

영국의 부흥 운동가였던 존 웨슬리도 이 사역에 깊은 관심을 가졌다. 웨슬리는 천국의 모습이 종말적이고 초월적이지만, 동시에 희년 사상을 통해 지상에서 실현될 천국도 믿었다. 당시 18세기 영국은 산업혁명이 일어나면서 그 부작용으로 여자와 어린이 노동력의 부당한 착취와 부의 불균형 분배 등이 심하게 일어났다. 3~4세의 아이들이 석탄 광부로 일하는 일이 발생했고, 6~21세의 여성들이 상반신 나체로 짐승처럼 탄광에서 일했다. 어떤 여인은 갱도 안에서 아이를 낳는 일도 벌어졌다. 산업 노동 현장에서도 3분의 1가량 5~8세의 어린아이들이 노동했고, 맨체스터 시에서는 1만 5천 명의 노동자가 지하실에 살거나 한 침대에서 3~6명이 사는 등 돼지우리 같은 집에서 살았다. 그 결과 리버풀과 같은 영국의 주요 도시에서 노동자의 평균수명은 15~22세에 불과했다.[36]

이런 상황을 목도한 웨슬리는 이 땅에서의 희년의 적극적인 실현을 위해 과도한 국가의 빚과 불필요한 연금으로 인해 부당하게 늘어난 세금 제도에 대한 개혁, 고용 제도의 개혁, 노예해방 운동, 재물의 나눔과 경제에 대한 청지기 의식의 실현, 재산상속 반대, 농장 독점화 반대, 시장경제에 의한 자본의 독점화에 대한 반대, 탄광 일꾼들을 위한 노동조합 운동 등을 적극적으로 실천했다.[37] 웨슬리는 예수 그리스도로 인해 새롭게 거듭나면 인간의 경제 의식도 새로워져야 한다고 믿었다. 모든 재산과 소유를 하나님의 것으로 인정하고, 희년의 사회정신이 이 땅에 이루어지도록 자기의 자본을 사용해야 한다고 믿었다. 굶주리고 가난한 자들과 소외된 자들을 위해 돈을 사용하는 것이 자본을 그 본래의 소유주이신 하나님께 돌려 드리는 행위라고 믿었다. 심지어 경제적 성화 생활을 하지 않는 자는 구원받은 성도가 아니라고까지 생각했다.

웨슬리는 자신도 이런 생각을 실천하기 위해 대학 교수로 살면서 죽을 때에는 은수저 한 벌과 몇 페니만을 남길 정도로 전 생애 동안 자신이 번 3만 파운드 중에서 10분의 9를 선교와 구제 사업에 사용했다.[38] 웨슬리는 청지기 원리에 따라 돈의 3대 사용 원리를 다음과 같이 설교했다. "열심히 벌어라 Gain all you can. 할 수 있는 대로 많이 저축하라 Save all you can. 할 수 있는 대로 많이 주라 Give all you can." 하나님이 주신 모든 재능을 활용해서 부지런히 돈을 벌고, 자녀를 위해서나 사치를 위해서 돈을 낭비하지 말고 저축하고, 올바른 곳에 하나님이 기뻐하실 경제적 재분

배를 하라고 설교했다.[39]

'영국의 양심'이라고 불리는 윌리엄 윌버포스는 노예제도를 폐지하는 것이 자신의 소명이라고 생각하고 20년 이상 노예무역 폐지를 위해 노력했다. 1807년 2월 23일 노예무역 폐지가 결정되었고, 1833년에는 노예제도 자체를 종식하는 법안이 영국 국회에서 통과되었다. 윌버포스는 가난한 이들을 착취하는 데 사용된 복권 시스템을 폐지했고, 과도한 노동 시간을 제한하고, 어린이 노동법을 통과시켰다. 가난을 해결하기 위해 정부가 직업교육을 하고 일자리를 연결해 주는 시스템을 시행하도록 했으며, 호화로운 파티 문화에 젖어 있던 귀부인들에게 사회봉사에 적극적으로 참여하도록 했다.[40]

20세기에 세계적으로 알려진 설교가이자 학자이며 저술가인 존 스토트도 초기에는 복음 전파와 제자 삼는 일에만 집중하다가 1974년 로잔회의 직후 다음과 같은 말을 통해 총체적 복음, 혹은 총체적 복음화론에 대한 관심을 크게 나타냈고, 이를 기독교인의 정체성으로 인식했다.

지상 위임령이 단지 예수님이 명하신 모든 것들을 회심자들에게 가르쳐야 하는 것에 불과하거나 사회적 책임이 그 명령 중에 포함되었다고만 말하는 것은 옳지 않다. 이제 명백한 것은 예수님의 말씀을 왜곡하는 죄를 범하지 않는 한 그 위임령의 결과뿐 아니라 그 위임령 자체가 복음적 책임과 사회적 책임까지 내포하는 것으로 이해되어야 한다.[41]

미국에서는 1, 2차 대각성 운동을 이끌었던 지도자들을 통해 이런 사역이 계승되었다. 18세기 1차 대각성 운동의 대표적인 지도자였던 조나단 에드워즈는 당시 뉴잉글랜드에 만연되어 있던 부정직한 사업과 부당한 이익 갈취 등에 대해 강력하게 규탄하고, 절대적 의무로서의 나눔 사역을 강조하면서 기독교인들의 진정한 돌이킴을 가르쳤다.[42] 19세기 2차 대각성 운동의 대표 지도자였던 찰스 피니도 진정한 회심은 이웃을 위한 선행과 사회적 책임과 불가분의 관계에 있는 총체적 회심이라고 보고 노예제도의 폐지, 이민자를 위한 취업, 가난한 자에 대한 구제 등의 사역에 힘을 쏟았다. 1880년 '크리스천 미션' Christian Mission 운동을 시작했던 윌리엄 부스와 캐서린 부스는 미국에 들어와 구세군을 세우고 구제와 복음 전도 사역을 했다. 이들을 중심으로 구세군 교인들은 빈민 은행을 설립하고, 탁아소를 운영하고, 무료 법률 상담, 백인 노예무역 반대 등의 사역을 했다.[43]

우리가 존경하고 닮고 싶어 하는 모든 신앙의 선배들은 사회와 교회 질병의 중심부에 경제문제가 있다고 통찰했다. 그 문제에 대해서 직접 가르치고 개혁을 시도하지 않으면 교회를 병들게 하고 균형 잃은 신앙을 갖게 한다는 것을 알았다. 그래서 강단에서 타협 없이 올바른 성경적 경제 기준과 경제활동을 선포했다. 그리고 직접 앞장섰다. 부자들에게 하나님의 뜻을 따를 것을 재촉했다. 부자들이 모두 나쁘거나 악랄하거나 우리의 적이라는 말은 아니다. 그들에게도 하나님의 형상이 공통분모로 있다. 자본주의사회에서 사는 한 경제적 측면은 사회 전체에 지대한 영향을 준다는 점을 인정해야 한다는 말이다. 사회 전체를 바꾸기 위해서는 경제를 가장 중요하게 다루어야 한다. 생명을 구하기 위해서는 최소한 경제문제를 소홀하게 다루어서는 안 된다. 올바른 기독교인이라면, 진정한 예수님의 제자라면, 구원받은 하나님의 백성이라면 현실에서 마주치는 사회나 경제구조와 그 배후에 있는 역학을 변화시키려는 시도를 통해 사회적 약자의 소외됨을 줄여야 한다. 사회나 경제구조 속에 있는 잘못된 관행과 잘못된 특징들을 비판하고 고쳐 나가야 한다. 사회가 해서는 안 되는 일을 하거나 불의와 불행을 조장하거나 영속화하면 갱신을 이루어야 한다.

나만 살면 되고 나머지 책임감은 중요하지 않다는 생각은 한 달란트 맡은 종의 왜곡되고 삐뚤어진 착각이다. 산 밑은 더럽고 죄악되기 때문에 산 위에 초막 셋을 짓고 영원히 살자고 생떼를 썼던 제자들의 어리석음과 같다. 주님은 산 밑으로 내려가 청지기의 사명을 다하라고 가르치셨다. 다시 올 날이 가까워지니 깨어 세상을 통찰하고 맡은 바 사명에 충성하라고 하셨다. 자신이 딛고 있는 영역이 어디든 예외 없이 주님의 전적 주권을 실현하라고 비전을 주셨다.

### 오이코노미아와 크레마티스티케

인간의 경제활동을 묘사하는 그리스어 단어는 두 가지다. '오이코노미아' oikonomia 와 '크레마티스티케' chrematistike 다. '청지기의 행위'를 뜻하는 '오이코노미아'는 '경제'를 뜻하는 영어 단어 'economics'의 어원이다. 이는 자기에게 맡겨진 주인의 자산을 잘 관리하고 생산성을 계속 내어 주인의 집에 일하는 모든 사람의 생계를 유지하는 청지기의 행위를 지칭한다. 반면 '크레마티스티케'는 이웃이나 경쟁자를 짓누르고 희생시켜서라도 더 많은 돈을 긁어모으는 아주 이기적이고 악랄한 행위를 가리킬 때 사용한다.44)

1%의 부자가 부의 대부분을 소유하고, 심각한 부의 불균형을 용인하고, 근로자를 착취하고, 수단과 방법을 가리지 않고 혼자만의 부를 끌어모으는 데 혈안이 되면서 점점 왜곡되어 가는 자본주의의 모습은 크레마티스티케를 닮았다. 올바른 규범을 따르지 않는 경제가 다른 모든 영역

을 억압적으로 지배하는 모습도 크레마티스티케를 닮았다. 기독교인들조차도 청지기(오이코노미아) 규범을 따르는 경제활동을 하지 않고 생산 증대라는 목표를 쫓는다. 크레마티스티케를 닮아 가고 있다. 크레마티스티케식으로 돈을 번 후 그 불의한 돈으로 선한 일을 하면 된다는 저급한 발상의 유혹에 빠져든다. 1%의 초대형 교회만 살아남고 나머지 99%의 교회들은 생존을 걱정하는 한국교회의 상황도 크레마티스티케를 닮았다. 그들이 외치는 구호나 교회 건강도를 측정하는 기준들도 크레마티스티케를 닮았다. '출석 숫자, 전도 숫자, 헌금 액수, 교회 크기, 시설 수준, 성공 설교, 사업 성공.' 예수님과 바울이 제시한 건강한 교회의 구호 및 기준과 비교해 보라. 앞의 항목들은 악은 아니지만 다음의 3가지 영역을 억압적으로 지배하는 모습이다. '믿음의 역사, 사랑의 수고, 소망의 인내.'

청지기는 경제구조가 사람들에게 유익을 주도록 관리해야 할 책임을 수행한다. 경제구조가 하나님의 정의와 샬롬을 도모하도록 관리해야 한다. 그래서 경제에 대해 끊임없이 규범적 성찰을 하는 것이 관리의 시작이다. 자신이 몸담은 경제구조가 상당수 사람들의 삶을 피폐하게 만들고 있다는 사실에 무한한 책임감을 가져야 한다. 이런 책임감을 망각하고 단순하게 생산 증대라는 좁은 시야에만 갇힌 '터널' 증상에 빠져 있어서는 안 된다.

돈은 돈이다. 생산은 생산이다. 경제성장은 경제성장이다. 이 모든 것은 하나님이 우리에게 주신 선물이다. 하지만 선물이 이데올로기가 되면 우상이 된다. 돈 자체, 생산 증대, 경제성장에 결정적 우선권을 부여하면 우상숭배가 된다. 하나님이 우리에게 주신 선물에 신적 위상을 부여하면 맘몬을 섬기는 행위가 된다. 즉 돈에 삶의 결정적 우선권을 부여하고, 생산 증대에 회사 경영의 결정적 우선권을 부여하고, 경제성장을 궁극적 가치를 지닌 사회적 선으로 여기고, 더 나아가 신적 위상을 부여하면 맘몬이 된다. 그것들은 자기를 신뢰하는 사람을 노예로 만들기 때문이다.[45]

아무런 의심 없이 돈이 선이고, 생산성이 선이고, 경제성장률이 선으로 신봉되는 관행을 가정에서, 교회에서, 회사에서, 나라에서, 인류 역사에서 뿌리 뽑아야 한다. 이런 관행이 현대자본주의의 중심에 자리 잡고 있다. 이런 우상숭배에서 벗어나기 위해서는 알고 있는 기준, 사로잡고 있는 기준에 대한 성찰이 필요하다. 그 기준이 성경적인지 반성해 봐야 한다. 어쩌다 우리가 성경적 기준에서 후퇴하게 되었는지도 살펴봐야 한다.[46] 이런 평가와 관리 원칙은 당연히 성경에서 나와야 한다. 크레마티스티케의 원리는 세상에서 나온다. 그러나 오이코노미아의 원리는 성경에서 나와야 한다. 시대마다 지역마다 상황은 다르지만 그 가운데서도 경제 정의와 경제 샬롬을 이루는 가장 좋은 방법과 기준이 무엇인지는 성경에서 나와야 한다.

### 자본의 소유권에 대한 성경의 가르침을 선포하라

'자본'이란 인간의 삶을 증진하는 데 도움이 되는 쓸모 있는 가치를 지닌 모든 물체나 물질인 재화들의 집합이다. 혹은 재화와 용역을 생산하거나 효용을 높이는 데 드는 가치 있는 밑천이라고도 정의한다.[47] 그리고 학문적 연구나 사용 용도에 따라 실물 자본, 화폐자본, 인적 자본, 사회간접자본 등으로 세부적 분류를 하기도 한다. 자본은 한 나라나 기업, 그리고 개인의 경제적 성장에 아주 중요한 요소다. 예를 들어, 경제적 성장을 위해서는 자본의 축적을 기반으로 교육 투자, 생산성 향상, 정치적 안정, 인구 증가, 사회간접자본 투자, 기술 개발과 활용, 민주주의 및 자유

화, 경제성장에 유리한 사회제도 개선 등이 진행되어야 한다.[48]

성경적으로 표현한다면, 하나님이 만드신 "하늘과 땅과 그 위의 만물"(신 10:14)이 자본이다. 그리고 성경적으로 자본의 소유권은 전적으로 하나님께 있다(대상 29:12, 요 1:3). 계속해서 붙드시고, 보존하시고, 새롭게 하시는 분도 하나님이시다(느 9:6, 히 1:3, 계 21:5). 다윗도 역대상 29장 11절에서 "천지에 있는 것이 다 주의 것"이라고 고백했다. 다윗에게는 이런 분명한 인식과 원칙이 있었기에 하나님의 마음에 맞는 사람이라는 칭찬을 받을 수 있었다.

자본의 관리에 대한 권리와 책임은 인간에게 있지만 성경은 '희년 제도'를 통해 자본의 소유권이 영원히 하나님께 있다는 것을 분명히 하고 있다. 희년 제도가 경제의 중요한 형식으로 적용되어야 한다고 말하는 것이 아니다. 희년 제도의 본래 뜻도 그것이 아니다. 희년 제도는 자본의 소유권이 하나님께 있다는 것을 가르치기 위한 도구다. 그러기에 경작, 수확, 분배 등 일련의 모든 과정을 하나님의 기준에 따라 해야 한다는 것을 가르치는 도구다.

한국교회 강단은 돈을 많이 버는 것이 축복의 척도요, 구원의 척도라고 선포하지 말고 희년 제도의 본질을 오늘날 우리의 경제활동에 실현하는 것을 점진적 성화의 목표로 선포해야 한다. 이 기준으로 믿음의 역사인지 아닌지 평가해야 한다. 농경시대, 산업주의 시대를 지나 정보화 시대, 그리고 '자본주의 3.0'을 논해야 하는 현대에도 모든 자본의 소유권이 하나님께 있다는 것은 여전히 유효하다.

희년 제도가 이 시대에 요청하는 또 하나의 경제 기준이 있다. 끊임없이 경제 제도가 만들어 내는 비인간적인 결과를 최소화하면서 더 좋은 경제 제도를 향해 갱신을 멈추지 말라는 것이다. 한국교회가 경제와 관련해서 타협하지 않는 선포를 한다는 것은 바로 이런 하나님의 기준을 포기하지 말고 외친다는 것이다. 매 50년[49] 5월 10일에 시작되는 희년(레 25:8~17)은 예수 그리스도의 보혈로 얻어지는 죄의 용서와 구속을 상징하는 속죄일이다.[50] 희년에는 죄 용서함을 받은 하나님의 자녀들만이 참여한다는 것, 동시에 구원받은 성도들이 반드시 지켜야 할 하나님 나라의 원칙이라는 것은 무엇을 의미할까? 하나님의 경제원칙과 윤리가 하나님의 자녀들에게 우선 적용되며, 동시에 반드시 지켜야 할 원칙임을 시사한다.

희년이 선포되면 구속받은 성도의 대표인 이스라엘 백성은 기쁨과 승리의 상징인 뿔 나팔을 전국적으로 불면서 '자유'를 선포하는 의식을 거행한다. 죄악의 노예에서 자유함을 기념한다. 영적인 기념뿐만 아니라 구체적인 행동도 실행한다. 일시적으로 자유를 빼앗기거나 종으로 팔렸던 사람들, 혹은 다른 가족에게 팔렸던 사람들은 자유를 되찾고 각자의 고향으로 돌아갈 수 있다. 사회적 약자들은 빼앗겼던 집과 토지를 돌려받아 최소한의 생존과 경제활동의 권리를 회복하고 자립할 수 있게 된다. 구속받은 성도의 대표인 이스라엘 백성은 50년마다 선포되는 희년 의식과 구체적인 행동 규정을 통해 하나님의 경제원칙을 적용하고 지킨다. 희년 의식이 지속되는 한 부와 가난의 대물림이라는 피해에서 벗어나 사회구조적인 보호를 받게 된다.[51]

희년에 나오는 경제 사상은 자본주의도, 사회주의도 아니다.[52] 자본주의처럼 부의 축적에 대한 자유가 보장되지만 희년이 되면 토지가 휴식을 취하게 하거나 사회주의가 부르짖는 최소한의 공평한 사회를 위해 부채, 노예, 담보로 잡은 마지막 생계 수단 등을 탕감하거나 되돌려 준다.[53] "희년 규정은 하나님의 정의가 인간 사회에 온전히 실현되도록 부단히 노력하기를 요청하는 규정"54)이며, 사회적 차원에서 "보다 더 정의로운 체제와 제도를 모색해 나갈 것을 요청"55)하는 제도다. 그렇다고 자본주의 제도를 완전히 부정하거나 전복시킨 후 새로운 체제와 제도를 만들어야 하는 것은 아니다. 희년 제도는 "(그 당시에도) 이스라엘의 경제구조를 (전면적으로) 바꾸라는 명령이 아니고 그 구조를 그대로 인정하면서 그 구조가 가진 비인간성을 최소화시키자는 의도로 제정된 것이다."56)

성경은 인간의 자유와 경제적 권리가 '좀 더 강한 인간'에게 더 많이 있는 것도 아니고, '자신 스스로'에게 있는 것도 아니며, 오직 하나님 한 분께만 있음을 반복적으로 교훈한다. 레위기 25장 23절도 "토지를 영구히 팔지 말 것은 토지는 다 내 것임이니라"라는 선언을 통해 모든 땅의 소유권이 하나님께 있고, 이스라엘 백성에게는 한시적으로 평등하게 분배된 것일 뿐이며(민 26:52) 경작하고 수확함에 있어서도 하나님의 원칙을 따를 것을 가르친다. 분배된 땅은 영원히 하나님의 기업이다. 주님이 재림하시면 땅은 하나님 나라로 완전히 귀속된다. 희년은 땅과 생명이 최초의 관리인에게로 되돌려진다는 것을 잊지 않게 하는 교육 효과를 가진 제도였다.57)

희년 안에 담겨 있는 경제 윤리 원칙은 구약시대에만 적용되었던 것이 아니다. 초대교회도 이 원칙을 분명히 알고 실천에 옮겼다. "믿는 무리가 한마음과 한뜻이 되어 모든 물건을 서로 통용하고 자기 재물을 조금이라도 자기 것이라 하는 이가 하나도 없더라"(행 4:32)라는 말씀은 성령 충만함을 받은 초대교회 성도들이 마음의 감동을 받아 자신의 것을 기꺼이 나누었다는 것만을 의미하지 않는다. 이 말씀은 성령 충만함을 받은 후 초대교회 성도들이 영적으로만이 아니라 경제적으로도 하나님의 백성으로서의 올바른 원칙과 윤리를 회복했다는 뜻이다.

초대교회가 구약성경에 나온 문자 그대로 희년을 적용한 것은 아니다. 희년이 담고 있는 경제 윤리 정신을 계승하고 발전시켰다. 희년이 되어야만 땅과 생명을 자유롭게 한 것이 아니라 매일같이 자본의 모든 소유권이 하나님께 있으며 하나님의 경제원칙을 따라 경제활동을 하는 정신에서 한마음이 되었다. 초대교회 성도들은 재산(자본)의 사적 관리권을 인정하면서도 '자원하여', '가난한 사람이 없도록' 각자의 '필요에 맞추어' 분배하고 되돌리는 새로운 경제적 행위를 일상에서 수시로 지속했다.[58] 물질을 서로 공평하게 나누어 사용하면서도 사유재산권을 인정했다는 점에서 초대교회의 공동 재정 사용은 사유재산을 전혀 인정하지 않았던 재세례파, 공산주의 체제의 주장, 또는 예수님 당시의 쿰란 공동체의 경제생활과는 전혀 달랐다. 이런 일이 2천 년이 지난 한국에서는 불가능할까?

**경영에 대한 성경의 기준을 선포하라**

'경제'의 사전적 의미는 '인간의 생활에 필요한 재화나 용역을 생산하고 분배하고 소비하는 모든 활동'이다. 정의롭고 공정한 경제활동은 하나님의 소유권하에 있는 자본을 인간이 어떻게 잘 경영하느냐와 깊은 관련이 있다. 하나님은 자본 경영을 위한 원칙도 성경을 통해 자세하게 가르쳐 주셨다.

만물의 소유권과 통치권을 가지신 하나님은 '먼저' 예수 그리스도께 그 모든 것들을 맡기셨다. 요한복음 3장 34~35절에 보면, "하나님이 보내신 이는 하나님의 말씀을 하나니 이는 하나님이 성령을 한량없이 주심이니라 아버지께서 아들을 사랑하사 만물을 다 그의 손에 주셨으니"라는 말씀이 나온다. 이 말씀은 예수 그리스도의 통치가 만물에 이르는 것은

'본래적으로' 완전히 하나님의 뜻에 의한 것임을 분명히 한다. 예수님이 성령을 받으신 것은 선지자가 부분적으로 받았던 것과는 달랐다. 구약시대에는 하나님이 선지자들에게 성령을 그들의 비중을 고려해 각기 다르게 부어 주셨다. 그러나 예수님은 성령을 무한히 받으셨다. 그래서 예수님은 성령을 통해 온전히 하나님의 말씀만 하신다. 물론 "만물이 다 그의 손에 있다"라는 선포는 요한복음 17장 2절 말씀처럼 모든 사람에게 영생을 주게 하시려고 하나님이 만민(만물)을 다스리는 권세를 예수님께 주셨다는 뜻이다.

그러나 이런 해석 외에, 칼빈은 하나님이 그리스도의 손에 만물을 다 주셨다고 하는 것은 예수 그리스도께서 만물의 주인이시면서 동시에 아버지의 관리인으로 임명되신 것을 의미한다고도 해석했다.[59] 칼빈은 그리스도께서 자신이 소유하게 된 풍성한 부의 목적과 용도를 잘 알고 계시며, 그분의 선하신 뜻(하나님의 뜻)대로, 덕을 세우는 대로 각 사람에게 나눠 주시는 분이라고 말했다. 즉 예수님은 통치하고 관리하도록 하나님께 위임받으신 만물을 자기의 선한 뜻대로 우리에게 나누어 주신다.

이러한 사실은 우리에게 큰 격려가 되는 동시에 큰 책임도 부여한다. 우리에게도 만물을 (그리스도에 의해서, 그리스도의 손을 통해 흘러나옴으로, 각자의 맡겨진 분량에 따라) 관리할 책임이 위임되었다. 우리는 예수님을 통해 만물에 대한 아버지의 관리인으로 (재차) 신임되었다. 만물은 근본적으로 하나님 나라에 속해 있으며, 세상에서의 하나님 나라의 발전과 완성의 연장선에 있다. 예수 그리스도께서는 우리에게 의만 전가하신 것이 아니라 만물을 잘 관리해 하나님 나라의 발전과 완성을 이룰 책임도 위임하셨다.

창세기 1장 26~27절에는 "하나님이 이르시되 우리의 형상을 따라 우리의 모양대로 우리가 사람을 만들고 그들로 바다의 물고기와 하늘의 새와 가축과 온 땅과 땅에 기는 모든 것을 다스리게 하자 하시고 하나님이 자기 형상 곧 하나님의 형상대로 사람을 창조하시되 남자와 여자를 창조하시고"라고 기록되어 있다. 박윤선은 이 구절을 하나님이 인간에게만 아주 특별한 사명을 주셨다는 뜻으로 해석했다. 즉 인간은 온 땅을 마음대로 다스리고 정복해서는 안 되고, 하나님이 지으신 모든 만물을 '대신해서' 다스리는 청지기적 차원에서 다스리고 정복해야 한다. 이것이 경영의 본래 의미다. 세상의 경영은 자기가 회사를 다스리는 것이다. 자기가 주인이다. 그러나 기독교인의 경영은 '하나님을 대신해서' 청지기처럼 관리하는 것이다. 주인은 하나님이시고 나는 대리자다. 가정 경영, 회사 경영, 국가 경영을 할 때 기독교인은 하나님의 대리자라는 신분을 망각하면 안 된다. 이 마음을 갖도록 강단에서 가르쳐야 한다. 계속해서 도전해야 한다. 그래야 경영에서 성화의 역사를 일으킬 수 있다.

고든 웬함도 이 구절을 주석하면서 사람이 하나님의 형상대로 지어졌다는 것은 하나님이 사람을 그분이 창조하신 땅에서 "하나님의 대리자이자 부섭정"[60]이 되게 하려는 의지의 표현이라고 해석했다. 창세기 2장 15절에도 "여호와 하나님이 그 사람을 이끌어 에덴동산에 두어 그것을 경작하며 지키게 하시고"라는 말씀이 나온다. 즉 아담의 타락 이후에도 하나님은 인간으로 하여금 대리인이 되어 땅을 정복하며 모든 만물을 다스리게 하셨다. 하나님이 이 특권을 빼앗지 않고 계속해서 허락하신 것은 크게 3가지 목적 때문이다.[61]

첫 번째 목적은 인간으로 말미암아 자연계가 하나님을 영화롭게 하도록 하시려는 것이다. 시편 8편 6~9절을 보면 하나님의 이름이 아름다워지는 하나의 수단으로 인간이 만물을 잘 다스리는 것이 소개된다.[62] 매튜 헨리 역시 이 땅은 인간이 하등 피조물을 다스려서 이 피조물이 하나님의 섭리를 따르는 종이 되게 하려고 더 좋은 곳으로 들어가기 위한 훈련생으로 수련을 쌓는 장소로 설명했다.[63]

두 번째 목적은 인간으로 하여금 하나님께 더욱 복속케 하시려는 것이다. 인간이 만물을 지배하는 것은 곧 그가 하나님에 대한 지식을 더욱더 폭넓고 깊게 가질 수 있다는 뜻이며, 동시에 하나님께 바칠 제물을 소유한 제사장이 된다는 뜻이다. 인간이 만물을 지배하는 것은 만물을 무자비하게 통치하거나 자기 마음대로 주무르고 탐욕적으로 소유한다는 뜻이 아니다. 인간은 만물 지배를 통해 하나님을 더욱더 힘써 알며 마음과 정성과 힘을 다해 섬기게 된다.

마지막 목적은 인간으로 하여금 자연계에 매이지 않고 섬기지도 않게 하시려는 것이다. 인간은 모든 만물을 지배함으로써 하나님과 가까워질 수 있다. 박윤선은 만약 인간이 자연계를 지배하지 못하고 도리어 어떤 피조물을 섬기거나 만물을 탐해 그것에 끌리게 되면 (인간의 마음이 어두워져서) 그것의 종이 되어 자연적으로 하나님과 멀어지거나 아주 떠나게 되며, 결국은 피조물을 우상으로 섬기게 된다고 해석했다.

이런 말씀을 토대로 현대에도 계승해야 할 하나님이 주신 세부적인 경영 원칙이 무엇인지 알아보자. 가장 기본적인 원칙은 하나님이 주신 자본을 잘 관리하고 남겨야 한다는 것이다. 부자가 되기 위해 경영하는 것이 아니라 하나님이 주신 자본을 잘 관리하고 남기기 위해 애쓴 결과로 부가 축적된다. 마태복음 25장 14~30절에는 각각 5달란트, 2달란트, 1달란트를 맡은 종의 비유가 나온다. 이 비유의 핵심은 주인이 맡긴 재물(자본)을 충성되고 지혜롭게 관리해 주인에게 기쁨이 되도록 남기는 행위에 대한 칭찬이다.

자본은 전체가 다 하나님의 소유이고, 종은 대리자로서 하나님의 투자 자본인 '돈'을 맡은 자다. 종은 제자들을 가리킨다.[64] 예수님은 이 땅의 삶이 바로 이와 같다고 비유하시면서 우리가 이득을 내지 못하고 땅에 묻어 둔 1달란트 맡은 종처럼 무익하고, 사악하고, 게으른 종이 되지 말고 충성되고 유익한 종이 되기를 명령하셨다. 그러기 위해서는 하나님이 주신 자본의 크기에 불평하거나 욕심내지 말고 각자의 재능에 따라 알맞게 주어진 작은 것을 순간순간 최선을 다해 관리한다는 원칙을 지켜야 한다.[65] 이 원칙이 잘 지켜지면 하나님은 이렇게 말씀하신다. "잘하였도다 착하고 충성된 종아 네가 적은 일에 충성하였으매 내가 많은 것을 네게 맡기리니"(마 25:21, 23).

하나님이 맡기신 자본을 활용해 실물경제 활동을 하면서 추가적인 이익을 남기는 과정은 어떤 원칙에 따라 이루어져야 할까? 신명기 14장 22~27절을 보면 구약시대에도 원시적 수준의 시장이 존재했음을 알 수 있다.[66] 이런 상황 가운데서 에스겔 45장 9~10절에는 "주 여호와께서 이같이 말씀하셨느니라 이스라엘의 통치자들아 너희에게 만족하니라 너희는 포악과 겁탈을 제거하여 버리고 정의와 공의를 행하여 내 백성에게 속여 빼앗는 것을 그칠지니라 주 여호와의 말씀이니라 너희는 공정한 저울과 공정한 에바와 공정한 밧을 쓸지니"라고 기록되어 있다. 이 구절은 하나님이 왕과 백성에게 '공평하고 공정한 분배적 정의'와 '상호 간에 각각의 지위와 상황에 맞는 균등한 정의의 법칙'을 교훈하시는 말씀이다.[67]

이스라엘의 역사를 보면, 하나님은 지속해서 왕들에게 지난날의 강포와 겁탈을 제거하고 정의를 집행하는 데 관심을 가지라고 촉구하신다. 압제당한 자들을 해방하고, 백성에게 무겁게 부과되었던 세금을 가볍게 하며, 법에 따라 공평과 공의를 행하고, 각각의 지위에 맞는 의무를 공정하게 요구하는 통치를 해야 한다. 경제 정의가 실현되는 것이 백성이 율법의 요구에 맞는 예물을 드리는 데 중요한 조건이 되기 때문이다.[68] 백성 역시 일상생활 가운데서 정직하고 공정한 경영을 해야 하고, 세금을 낼 때도 정확함에 주의를 기울여야 했다. 기독교인들이 어떤 이유에서든지 이를 지키지 않으면 하나님께 대한 신앙고백과 인간들 앞에서의 예수님의 제자라는 명성에 손상이 간다.[69]

'상호 간 균등한 정의'란 정부가 모범을 보여 '공정한 저울'과 '공정한 에바와 공정한 밧'(도량형의 정확한 이행)[70]을 수행하는 등 모든 행정을 공의롭게 진행하면 백성도 자연스럽게 도량형을 가지고 남을 속이지 않는 정의로운 삶을 살게 된다는 것이다.[71] 사람을 속이지 않는 '공정한 저울'로 대표되는 부패하지 않은 경제활동은 출애굽을 통해 이스라엘을 구원하신 하나님의 정의롭고 신실한 구원 행위와도 관련이 있다.[72] 이 구절은 자본주의경제에서 가장 흔히 일어나는 저울을 속여 부당한 이득을 취하는 행위를 엄격히 금지하는 명령이다. 하나님은 '도량형의 정확한 이행'이 무너지면 경제가 왜곡되고 무너짐을 확실하게 가르쳐 주셨다. 아모스 8장 5절과 미가 6장 11절은 이스라엘이 멸망한 원인 중 하나로 경제적 불의를 지적했다.[73]

올바른 실물경제 및 경영 활동을 위한 또 다른 원칙도 있다. 잠언 11장 26절에 보면, "곡식을 내놓지 아니하는 자는 백성에게 저주를 받을 것이나 파는 자는 그의 머리에 복이 임하리라"라는 말씀이 나온다. 이 말씀을 아모스 8장 5~6절, "너희가 이르기를 월삭이 언제 지나서 우리가 곡식을 팔며 안식일이 언제 지나서 우리가 밀을 내게 할꼬 에바를 작게 하고 세겔을 크게 하여 거짓 저울로 속이며 은으로 힘없는 자를 사며 신 한 켤

레로 가난한 자를 사며 찌꺼기 밀을 팔자 하는도다"라는 말씀과 연동해 해석하면 분명하고 중요한 원칙을 발견할 수 있다. '매점매석'과 '무리한 가격 부풀리기' 금지 원칙이다. '(필요할 때) 곡식을 내놓지 않는 것'은 이윤을 극대화하기 위해 수요자의 상황과 상관없이 공급량을 마음대로 조절하는 매점매석의 행위를 가리킨다. 신 한 켤레의 판매가를 가난한 자의 노동력을 살 정도로 높이 책정하는 등 무리한 가격 부풀리기로 시장을 교란시킨다는 것이다. 하나님은 이를 엄격히 금하셨다. 더불어 찌꺼기 밀과 같은 아주 형편없는 상품을 가치 이상으로 속여 파는 행위도 금하셨다. 하나님은 실물경제가 불공정 독과점이나 거품이 낀 가격에 의해 파괴되는 상황을 막는 것을 우리에게 청지기적 임무로 부여하셨다. 하나님의 소유권에 속한 자본을 관리하는 청지기들은 그것이 통용되는 시장에서 공정한 거래, 유통, 가격 등을 지킬 의무가 있다.

자본을 잘 관리해 남긴 이윤은 재투자를 위한 몫만 남겨 놓고 '과부와 고아들(가난한 자들을 총칭)'에게 분배해야 한다. 이것도 성경이 말하는 중요한 경영 원칙이다. 신명기 24장 19~22절에 "네가 밭에서 곡식을 벨 때에 그 한 뭇을 밭에 잊어버렸거든 다시 가서 가져오지 말고 나그네와 고아와 과부를 위하여 남겨 두라"라는 원칙도 있다. 경쟁자 중에서 상대적 약자의 최소한의 소득에 대한 배려, 사회적 기여, 기부 등 '노블레스 오블리주'의 정신이다. 하나님의 원칙을 따른 이러한 부의 사용은 모든 사람을 기아에서 구하기 위해 노력을 아끼지 않았던 요셉과 같은 통치자의 역할과도 연결된다.[74]

심지어는 하나님의 것으로 구별해 드려야 하는 십일조의 운영에서도 하나님은 노블레스 오블리주와 연관된 특별한 원칙을 부여하셨다. 신명기 26장 12~13절에는 "셋째 해 곧 십일조를 드리는 해에 네 모든 소산의 십일조 내기를 마친 후에 그것을 레위인과 객과 고아와 과부에게 주어 네 성읍 안에서 먹고 배부르게 하라 그리할 때에 네 하나님 여호와 앞에 아뢰기를 내가 성물을 내 집에서 내어 레위인과 객과 고아와 과부에게 주기를 주께서 내게 명령하신 명령대로 하였사오니 내가 주의 명령을 범하지도 아니하였고 잊지도 아니하였나이다"라고 기록되어 있다. 이 말씀은 십일조의 사용처 중에서 아주 중요한 기준을 명령하고 있다.[75]

본문에서 언급하고 있는 '셋째 해'는 안식년 기준 제3년을 가리킨다. 중요한 것은 이때의 십일조는 중앙 성소로 가져가지 않고 이스라엘의 각 성읍 창고에 모아 둔다는 것이다. 이는 레위인과 객과 고아와 과부에게 나누어 주기 위한 구제용 십일조였다. 구약성경에서 '객과 고아와 과부'는 가난하고 소외되어 구제의 대상이 되는 사람들의 대명사였다. 그래서 박윤선도 십일조의 올바른 사용법 중 하나를 "불쌍한 자를 도와주는 일"[76] 이라고 주석했다. 매튜 헨리도 신명기 14장 28~29절에 나와 있는 십일조의 원칙을 설명하면서 셋째 해의 십일조는 제사장들이 보는 앞에서 율법을 따라 '레위인과 나그네와 고아에게' 나누어 주어 먹게 하여 하나님께 대한 이스라엘 백성의 의무를 충실히 이행함을 증언하는 제도라고 해석했다.

더 나아가 이 구절에는 십일조를 포함한 어떤 물건도 사사로운 이익을 위해 비축하지 않았음을 정기적으로 선언하는 명령이 담겨져 있다. 즉 "나는 나의 집으로부터 그것들을 다 가지고 왔사오며, 거기에는 나 자신의 몫 이외에는 아무것도 이제는 남아 있지 않습니다"라는 고백과 선언이 십일조 실행을 통해 이루어진다. 하나님은 이스라엘 국가 안에서 이런 행위가 지속해서 실천되면 곤궁한 사역자나 궁핍한 나그네나 가난한 과부들이 하나님이 주신 계명에 따라 자신의 몫을 당당하게 받을 수 있다고 보신 것이다. 매튜 헨리는 이 구절이 광범위하게는 우리가 가진 상당수의 재물을 자선금으로 기부할 것을 명령하고 있다고 보았다. 그럴 때 비로소 나머지 모든 재물이 정결한 것이 되고, 우리의 즐거움이 될 수 있다. 하나님이 주신 이 원칙은 우리가 종말에 하나님 앞에서 심판받을 때 흠 없는 얼굴로 하나님을 대하기 위해서 반드시 지켜야 할 것이며, 동시에 우리의 양심을 정결케 하는 데 필요한 것이다.[77]

또 다른 경영 원칙은 복음 전도를 위해 재물(자본)을 사용한다는 것이다. 누가복음 8장 1~3절에 "그 후에 예수께서 각 성과 마을에 두루 다니시며 하나님의 나라를 선포하시며 그 복음을 전하실새 열두 제자가 함께 하였고 또한 악귀를 쫓아내심과 병 고침을 받은 어떤 여자들 곧 일곱 귀신이 나간 자 막달라인이라 하는 마리아와 헤롯의 청지기 구사의 아내 요안나와 수산나와 다른 여러 여자가 함께하여 자기들의 소유로 그들을 섬기더라"라는 말씀이 나온다. 이 본문은 예수님 당시 제자들이 복음 전도를 위해 필요한 재정을 어떻게 마련했는지를 보여 준다. 이 구절을 분석해 보면, 당시 제자들은 경건한 여신도들이 희생적으로 자신들의 소유를 팔아 드린 헌금으로 전도를 위한 재정을 상당 부분 마련했다.[78] 예수님 역시 이들의 물질 공급을 기쁜 마음으로 받으셨다.[79]

이처럼 초대교회 성도들은 남자나 여자나, 부유한 자나 가난한 자나 자신의 소유를 팔아 서로 나누었을 뿐 아니라 상당량의 재물을 복음 전도를 위해 바쳤다. 로마서 15장 25~29절을 보면, 초대교회 성도들은 다른 지역 교회에 있는 성도들을 돕는 데도 헌금을 사용했다. 즉 구원받은 기독교인들의 올바른 재물(자본) 사용처는 구제, 나눔, 복음 전도 등이어야 한다.

이 구절은 또 다른 원칙도 가르쳐 준다. 전도를 위한 재물(자본)의 사용에 부자와 가난한 자의 구별이 전혀 없다는 것이다. 헤롯 안디바의 궁중에서 청지기였던 구사의 아내와 수산나는 경제적으로 상당히 유복한 상류계급이었다. 구사의 죽어 가는 아들은 가버나움에서 예수님께 고침을 받고 살아났다(요 4:46). '백합화'라는 이름 뜻을 가진 수산나는 주님의 부활 사건에서도 다시 나타난다. 이 여인들은 경건한 열의를 가지고 복음 전도를 위해 기꺼이 재물을 드렸다. 그러나 자신의 소유를 팔아 구제와 복음 전도 사역을 돕는 일에는 이 두 여인처럼 부유한 자들만이 아니라 갈릴리 호수 서편에 있는 (지금은 '멕딜'이라고 불리는) 작은 촌인 막달라에 사는 마리아처럼 가난한 여인들도 자신의 분량에 맞는 수준에서 적극적으로 동참했다. 그리고 이 본문에 거론된 여인들 말고도 사르밧 과부(왕상 17:8~16), 루디아(행 16:15), 뵈뵈(롬 16:1~2), 순두게와 유오디아(빌 4:2~3), 수넴 여자(왕하 4:8~37), 에스더(에 4:15~17), 도르가(행 9:36) 등 수많은 여인이 선지자의 사역이나 제자들의 복음 전도를 도왔다.[80]

부자는 물론 가난한 자도 핑계 대지 말고 자신의 분량에 맞게 반드시 동참해야 한다. 가난한 자나 적게 가진 자도 관리하는 양의 차이만 있을 뿐 하나님이 주신 자본을 관리하는 청지기다. 이 사실을 망각하는 것은 적은 것이라도 자신의 것이라고 소유권을 주장하는 인본주의적 태도다.

### 화폐경제(금융 경제)에 대한 성경의 기준을 선포하라

한국교회의 부도 위기는 현대 금융 경제의 위험성을 지적하고 갱신하는 노력은 하지 않고, 도리어 세상의 기준을 그대로 따랐기 때문에 일어난 것이다. 심지어 왜곡되고 착취적인 성격을 가진 현대 금융 경제의 일부 요소를 옹호하고 교묘하게 이용했다.

돈 화폐의 흐름은 자본주의경제 체제를 이해할 때 가장 중요한 것 중에 하나다. 실물경제 활동의 기본적 요소인 돈은 교환, 가치 저장, 회계 단위 기능을 가진다.81) 이런 돈의 흐름의 관점에서 바라보는 것이 '화폐 경제 이론'이다. 최초의 돈의 기능은 실물경제 내에서 재화와 서비스의 교환 수단이었다.

　최초의 시장 제도를 만들었던 초기 그리스의 경제는 자급자족과 교환 경제에 중점을 두었다. 화폐는 교환경제의 수단일 뿐이었다. 아리스토텔레스는 이윤을 노리고 물건을 판매하는 행위를 강도질보다 더 악한 일로 취급했다. 교역이 이루어졌지만 이는 어디까지나 호혜적인 선물 교환쯤으로 여겼다.82) 하지만 기원전 6세기경 그리스 전역에서 화폐경제가 성행하면서 농사를 짓지 않고도 상공업과 교역만으로 큰돈을 벌거나 파산하는 사람이 발생하는 등 변화가 시작되었다. 기원전 6세기 시인 알카이우스는 "돈이 곧 사람이다"라고 말할 정도였다.83)

　필자는 자본의 경영과 경제활동을 설명할 때 길이, 부피, 무게 등을 재는 단위법인 도량형, 매점매석, 그리고 가격 부풀리기에 대한 하나님의 원칙을 다루었다. 이 부분은 실물경제의 아주 중요한 원칙이다. 고전학파 경제학에서는 경제를 실물경제와 화폐경제로 나눈다. 실물경제에서는 재화의 수요, 공급, 교환의 비율을 다룬다. 실물경제에서는 도량형의 공정한 원칙과 정의로운 집행, 매점매석의 금지와 가격 부풀리기 금지가 아주 중요하다.

　하나님이 화폐(금융)경제의 가장 중요한 원칙으로 주신 것은 '화폐 사기' 금지 규정이다. 금융 경제는 화폐 돈 시장 및 증권시장을 포괄한다. 이는 생산물 시장과 상관없이 돈만 움직이는 금융 투자 분야다. '화폐 금융 경제'는 화폐 통화량의 공급이나 금리에 따라 생산물 시장과 증권시장이 어떻게 변화되는지를 다룬다.84) 과거에는 실물경제가 경제활동의 주를 이루었지만 최근에는 금융 경제가 실물경제의 기회와 위기를 좌우할 정도로 강력한 힘을 발휘하고 있다.[85] 이런 중요성을 알고 계시는 하나님도 이에 대한 분명한 원칙을 주셨다.

에스겔 45장 12절에는 "세겔은 이십 게라니 이십 세겔과 이십오 세겔과 십오 세겔로 너희 마네가 되게 하라"라는 말씀이 있다. 이 구절은 화폐단위에 사용된 무게에 관한 것이다.[86] 즉 화폐에 대한 표준 무게로 세겔을 다루고 있고, 이 세겔은 후에 동전으로 사용되었다. 고대로부터 경제와 관련된 가장 기본적인 두 가지 사기는 도량형을 조작하는 사기(도량형 사기)와 화폐에 사용된 금속의 무게나 순도를 조작하는 사기(화폐 사기)였다. 도량형 사기는 시장경제에서 자주 일어났고, 화폐 사기는 정부와 권력자들 가운데서 자주 일어났다. 두 가지 사기 행태의 피해는 고스란히 서민들에게 돌아갔고, 심할 때는 경제를 파탄시키고 정의를 무너뜨리기까지 했다. 그래서 하나님은 정의, 공의, 공정을 바로 세우는 가장 기본적인 수단으로 척량과 무게를 정확하게 사용하라는 교훈을 주셨다.

현대자본주의 금융 시스템의 핵심은 중앙은행의 '신용창조'에 의한 경제성장 시스템이다. 최초의 화폐의 역할은 시장에 있는 재화나 서비스를 교환하는 수준에 머물렀다. 그러나 인간의 탐욕과 빈번한 전쟁으로 인해 정부와 시장이 현재 생산되는 재화와 서비스의 총량보다 더 많은 화폐를 필요로 하게 되었다. 즉 정부는 재정 지출 증가의 재원을 마련해야 했고, 시장은 완전고용을 위한 소비 확대의 재원이 필요했다.[87] 또한 이자 수익의 극대화를 위해서도 더 많은 채무 관계가 필요했다. 이를 위해 만들어진 것이 신용창조라는 금융 시스템이고, 이를 주도하는 주체는 정부와 중앙은행이다.

그런데 신용창조 시스템은 3가지 문제를 내포하고 있다. 첫째, 미래의 돈을 미리 당겨 사용하는 것은 현재 시점에서는 부채의 증가를 의미한다. 둘째, '(소득 창출이 가능한) 미래의 기간'을 넘어서는 수준으로 신용창조를 늘리면 화폐가치가 하락하고, 화폐 구매력이 감소한다. 하지만 이 과정에서 유효 세율이 자연스럽게 인상되면서 정부는 세금 증가의 효과를 얻을 수 있다.[88] 마지막으로는 앞의 두 가지로 인해 부채를 늘릴 수 없는 상황에 다다르면 필연적으로 금융 위기가 일어난다.[89]

신용창조를 근간으로 하는 현대 금융 시스템이 어떻게 작동하는지 간단히 살펴보자. 한국은행(중앙은행)이 윤전기를 돌려 '본원통화' Reserve base [90]를 발행한다. 상업은행은 본원통화를 빌려와 개인이나 기업 등에 대출하거나 유가증권 매입 등에 반복적으로 운용하면서 신용과 예금이라는 '파생 통화'를 반복적으로 창출한다. 이것이 상업은행에서 이루어지는 신용창조 과정이다. 그리고 이런 신용창조가 반복되면서 (중앙은행이 본원통화를 추가로 발행하지 않더라도) 시중에는 최초의 본원통화보다 수십 배 많은 돈이 유통된다.[91] 이렇게 부풀려진 돈이 자산시장(주식과 부동산 등)에 들어가서 추가적인 통화승수를 창출하고, 투자회사들도 이런 자산을 다시 증권, 즉 파생 상품으로 만들어 시중에 유통시킨다. 이렇게 돈이 추가적인 돈을 낳으면서 개인과 기업을 거쳐 또다시 은행에 예금되는 순환 과정을 거친다.

자본주의 시대를 사는 사람들은 이런 식으로 현대 금융 시스템이 부리는 환상적인 금융 마법에 빠져서 어제보다 오늘이 더 부자가 된 것 같은 착각에 빠진다. 빚이 크게 늘었지만 지갑이나 통장에 있는 현찰도 조금 더 늘었기 때문이다. 지갑이나 통장에 있는 현찰보다 빚이 더 빠르게 늘었지만 어리석게도 빚으로 산 재화나 서비스의 증가에 속아 부자가 되었다는 착각에 빠진다. 작년보다 더 많은 돈을 주어야 비슷한 제품과 서비스를 살 수 있지만 물가 상승이나 인플레이션이라는 용어에 휘둘려 그냥 받아들인다. 최악에는 급격한 부채 축소로 인해 발생하는 금융 위기의 피해자가 된다.[92]

이런 부작용을 통제하지 못하는 현대 금융 시스템은 금융 마법이 아니라 화폐 사기 시스템에 가까워졌다. 성경적으로 평가하면, 신용창조를 활용한 금융 시스템은 정부와 금융 권력가들이 벌이는 현대판 화폐 사기(화폐를 과도하게 찍는 것은 무게를 속이는 것과 같은 효과)다. 우리는 지금 현대판 화폐 사기가 만들어 낸 글로벌 금융 위기를 겪고 있다. 이 상황에서 거의 모든 피해는 서민에게 돌아가고, 이는 실물경제를 파탄시키고 정의를 무너뜨리고 있다.

### 투자에 대한 성경의 기준을 선포하라

화폐 사기의 직접적 방법은 화폐단위에 사용된 무게를 속이는 것이고, 간접적으로는 불공정 거래를 기반으로 한 과도한 이자를 통한 금융 횡포다. 돈을 움직여서 추가적인 돈을 만들어 내는 금융 투자에서는 돈의 이득인 이자에 대한 원칙이 가장 중요하다.

출애굽기 22장 25~27절에는 "네가 만일 너와 함께한 내 백성 중에서 가난한 자에게 돈을 꾸어 주면 너는 그에게 채권자같이 하지 말며 이자를 받지 말 것이며 네가 만일 이웃의 옷을 전당 잡거든 해가 지기 전에 그에게 돌려보내라 그것이 유일한 옷이라 그것이 그의 알몸을 가릴 옷인즉 그가 무엇을 입고 자겠느냐 그가 내게 부르짖으면 내가 들으리니 나는 자비로운 자임이니라"라는 말씀이 나온다. 신명기 15장 1~3절에도 "매 칠 년 끝에는 면제하라 면제의 규례는 이러하니라 그의 이웃에게 꾸어 준 모든 채주는 그것을 면제하고 그의 이웃에게나 그 형제에게 독촉하지 말지니 이는 여호와를 위하여 면제를 선포하였음이라 이방인에게는 네가 독촉하려니와 네 형제에게 꾸어 준 것은 네 손에서 면제하라"라는 원칙이 나온다. 하나님의 금융 경제의 법은 먼저 하나님 나라 공동체 안에 적용할 것을 명령한다. 즉 성도 간에 먼저 하나님의 경제법이 적용되어야 한다.[93] 그 명령을 다 지켜 행하면 "네 하나님 여호와께서 네게 기업으로 주신 땅에서 네가 반드시 복을 받으리니 너희 중에 가난한 자가 없으리라 네 하나님 여호와께서 네게 허락하신 대로 네게 복을 주시리니 네가 여러 나라에 꾸어 줄지라도 너는 꾸지 아니하겠고 네가 여러 나라를 통치할지라도 너는 통치를 당하지 아니하리라"(신 15:4~6)라는 약속이 이루어지는 하나님의 경제 원리가 실현된다.

이자는 두 얼굴을 가지고 있다. 원활한 화폐 유통을 도와 경제 발전을 가속하면서 추가적인 금융 소득을 만들어 내지만 높은 이자는 채무자에게 큰 고통을 준다.[94] 또한 먼 미래에 신용창조가 멈추게 되면 (이론적으로는) 이자가 발생하는 만큼 파산자가 생긴다. 돈을 꾼 사람이 내는 이자는 새로 찍어 낸 돈에서 내는 것이 아니라 시중에서 유통되는 돈의 총량에서 지급된다. 그래서 필연적으로 이자를 낸 만큼 돈의 총량이 줄어서 종국에는 누군가는 그만큼의 돈을 벌 수가 없다. 이는 곧 파산자를 만들어 내고, 파산자의 대부분은 상대적으로 가난한 자일 가능성이 크다. 그래서 하나님의 경제원칙은 가난한 자들에게는 이자를 받지 말 것을 명령한다. 이들에게는 자비로운 마음으로 돈을 빌려 주어야 한다는 원칙이 적용된다.[95] 가난한 자들이 급한 돈을 융통하기 위해 저당 잡힌 '담보물'(예를 들어, 옷 등)도 오랫동안 가지고 있지 말고 돌려주기를 명령한다. 하나님은 금융 경제활동에서도 하나님의 자비가 원칙으로 적용되기를 원하신다.

돈이 무익하다는 개념을 주장한 아리스토텔레스에게 영향을 받은 암브로스와 크리소스톰도 돈은 돈을 낳지 못한다는 주장을 펼쳤다. 사실 돈놀이에 대한 부정적인 개념의 발생은 여기서 시작되었다.[96] 이런 이유로 중세 시대 샤를마뉴 대제는 높은 이자를 받는 고리대금을 금지했다. 하지만 메디치 등 은행가들은 물론 일부 교황들도 돈놀이에 편승했다.[97] 종교개혁 당시 존 에크 같은 신학자들은 5% 수준의 이자의 합법성을 토론했고, 루터와 칼빈 역시 이자율을 5% 이내로 제한할 것을 주장했다.[98] 칼빈은 고리대금업의 문제를 지적했지만 산업 대부의 필요성은 인정했다.[99]

칼빈은 돈을 악으로 보지 않았다. 칼빈은 부를 하나님의 섭리를 이루어 가는 도구, 곧 사회를 유지하고 보존하는 도구로 인식했다. 돈은 헌금과 기부 등을 통해 하나님께 경배하는 데도 충분히 사용될 수 있다고 생각했다. 칼빈은 돈을 악이 아니라 영적 영역으로 편입시키려 했다. 앙드레 비엘러는 이를 중세와는 완전히 다른 돈의 기능의 재발견이라고 평가했다.[100] 칼빈의 영향을 받아 1551년 제네바의 시립 은행 격인 '라르쉬' l'Arche가 설립되었다.[101]

성경은 돈을 빌려 주고 이자를 받는 것을 전면적으로 금지하지 않고, 부의 차별도 인정한다.[102] 신명기 23장 20절에는 "타국인에게 네가 꾸어 주면 이자를 받아도 되거니와 네 형제에게 꾸어 주거든 이자를 받지 말라"라는 말씀이 나온다. 하나님은 생계유지가 아닌 이익을 목적으로 사업하는 타국인과 이스라엘 백성이 정상적인 상업 활동을 하는 과정에서 발생하는 이자는 허용하셨다.[103] 레위기 25장 35~38절에 나오는 형제에 대한 이자의 금지도 "네 형제가 가난하게 되어 빈손으로 네 곁에 있거든"이라는 조건이 붙어 있다. 즉 형제 중에서 가난한 자들에게는 이자를 받지 말라는 원칙이다. 이는 성경이 극심한 부의 불균형 분배는 극악한 죄악이라고 평가하며 경계하는 것과 같은 맥락이다.[104]

물론 현대에 성경의 이자법을 문자적으로 적용할 수는 없지만 정신은 계승할 수 있다. 현대사회는 부자에게는 이자를 적게 물리고, 가난할수록 더 많은 이자를 물린다. 이자는 손실을 방지하기 위한 리스크 헷지Risk Hedge 비용이라서 가난한 사람들이 돈을 못 갚을 가능성이 크기 때문에 높은 이자를 무는 것이 당연하다. 필자는 이런 구조를 완전히 뜯어고치자는 것이 아니다. 성경의 원리를 기억하고 가난한 사람들을 배려하는 금융 구조를 시도하자는 것이다. 불가능한 일이 아니다. 이슬람교가 국교이고 인구의 83%나 차지하는 방글라데시의 그라민은행을 생각해 보자. 세계 최빈국 중 하나인 그들은 우리보다 훨씬 더 성경에 가까운 정신을 반영한 금융 제도를 만들었다. 그라민은행의 설립자인 무하마드 유누스 박사는 그 공로를 인정받아 노벨상을 받았다. 어렵지만 불가능한 것은 아니다. 가난한 사람을 최대한 배려하는 금융 구조를 만들고, 가난한 사람이 돈을 잘 갚을 수 있는 새로운 방법을 창조적으로 구상해야 한다.

현대자본주의 경제와 금융 체제에서 개인의 부를 늘리는 방법은 두 가지다. 하나는 (실물경제에서) 자신의 지식과 노동력을 활용해 재화와 용역을 생산해 월급이나 금전적 이익을 얻는 것이다. 이를 '소득효과'라고 부른다. 다른 하나는 소득효과로 얻어진 부를 (화폐경제에서) 금융 투자, 주식 투자, 부동산 투자 등에 투자해 시간이 지남에 따라 돈이 돈을 벌게 하는 것이다. 이를 '부의 효과'라고 부른다.

이런 부의 효과도 성경의 원칙을 따르지 않으면 투자가 아닌 투기판으로 전락할 수 있다. 2008년 미국발 금융 위기, 2011년 유럽발 금융 위기 등 전 세계가 반복적인 금융 위기에 빠진 근본적인 이유는 개인, 기업,

국가 차원의 광범위한 금융 투기 때문이었다. 투자는 성경적이지만 투기는 성경이 금하는 일이다. 특히 부동산을 통해 부의 효과를 얻는 것이 정도가 지나치면 사회적 피해가 아주 커진다. 하나님이 명령하신 희년 제도와 정면으로 충돌한다. 희년 제도를 통해 하나님이 분명히 하신 것은 땅은 투기의 대상이 아니라는 점이다. 땅은 하나님이 인간의 생존과 번영을 위해 (임시로) 맡기신 것이다.

아무리 산업사회가 되어서 땅을 통해 소득을 올리는 일이 적어지기는 했어도 땅은 인간이 생존을 유지하는 데 가장 필수적인 요소다. 결혼해 가정을 이루고 자녀를 낳아 그들과 함께 하루의 피곤한 육신을 휴식하는 데 땅과 집은 필수적이다. 그래서 하나님은 자연재해와 불의의 사고, 혹은 개인의 무능력으로 땅과 집을 잃게 되더라도 50년이 지나면 다시 최소한의 신분과 권리가 회복될 수 있는 장치를 마련하셨다. 50년마다 선포되는 이 의식과 규정을 통해 이스라엘 백성은 부와 가난의 대물림 피해에서 벗어나도록 구조적인 보호도 받았다. 생존과 자본의 건전한 재생산의 필요 수준을 넘어 '추가적인 금융 이득' 과 '토지와 건물을 발판으로 하는 독점적 지위 획득', 그리고 '재산의 대물림을 위한 대규모의 토지나 부동산의 축적' 을 목적으로 하는 부동산 투기는 희년 제도가 사라진 현대에서도 그 원리상 하나님의 명령에 근본적으로 대항하는 행위다.

### 노동과 노동의 대가로서 부의 분배는 강단에서 어떻게 가르쳐야 하나?

인간은 아담의 타락 후 땅이 저주를 받았기 때문에 수고로운 노동을 해야 생존을 위한 소득을 얻을 수 있었다. 그러나 하나님은 이런 인간을 불쌍히 여기셔서 끊임없는 노동에서 벗어날 길을 열어 주셨다. 바로 수고의 노동으로부터 인간을 보호하기 위한 '안식일' 과 '안식년' 의 원칙이다. 안식일을 통해 일주일의 하루를 거룩한 날로 지키며 정기적인 쉼을 가지고, 안식년을 통해서는 노동과 노동의 대상이 함께 인위적인 생산 활동을 중단하고 거룩한 쉼을 가진다. 안식년에는 파종이나 추수 등의 모든 노동이 금지되고, 농작물을 사거나 파는 부가적인 생산 활동도 금지된다. 대신 자본의 근본적인 소유권자이신 하나님이 은혜로 주신 자연 성장한 양식과 안식년을 보내기 위해 안식년 이전 해에 하나님이 추가로 주시어 저장한 양식을 먹는다.

"만일 너희가 말하기를 우리가 만일 일곱째 해에 심지도 못하고 소출을 거두지도 못하면 우리가 무엇을 먹으리요 하겠으나 내가 명령하여 여섯째 해에 내 복을 너희에게 주어 그 소출이 삼 년 동안 쓰기에 족하게 하리라 너희가 여덟째 해에는 파종하려니와 묵은 소출을 먹을 것이며 아홉째 해에 그 땅에 소출이 들어오기까지 너희는 묵은 것을 먹으리라" (레 25:20~22).

하나님은 안식년을 지킬 수 있도록 여섯째 해에 무려 3년치의 생산물을 주겠다고 약속하실 정도로 섬세하시다.

노동의 대가로서 부의 분배는 어떻게 이루어져야 공정할까? 신명기 15장 13~15절에는 "그를 놓아 자유하게 할 때에는 빈손으로 가게 하지 말고 네 양 무리 중에서와 타작 마당에서와 포도주 틀에서 그에게 후히 줄지니 곧 네 하나님 여호와께서 네게 복을 주신 대로 그에게 줄지니라"라는 말씀이 나온다. 이집트에서 종살이하던 시절을 기억하면서 기본적인 생계유지를 위해 빚을 내지 않을 정도, 혹은 '그 이상으로 후하게' 노동에 대한 대가를 지급하는 것이 원칙이다.[105] 신명기 24장 14~15절에는 "곤궁하고 빈한한 품꾼은 너희 형제든지 네 땅 성문 안에 우거하는 객이든지 그를 학대하지 말며 그 품삯을 당일에 주고 해 진 후까지 미루지 말라 이는 그가 가난하므로 그 품삯을 간절히 바람이라"라는 말씀이 나온다. 하나님은 가난한 자들에게 노동에 대한 대가를 먼저 지급하라는 원칙을 명령하신다. 주주의 이익보다는 근로자들에게 먼저 부의 분배를 시행하라는 원칙을 명령하신다. 부가적으로 나그네와 우거하는 자들에게도 공평하게 일자리를 주어야 한다. 칼빈도 정당한 임금이 얼마인지에 대한 수학적 계산에 관심을 두지 않았다. 임금은 하나님의 은총의 결과물이기에 고용주가 마음대로 주는 것이 아니고, 일꾼이 자기 마음대로 요구해도 안 되며, "네가 대접받기 원하는 대로 남을 대접하라"라는 말씀을 정당한 측정 기준으로 삼기를 권했다.[106]

## 바울, 루터, 칼빈이라면 현대자본주의의 구조적 문제를 지적했을 것이다

사회주의경제를 사회 전체의 이익을 극대화하기 위한 '계획경제'라 부르고[107] 자본주의경제를 '시장경제'라 부른다. 자급자족의 가족경제 체제에서는 단순하게 가족의 욕망을 충족하기 위해 재화를 생산하는 '자기생산'이 이루어졌다. 생산 요소의 분할이 이루어진 중세의 도시경제에서는 다른 재화와의 '교환'을 위해 재화를 생산하는 '주문생산'이 이루어졌다.[108]

반면 자본주의경제에서는 팔아서 이윤을 얻기 위해 만들어진 모든 재화와 용역에 각기 가격이 매겨지고, 그 가격을 기준으로 재화와 용역의 생산, 교환, 소비가 발생하는 '상품생산'이 이루어졌다. 재화와 용역의 가격은 수요와 공급이 일치할 수 있는 높이에서 결정된다.[109] (자유주의)자본주의경제 체제는 자본에 대한 완전하고 영속적인 개인 소유, 모든 경제주체의 자유로운 생산 활동, 보이지 않는 손에 의한 재화와 용역의 적정한 가격의 성립,110) 완전한 경쟁의 기반 위에서 균형을 이룬 경제와 시장에 참여하는 모든 주체가 같은 능력, 같은 정보, 같은 동기, 같은 경제모델을 가지고 가장 합리적인 경제 행동을 한다는 원칙을 가진다. 여기에 자본가는 화폐자본을 사용해 생산수단을 사들이고, 이것을 활용해 재화를 재생산하고, 이를 시장에 팔아 투자한 돈보다 더 큰 수익을 올리려고 한다.111)

자본주의경제에서는 원칙적으로 국가는 경제에 간섭하지 않는 자유방임 정책을 취한다(이런 시기를 '자본주의 1.0'으로 부른다). 그러나 완전하게 시장의 자율에만 맡기게 되면 '경제적 무정부성'에 의한 생산과 소비의 모순, 그에 따른 가격의 혼란과 순환적 공황이 발생한다. 가난한 사람이 늘어나고 실업자가 발생해 사회적 혼란이 가중되고 자본주의의 구조가 파괴될 가능성이 발생한다. 이런 부작용을 방지하기 위해 (차선책으로) 국가가 여러 방법으로 경제를 통제하는 것을 허락하게 된다(이런 시기를 '자본주의 2.0'으로 부른다). 이렇게 해서 오늘날 자본주의의 질서를 좌우하는 '시장가격'과 '국가 통제'라는 두 가지 요소가 만들어졌다. 20세기 후반부터 미국과 영국이 주도했던 신자유주의 경제체제는 국가의 최소한의 개입과 시장에 최대한의 자유를 주는 시장 만능주의 정책이 지배하고 있다(이런 시기를 '자본주의 3.0'으로 부른다). 신자유주의는 케인스와 사회주의 이론에 반대하고, 19세기 고전적 자유주의에 미국의 정치적 신보수주의를 결합한 운동이다.112)

앞서 살펴본 것처럼, 현대자본주의 원리는 가장 중요한 경제원칙부터 하나님의 경제 정의 원리와는 완전히 다르다. 성경적으로 자본의 소유권은 전적으로 하나님께 있다. 이를 계속해서 붙들고, 보존하고, 새롭게 하는 분도 하나님이시다. 하지만 자본주의는 완전하고 영속적인 자본의 소유를 인간 소유주에게 둔다. 그래서 자본주의는 희년 원리에 나타난 사회적 약자에 대한 경제적, 사회적 자유함, 생존과 경제적 활동의 근간이 되는 집과 토지에 대한 배려 등을 수행하기에 근본적인 한계가 있다. 자본주의에서는 부자들이 사회적 약자를 배려하지 않으면 도덕적 비난은 가할 수 있어도 물리적 제재를 할 수는 없다.

죄로 인한 인간의 탐욕과 도덕적 해이로 인해 모든 경제주체가 자유로운 생산 활동을 보장받지 못하고, 보이지 않는 손에 의한 재화와 용역의 적정한 가격의 성립도 독과점으로 인해 완전히 작동하지 않고, 정보의 비대칭성으로 인해 시장에 참여하는 모든 주체가 같은 능력, 같은 정보, 같은 동기, 같은 경제모델을 가지고 가장 합리적인 경제활동을 한다는 원칙도 사실이 아니다. 근본적으로 불완전하고 균형이 상실된 시장에서 자본가는 권력 집단과 결탁해 독점적 화폐자본을 사용해 생산수단을 사들이고, 이것을 활용해 재화를 재생산하고, 이를 시장에서 독점적 지위를 활용해 팔아서 투자한 돈보다 더 큰 수익을 올리려고 한다. 이 과정에서 자본가가 노동자의 인권, 노동에 대한 정당한 대가 등을 착취하는 부작용이 발생한다.

현대자본주의 금융 시스템을 성경적으로 평가하면 몇 점이나 줄 수 있을까? 현대자본주의 금융 시스템에서 돈을 버는 것이 하나님을 기쁘시게 할 만한 결과로 이어질까? 현대자본주의의 구조적 문제와 구조적 모순이 만들어 낸 심각한 사회 부작용에 대해 바울, 루터, 칼빈은 어떻게 대응했을까? 바울, 루터, 칼빈은 당연히 현대자본주의의 구조적 문제를 신랄하게 지적했을 것이다. 그리고 교인들에게 지켜만 보지 말고 갱신과 개혁의 대상으로 삼으라고 촉구했을 것이다.

### 록펠러는 과연 강단에서 기독교 부자의 모델로 가능한가?

석유 왕 록펠러는 한국교회 강단에서 십일조를 통한 '성공'과 '축복'을 주제로 설교할 때 자주 등장하는 모델이다. 어려서부터 십일조를 철저하게 해 복 받은 위대한 기독교 사업가라는 평가를 받는다. 십일조 생활을 철저히 한 것은 높이 살 만하다. 하지만 성경이 강력하게 경고하고 있는 독점적 지위를 이용해 막대한 돈을 번 것에 대해 미화해서는 안 된다. 독점적 지위를 통해 번 돈을 교묘한 부의 대물림 수단으로 지키고 있음도 '알고' 있어야 한다.

록펠러 같은 사업가들은 다국적 상업자본가로 불린다. 이들이 즐기는 경영전략은 '순수견양'順手牽羊이다. 36계 가운데 열두 번째에 나오는 계책이다. '순수견양'이란 손에 잡히는 대로 양을 끌고 간다는 말이다. 즉 사업을 하면서 작은 틈과 작은 이익이라도 절대로 놓치지 않고 철저하게 이용하고, 부스러기까지도 긁어모아 부를 축적한다는 말이다. 성경에 나오는 99마리의 양을 가진 부자의 전략도 순수견양이었다. 록펠러도 생전에 같은 전략을 즐기기로 소문이 났다. 적을 제압할 때 인정사정 봐주지 않았고, 자신에게 대항하는 사람은 철저히 응징했다. '상생'이라는 개념은 전혀 없었다. 이런 방식으로 경쟁자의 싹을 철저하게 자른 후 정치 권력가들과 손을 잡고 석유 시장에 독과점을 이루었다. 이 힘을 바탕으로 다양한 영역으로 사업을 넓히며 엄청난 부를 축적했다. 현대말로 하면, 독점자본주의의 전형적 인물이었다.

자본주의경제 체제에서 '독점'은 시장에서 특정한 재화나 서비스의 자연스러운 단일 판매자를 의미하지 않는다. 이런 의미의 독점은 실제로는 발생하기 어렵다. 상품의 가격, 생산량, 투자 등에 지배적인 영향을 미칠 수 있을 정도의 시장 지배력을 확보함과 동시에 신규 경쟁자의 시장 진입을 일정 부분 제한할 힘을 가진 경제 활동자를 의미한다. 혹은 이런 능력이 있는 소수의 경제 활동자들이 시장을 '과두적' 寡頭的113)으로 지배할 때 독점이라는 말을 사용한다. 시장의 균형을 감시, 감독하는 정부의 비호나 무능함이 결합하면 독점 현상은 오랫동안 계속된다. 거대 기업이 가격, 생산량, 투자에 대한 독점적 권력을 휘두르는 상황이 오랫동안 지속되고 정점에 이르면 고용 문제와 부의 불균형 문제가 심각한 수준에 도달하게 된다. 이런 상태를 '독점자본주의' 라 부른다.

일부 학자들은 자본주의의 최고 부정적 발전 단계를 독점자본주의로 본다. 역사적으로는 19세기 말에 장기 불황이 시작되면서부터 독점적 기업이 탄생했고, 여기에 기업의 흡수, 합병이 확대되어 소수의 거대 기업에 생산과 자본이 집중되는 환경이 만들어지면서 이런 일들이 발생하고 있다. 은행권에서도 거대 은행 자본들이 흡수, 합병되면서 글로벌 금융 기업이 탄생해 '금융과두제' 金融寡頭制 체제가 만들어지기 시작했다.

이러한 독점 현상이 발생하는 원인으로는 불황의 장기화, 통제되지 않는 시장 경쟁, 특정 경제주체로의 자본의 집중화, 도덕적 해이와 정치적 부패 등이 있다. 우리나라도 IMF를 겪으면서 독점자본주의의 모습이 강화되었다. 독점자본주의가 심화되면 국가 주도로 마음대로 경제를 이끌어 가는 '국가독점자본주의' 와 같은 형태로 진화하게 된다. 결국 자본주의의 자율성이 상실되고, 시장이 교란되고, 저임금 현상이 지속되고, 불신이 극대화되고, 질서가 파괴되고, 부의 불균형 분배가 극심하게 되어 전쟁이 발발하거나 자본주의의 근간이 무너져 내린다.

자본주의 체제에서 자본가들의 독점에 대한 열망은 당연하다. 독점은 자본가의 이윤을 극대화하고, 자본 투자 실패의 위험을 최소화한다. 상대방과의 경쟁에서 승리하기 위해서는 '진입 장벽' 을 만들어야 한다. 독점은 경쟁자의 시장 진입이나 도전을 막는 가장 좋은 진입 장벽이다. 무한 경쟁 체제에서 독점이 논리적 귀결이 될 수밖에 없다. 그래서 독점은 '자본주의의 DNA'라 불리기도 한다.[114] 실제로 현대에는 제조업뿐만 아니라 소매업, 운송, 유통, 정보, 금융 분야 등에서도 빠르게 독과점 현상이 진행되고 있다.

미국은 1995년에 상위 6개의 금융 지주회사(제이피모건 체이스, 뱅크오브아메리카, 씨티그룹, 웰스파고, 골드만 삭스, 모건 스탠리)가 미국 GDP의 17%에 해당하는 자산을 보유했는데, 2010년에는 무려 67%까지 증가했다. 소매업에서도 상위 50개 회사의 전체 소매업의 판매 비중이 1992년 22.4%에서 2007년에는 33.3%로 증가했다.[115] 국가 간에서도 자본의 독점이 심화되고 있다. 지난 2011년 전 세계에서 생산된 경제 생산 총액은 64조 달러가량이다. 미국은 이중에서 15조 달러를 생산해 세계 전체 경제의 23.4% 정도를 차지했고, 중국은 미국의 절반 수준인 7조 3천억 달러를 생산해 전 세계 경제의 11.4% 정도를 차지했다. 미국과 중국의 경제를 합하면 세계 경제의 35%를 차지한다. 여기에 유럽연합이 17조 6천억 달러였고, 세계 3위 경제 대국인 일본은 5조 달러를 생산해 세계 경제의 9%를 차지했다. 미국과 유럽, 중국, 일본의 경제를 합하면 무려 70%를 차지한다.

이러한 독과점 현상은 명백하게 인간이 하나님이 원소유권자이신 자본을 위탁받아 운영하는 데 지켜야 할 하나님의 원칙에 어긋난다. 가장 기본적인 원칙인 하나님이 주신 자본을 잘 관리하고 남겨야 한다는 원칙으로 볼 때도 문제가 심각하다. 달란트 비유에 나온 원칙은 공정한 경쟁을 통한 열심을 조건으로 삼는다. 심지 않은 데서 거두고 헤치지 않은 데서 모으는 것을 엄격히 금한다. 공정한 경쟁을 넘어선 독과점은 이 원칙에서부터 어긋난다. 독과점은 "공정한 저울과 공정한 에바와 공정한 밧을 쓰라"라는 원칙으로 표현되는 왕과 백성 간에 '공평하고 공정한 분배적 정의'와 '상호 간에 각각의 지위와 상황에 맞는 균등한 정의의 법칙'이라는 원칙에도 어긋난다. 독과점은 기본적으로 공평한 정의가 무너지면서 일어나는 행태다. 독과점에서는 특정한 경제주체들로 자본이 집중되는 과정에서 불황의 장기화, 통제되지 않는 시장 경쟁, 도덕적 해이와 정치적 부패가 주요 역할을 한다. 부가적으로 이 과정에서 독과점을 형성한 자본가에게는 상대적으로 낮은 세금이 부과되고 백성에게는 무거운 세금이 부과되는 부작용도 발생한다.

그런데 기독교 내부에서 이런 독과점 형성을 축복으로 포장해 주는 일이 비일비재하다. 독과점은 필연적으로 하나님이 금하신 또 다른 실물경제 원칙을 위배한다. 바로 '매점매석'과 '무리한 가격 부풀리기'를 금지하는 원칙이다. 하나님은 이를 엄격히 금하셨다. 독과점은 찌꺼기 밀과 같은 아주 형편없는 상품을 가치 이상으로 속여 파는 행위도 서슴지 않게 한다. 시장을 독점하고 수익을 극대화하기 위해 상품과 서비스의 질을 떨어뜨리려는 유혹에서 벗어날 수 없기 때문이다. 결국 시장에서 공정한 거래, 유통, 가격 등이 파괴된다. 독점은 문어발식 사업의 확장을 불러온다. 이사야 5장 8절, "가옥에 가옥을 이으며 전토에 전토를 더하여 빈틈이 없도록 하고 이 땅 가운데에서 홀로 거주하려 하는 자들은 화 있을진저"라는 말씀은 독과점을 활용한 문어발식 사업 확장에 대한 하나님의 경고를 분명히 보여 준다.

독과점은 부의 불균형 분배를 촉진해 부가 균형 있게 분배되었을 때 더욱더 많은 사람이 자신의 잉여 자본으로 (재투자를 위한 몫만을 남겨 놓고) '과부와 고아들'(가난한 자들을 총칭)을 위해 나눌 기회 자체를 박탈해 버린다. 독과점은 경쟁자 중에서 상대적 약자의 최소한의 소득에 대한 배려, 사회적 기여, 기부 등의 노블레스 오블리주의 정신을 무시한 행위이기도 하다. 독과점은 이사야 10장 1~4절에서 경고한 것처럼 번영과 성공의 결과를 모든 근로자와 백성에게 공의롭게 분배하라는 하나님의 명령에도 어긋난다. 독과점을 활용해 협력 업체를 옥죄는 행위는 이미 굴복되어 있는 사람을 무자비하게 다루어 맷돌로 갈듯이 착취하고, 가난한 자의 머리에 있는 티끌까지 탐내고(암 2:7). 자신은 값비싼 장식물로 치장하며 살았던 행위와 비슷하다.

하나님이 엄격하게 금하신 독과점이라는 경제의 악을 철저히 사용해 위대한 부자가 된 사람이 록펠러다. 그런데 이것을 하나님의 축복이라고 해도 될까? 하나님이 그토록 강력하게 경고하신 경제 기준을 포기하시면서까지 록펠러를 부자로 만드셨을까? 십일조를 잘 드리는 것으로 이 모든 죄악이 사함을 얻을까?

록펠러는 뉴욕 시의 수도세를 영원히 혼자 내준다는 '선행'에도 불구하고 새롭고 교묘한 부의 대물림 수단을 통해 부를 지키고 있다. 많은 사람은 록펠러 1세가 부정하고 추악한 방법까지 동원하면서 부자가 된 것을 회개하고 말년에 재단을 세워 자기 재산의 대부분을 기부했다고 생각한다. 전 재산을 기부한 것은 사실이다. 하지만 이는 1910년 최초로 설립된 록펠러 재단을 필두로 200여 개가 넘는 재단 운영을 통해 한 푼의 세금도 내지 않고 자손 대대로 미국과 세계 경제에 막강한 지배력을 행사하는 식의 새로운 부의 지배력으로의 전환에 불과하다. 즉 '기부를 많이 할수록 지배하는 것이 많다'라는 새로운 통치 수단을 만든 것이다. 죽고 난 이후에도 순수견양의 전략을 놓지 않았다.

록펠러 1세의 후손들은 재단 정관에 이름만 올리면 작은 것 하나도 잃지 않고 계속해서 순수견양 전략을 구사할 수 있다. 물론 재단의 재산은 아무것도 그들의 소유가 아니다. 엄청난 기부금은 재단의 이름으로 다양한 분야의 사업에 재투자된다. 메릴린치, 골드만 삭스 등 전문 투자회사가 이 재단의 대리인이다. 단 하나, 그들의 마음에 들지 않는 것에 대한 부결권을 가진다. 돈은 록펠러의 가문에 없지만 실제적인 영향력은 영원히 록펠러 가문에 남아 있는 최첨단의 구조를 만든 것이다.

록펠러 재단은 미국 50대 은행의 25%, 50대 보험회사의 30%의 자산을 장악하고 있으며, 미국 100대 기업의 37개, 미국 20대 교통 운송 기업의 9개, 미국 4대 보험회사 중 3개를 대주주 자격으로 지배하고 있다. 미국 최대의 전기회사, 수도 회사, 가스 회사를 지배하고 있고, 록펠러 신탁회사를 통해 지분 보유 및 경영권 지배 등의 방식으로 수천 개의 회사에 직간접적으로 영향력을 행사하고 있다. 『뉴욕 타임즈』, ABC, CBS, NBC 등의 언론도 직간접적으로 소유하거나 영향력을 행사하고 있다. 이러한 막강한 영향력을 기반으로 록펠러의 자손들은 정치, 행정, 외교, 금융 등의 영역에서 요직에 직접 중용되거나 인선에 깊숙이 관여하고 있다.

이것이 하나님의 기준을 포기하고 세상의 상식과 세상이 인정하는 힘을 기준 삼아 경제활동을 한 결과다. 거기서 만들어진 '선'의 수준이다. 과연 이것이 하나님 나라의 확장인가?

분명한 것은 하나님 나라는 이런 식으로 확장되지 않는다는 점이다. 하나님은 이런 식의 일로 하나님 나라가 확장되게 하실 만큼 구차한 분이 아니시다. 하나님은 록펠러 이상의 수준을 원하신다. 하나님이 요구하시는 것은 록펠러 이상의 돈이 아니라 경제를 포함한 모든 활동 영역에서 하나님의 기준을 따라 청지기처럼 사역하는 것이다. 예수 그리스도께서 가르치시고 직접 본을 보이신 기준을 따라 살기를 원하신다. 예수님의 제자들과 초대 교부들, 종교개혁자들이 목숨을 걸고 지킨 것을 따라가기를 원하신다.

### 하나님이 원하시는 경제 정의

현재 경제 정의에 관한 논쟁은 존 롤즈로 대표되는 '자유주의적 평등주의'와 로버트 노직으로 대표되는 '자유 지상주의' 간 논쟁이 핵심이다. 존 롤즈는 '차별의 원리'를 근거로 모든 사회는 근본적으로 그 출발점부터 차별이 있는 것으로 보고, 이런 차별과 불평등은 해소되기 어렵다고 전제한다. 아무리 재화를 반복해서 공평하게 분배하더라도 소유자의 선천적인 능력과 사회적 환경의 차별, 사고, 전쟁, 자연재해 등으로 인한 환경의 차별적 선택으로 인해 시간이 지나면 다시 자연스럽게 재화의 분배가 불평등하게 된다.

롤즈는 이렇게 해소될 수 없는 불평등을 '깊은 불평등'이라고 부른다. 이런 불평등을 해소할 유일한 방법은 강력한 독재 권력의 사용이지만 이는 공산주의의 예처럼 사회 자체를 무너뜨릴 수 있다는 부작용이 있다. 대신 불평등은 사회를 활성화하는 장점도 있기에 깊은 불평등을 인정하고 그 장점을 최대한으로 살려 사회 전체의 부의 수준을 높이는 데 사용함으로 자연스럽게 최저 계층의 권익과 부의 총량을 극대화하는 전략을 사용하는 것이 최선이라고 본다. 동시에 깊은 불평등이 만들어 내는 부작용을 최소화하는 제도적 장치(상속 및 증여에 세금 부여 등 다양한 조세 정책) 마련에 힘써야 한다는 것을 전제로 사회경제적 불평등을 정당화한다.[116]

로버트 노직은 '자격 이론'을 근거로 경제적 재화를 최초로 획득할 때의 상태가 합법적이고, 이를 활용해 그 후에 재화를 추가로 얻는 과정이 합법적이라면 그 결과로서 사회 내에서 재화에 대한 불평등 분배가 발생하더라도 정당하다고 말할 수 있으며, 인위적으로 이런 불평등을 해소할 필요가 없다고 주장한다. 만약 최초의 시기나 중간 과정에서 부당하게 획득된 재화가 있다면 교정하는 작업이 필요하다.[117] 그러나 교정하는 과정에서도 손해를 잘못 계산하는 것, 정도 이상의 처벌을 가하는 것, 과도한 보상을 얻으려고 하는 것, 자신보다 더 강한 상대는 처벌하거나 보상을 끌어낼 수 없다는 것 등의 문제들[118]이 나타날 수 있기에 이를 다루는 보호 기관들(사적인 보호 기관들, 국가)이 필요하다고 보았다.

이런 주장은 일반 윤리학에서 '형식적 의무론'으로 분류되는 '사회계약론' 차원의 접근이다. 즉 모든 사람을 설득하는 최소한의 인간본성론으로, "존 롤즈는 정의의 감각을 위한 능력과 선 개념을 위한 능력이 있는 인간본성론을 그의 사회윤리학의 출발점으로 삼았으며, 로버트 노직은 창조적 가치를 추구하는 인간을 자신의 사회윤리학의 출발점으로 삼았다."[119]

여하튼 현대자본주의는 (합당한) 차별주의적 정의와 수혜를 원칙으로 한다. 토지, 노동, 자본이 투여되어야만 생산이 되고, 이를 재투자하는 순환의 고리를 기본 공리로 한다. 그래서 노동의 대가로서 부의 분배를 받으려면 반드시 그에 합당한 자격을 갖추어야 한다. 이 과정에서 상대적으로 노예적 굴욕을 맛보는 노동자가 나오더라도 이를 합리화한다. 물론 그런 차별을 극복하기 위해 다양한 시도를 하지만 근본적인 원칙은 하나님의 경제 원리와는 완전히 다르다.

하나님이 말씀하시는 경제 정의는 최소한의 의무론에 입각한 수준에서의 부의 분배적 차원으로 제한되지 않는다. 하나님의 원리는 가장 기본적으로 무조건적인 자비가 전제된다. 하나님의 자비 사역은 '자격론'

을 전제로 하지 않고 '희생'과 '무조건'을 전제한다.[120] 성경에 나오는 선한 사마리아인은 무조건적 자비를 베풀었다. 동시에 자신의 사업 일정을 희생했고, 비용의 희생을 무릅썼고, 같은 길에서 강도를 만날 물리적 위험을 감수했고, 밤이 새도록 간호하면서 육체적 봉사의 희생도 치렀다. 성경은 생색내는 정도가 아니라 "넉넉히 꾸어 주라"라는 말씀처럼 풍성한 자비를 명령한다. "빈약한 자를 권고하라(돌보라)", "하나님은 즐거이 나누는 자를 찾고 계신다"라는 말씀처럼 마음도 함께할 것을 명령한다. 이처럼 하나님의 경제 정의는 나눔(분배)에 대해서도 '무조건적 수혜'가 공리다.

과정에서 지혜가 필요한 것은 분명하다. 예수님도 자기의 게으름으로 인해 가난에 빠진 사람이더라도 그가 영원히 그런 삶을 살 것이라는 확신이 없는 한 자비와 용서의 대상으로 삼으셨다. 종교개혁자들과 복음주의 부흥 운동의 지도자들도 일시적 구제를 넘어 사회적 약자와 무능력자들이 자립할 수 있도록 근로 능력을 회복시켜 주고 일자리를 창출하는 사역을 했다. 노동하더라도 노예처럼 살아가지 않도록 제도적 개선을 시도했다.

**타협하지 않으면 성령께서 우리 안에서 능력과 작용을 이루신다**

기준을 성경에서 가져오지 않는 사람은 온전한 기독교인이라 부를 수 없다. 성경에서 나오지 않은 기준을 삶, 가정, 회사, 공동체 안에 깊이 박아 놓으면 믿음의 역사는 절대 일어나지 않는다. 믿음의 역사가 일어나지 않으니 맛을 잃은 소금이 되어 길가에 버려지고 밟힌다. 많은 기독교인이 묻는다. "성경의 기준대로 사는 삶이 가능합니까?" 이 질문은 이렇게 바꿀 수 있다. "성화가 가능합니까?", "예수님을 닮은 삶이 가능합니까?" 이 질문에 대한 성경의 답은 이렇다. "너의 능력으로는 불가능하다!" 그런데 성경은 여기에 한마디를 더 한다. "성령의 능력으로는 가능하다!" 그리고 "(세상 끝날까지 주님이 너와 함께하시리니) 너도 가서 이와 같이 살라!"라고 말한다.

그리스도의 의의 전가로 이루어진 결정적 성화는 성령의 강력한 역사다. 내 능력도, 내 의도 아니고 전적으로 하나님의 능력이다. 마찬가지로 그리스도의 의의 전가로 가능해진 점진적 성화도 인간이 스스로 시작할 수 없다. 전적으로 하나님의 사역이다. 전적으로 우리 안에 내주하시는 성령의 강력한 역사로만 가능하다.

성경이 이를 증명한다. 초대교회 성도가, 신앙 선배들의 삶이 증명한다. 성령의 능력으로 가능했던 그들의 놀라운 삶의 결과를 믿음의 역사라고 부른다. 오늘날 한국교회에 이런 믿음의 역사가 필요하다. 믿음의 역사가 일어나야 다시 살아날 수 있다.

우리는 믿음의 역사가 일어나도록 기도한다. 믿음의 역사를 포기하면 기도할 이유가 없다. 예수 그리스도의 기준을 삶 깊숙이에 적용하는 믿음의 역사를 포기한 채 드리는 기도는 바리새인의 기도다. 바리새인은 자신의 기준을 가지고 기도했다. 자신이 마음대로 만든 하나님이라는 기준, 백성이 좋아하는 기준을 가지고 기도했다. 믿음의 역사는 일어나지 않았고, '회칠한 무덤'이라는 냄새나는 삶을 살았다. 예수님의 냉정한 평가다. 우리도 지금 이 평가를 받고 있다. 믿음의 역사가 아닌 회칠한 무덤의 매캐한 냄새와 추악하고 기괴한 모습의 역사만 일어나고 있다. 한국교회는 하나님의 전이 아니라 무덤이 되어 가고 있다.

예수 그리스도의 기준이 불가능한 목표라는 것은 인간의 무능과 무력함 편에서 보면 맞다. 하지만 우리는 여기서 끝나지 않는다. 인간의 능력으로는 불가능한 목표인 예수 그리스도의 기준은 하나님의 명령, 그리스도의 의의 전가 공로, 내주하시는 성령의 능력으로는 가능한 도전 과제다. 이것이 성경이 점진적 성화를 도전하는 이유다. 성령께서는 우리 안에서 '능력'으로만 내주하시지 않는다. 성령께서는 우리 안에서 마지막까지 열매를 맺으시는 '작용'을 하신다. 성령의 능력과 작용의 역사로 예수 그리스도의 기준(공의와 정의)이 나를 통해 세상에 하수같이 흘러갈 수 있다. 이것이 성경의 명확한 진술이다.

어거스틴이나 칼빈도 인간이 윤리적 행동을 하는 것은 자신의 의지나 능력 때문이 아니라 하나님의 은혜 때문이라는 점을 분명히 했다.[121] 대표적인 개혁주의 신학자인 헤르만 바빙크 역시 선행은 개인의 자유의지나 행위 능력으로는 불가능하고 하나님의 은혜를 통한 믿음으로만 가능하다고 본다. 바빙크는 "믿음은 성화의 탁월한 수단이다"[122]라는 말로 인간이 성화의 과정에서 행하는 모든 선행은 성령께서 주시는 믿음을 통해서만 가능하다고 보았다.

### 잘못하거나, 타협하거나, 게으르거나

어떤 이들은 성경에 나타난 경제 정의와 기준이 믿음의 역사와 어떤 연관이 있는지, 설교와 어떤 연관이 있는지, 한국교회의 회복과 어떤 연관이 있는지 질문할 것이다. 경제 정의와 기준을 몰라도 구원받는 데 지장은 없다. 이런 내용을 가르치지 않는다고 해서 잘못된 설교는 아니다. 하지만 인정하든 않든, 인식하든 못하든 상관없이 잘못된 설교는 아니더라도 최소한 '저절로' 타협하는 믿음, 타협하는 설교로 전락한다. 강단은 구원을 위해서만 존재하지 않는다. 구원만을 위한다면 강단은 없어도 된다. 전도자만으로 충분하다. 에티오피아 내시가 빌립과의 단 한 번의 만

남으로 구원을 얻었듯이 말이다(행 8:26~40).

목회자는 전도자다. 동시에 설교자이고 양육자이자 훈련자다. 전도는 구원이라는 목적 하나로 충분하지만 목회는 구원 이후의 삶도 책임져야 한다. 이 땅에서의 삶이 구원으로 모두 끝난다면 구원파와 무엇이 다른가? 그것만 있으면 충분하다고 설교한다면 구원파 목사와 무엇이 다른가? 물론 우리는 이 정도로 '잘못된' 목회자는 아니다. 그러나 부지불식간에 '타협하는' 목회자가 될 수 있다는 것을 경계해야 한다.

목회자에게 예수 그리스도의 의의 전가를 통한 구원과 결정적 성화는 아주 중요하다. 생명처럼 중요하다. 동시에 주님께 갈 때까지 이 땅에서 반드시 행해야 할 점진적 성화를 도전하고, 격려하고, 훈련하고, 관리해야 할 책임도 있다. 이것도 생명처럼 중요하다. 두 가지 모두가 목회의 본질이다.

목회자는 출석을 관리하는 사람, 헌금을 걷는 사람에 머물러서는 안 된다. 목회자는 한 사람을 끝까지 하나님의 사람으로 세우는 책임을 진 사람이다. 예수님의 제자로 양육하고, 격려하고, 지도해야 한다. 이를 위해서는 예수님을 믿는 것이 유일한 구원의 길임을 확신 있게 설교해야 한다. 동시에 구원받은 백성은 구원 이후 이 땅에서 하나님의 기준을 따라 경제활동, 사회 활동, 정치 활동, 문화 활동을 해야 한다는 것도 가르치고, 격려하고, 훈련해야 한다.

필자는 경제는 다루었지만 사회, 정치, 문화 등의 영역에 하나님이 어떤 정의와 기준을 주셨는지, 우리가 어떻게 행동해야 하는지에 대해서는 다루지 못했다. 자본주의라는 시대적 상황 때문에 경제와 경영이 가장 중요한 화두이기에 이 분야를 집중해서 다루었다. 한국교회와 교인들이 직면하거나 앞으로 직면하게 될 미래 위기의 상당 부분이 경제 영역이기 때문에 자세히 다루었다. 다른 영역이 경제나 경영보다 비중이 약하기 때문에 다루지 않은 것이 아니다. 지면의 한계라는 핑계도 있지만 필자의 지식 부족 탓이다.

이 책을 읽는 대부분의 독자가 필자처럼 구체적인 영역에 대한 성경적이고 신학적인 연구를 할 수는 없다. 그러나 내가 연구할 수 없는 것과 내가 선포하지 않는 것, 가르치지 않는 것은 별개의 문제다. 우리가 양육하는 교인들은 이 땅에 발을 딛고 있다. 이 땅의 다양한 구조에 영향을 받는다. 더 나아가 이 땅을 갱신하고, 다양한 구조를 갱신해야 할 사명이 있다. 목회자는 그들이 이 사명을 잘 이루도록 지도하고 양육해야 한다. 그래야 교인들이 자신이 발을 딛고 있는 현장에서 믿음의 역사를 일으킬 수 있다. 그래야 한국교회가 역사의 현장에서 믿음의 역사를 일으킬 수 있다.

개인의 성화뿐 아니라 교회의 성화에도 관심을 가져야 한다. 한국교회에서 발생하는 다양한 문제의 원인은 교회의 성화 수준 때문이다. 교회의 성화는 온전한 말씀의 선포와 성례의 집행, 권징의 시행, 그리고 예수 그리스도의 기준을 삶에 구체적으로 적용하고 가르치는 훈련으로 가능하다. 성도의 성화와 교회의 성화는 서로 연관되어 있다. 그리고 강단의 선포에서 시작된다. 강단이 회복되어야 한국교회의 회복, 교인의 회복이 시작된다. 이것은 목회자에게 주어진 사명이다.

세례 요한을 보라. 헤롯의 사생활을 지적해서 죽음에 이르렀다. 지금의 한국교회 같은 분위기라면 세례만 주고, 종교적 일만 하지 왜 헤롯의 삶에까지 손을 대서 죽음을 자초했느냐고 할 것이다. 헤롯 가문은 원래 그런 가문이고, 왕이 수많은 첩을 두는 것은 당연하고, 동생의 아내를 취한 것이 비윤리적이기는 하지만 적당히 눈감아 주어도 되지 않느냐고 할 것이다. 우리의 일은 설교하는 것이지 왕궁의 일, 정치사, 사회구조 등에 관여하는 것은 우리의 일이 아니라고 할 것이다.

물론 세례 요한은 그렇게 하지 않았다. 예수 그리스도, 바울, 제자들, 초대 교부, 루터와 칼빈, 청교도 등이 이 땅에서 하나님의 기준을 따라 경제, 사회, 정치, 문화 활동을 해야 한다고 가르치고, 격려하고, 훈련한 것과 같은 이유에서였다. 예수님은 우리에게 "너희도 가서 이와 같이 하라"라고 말씀하셨다. 우리는 이 사명에 열심을 내야 한다. 그렇지 않으면 '게으름' 이라는 부끄러움을 가슴에 안고 살아가야 한다.

### 미래 전략, 어디서부터 시작할 것인가?

성경적 경제 및 경영 기준과 정의에 대해 강의할 때 종종 이런 질문을 받는다. "어디서부터 시작해야 합니까?" 전략에 관한 질문이다. 이런 질문을 하는 것만으로도 한국교회, 한국의 기독교인들에게 희망이 있다고 생각한다. 성령의 능력을 힘입어 사명자의 길을 가겠다는 마음이기 때문이다. 이제 이 질문에 대한 필자의 작은 전략을 소개하겠다.

하나님이 성경을 통해 제시하신 모든 경제 윤리와 원칙은 우선 하나님의 백성들에게 주어진 명령이다. 하나님은 이스라엘 민족 이외에도 수많은 민족이 함께 공존했던 시대에 그분의 경제 윤리와 원칙을 이스라엘 공동체에게만 명령하셨다. 그렇다고 해서 이스라엘 민족 이외의 민족은 마음대로 살라는 것은 아니다. 이스라엘 민족이 하나님의 경제원칙과 윤리를 제대로 시행하면 이를 통해 타민족도 하나님의 경제원칙과 윤리의 혜택을 받는 결과가 일어나리라고 기대하셨다. 이것이 하나님의 전략이다. 예수님도 전도 전략을 이렇게 명령하셨다.

"오직 성령이 너희에게 임하시면 너희가 권능을 받고 예루살렘과 온 유대와 사마리아와 땅 끝까지 이르러 내 증인이 되리라"(행 1:8).

아주 중요한 전략적 가르침이다. 먼저 성령 충만을 받아야 한다. 그러면 권능이 생긴다. 그다음으로는 예루살렘부터 시작해야 한다. 가장 가까운 곳, 내가 처한 바로 그곳에서부터 시작해야 한다. 가장 가까운 곳은 두 곳이다. 하나는 가정이고, 다른 하나는 교회 공동체다. 이웃은 다음이고, 세상은 그다음이다.

그런데 우리가 전략적으로 실패하는 이유는 두 가지 때문이다. 하나는 내 능력으로 하려고 하기 때문이고, 다른 하나는 세상에서부터 시작하려고 하기 때문이다. 성경이 제시하는 경제원칙과 윤리 실천도 가정과 교회 공동체 안에서부터 시작해야 한다. 가계경제, 가계 경영에서부터 시작해 교회 공동체, 기독교인 간 경제활동에 먼저 적용해야 한다. 이것이 예수님의 전략이다. 기독교인들은 자본의 소유가 하나님께 있다는 것을 인정하는 이들이다. 그래서 가정과 교회 공동체 안에서 기독교인 간에 먼저 공정한 저울, 공정한 에바, 공정한 밧을 써야 한다. 공평하고 공정한 분배적 정의를 실현하는 실물경제 활동을 해야 한다.

기독교인 기업가와 정치인은 (기독교인) 상호 간에 각각의 지위와 상황에 맞는 분배를 위해 힘써야 한다. 부의 극대화를 위해 수요자의 상황과 상관없이 공급량을 독점하거나 가격을 마음대로 조절하는 매점매석과 무리한 가격 부풀리기에는 가담하지 말아야 한다. 제품과 서비스를 정당한 가치 이상으로 속여 팔지 않아야 한다. 독과점을 형성해 가격을 담합하는 행위를 버려야 한다. 자유경쟁을 유지하지만 상대방을 죽이는 경쟁보다는 상생하는 경쟁이 되도록 혁신적인 사고와 경영 활동을 시도해야 한다. 정당한 가격 이상으로 부풀려진 부동산 투기에 가담하지 않아야 한다. 이자를 받는 금융 행위도 부자들에게는 정당한 이자를 받고, 가난한 자들에게는 그라민은행처럼 낮은 이자를 통해 자립하는 데 도움을 주어야 한다. 성경이 제시한 윤리를 넘는 과도한 이자를 붙여 금융 수익을 올리는 것을 피해야 한다.

정책을 수행하는 자리에 있는 기독교인이라면 악질적인 고리대금업을 철저하게 단속하고, 20~40%에 달하는 제2금융권과 제3금융권 이자를 계속 낮추도록 유도해야 한다. 부자들에게는 그에 합당한 증세를 하고, 가난한 자들의 세금은 감세해야 한다. 기독교인 부자들은 정당한 세금을 내는 것이 가장 기본적인 노블레스 오블리주다.

기독교 경영자들은 열심히 노력하는 직원들에게는 그만큼의 대가가 돌아가도록 경영 윤리를 펼치면 된다. 근로자들이 무리한 노동을 하지 않도록 관리해야 한다. 쉼과 노동이 균형을 이루도록 관리해야 한다. 노동의 대가로서 부를 분배할 때는 근로자가 기본적인 생계유지를 위해 빚을 내지 않을 정도, 혹은 그 이상으로 후하게 대가를 지급하는 것을 원칙으로 해야 한다. 주주의 이익보다는 근로자에게 부를 분배하려고 해야 한다. 외국인 노동자, 새터민, 여성이나 청소년을 차별하지 말고 공평하게, 일자리를 능력에 맞게 주어야 한다. 시장 경쟁을 하더라도 상대적 약자에 대한 최소한의 배려, 사회적 기여, 기부 등의 윤리를 실천해야 한다. 그리고 복음 전도를 위해 자본을 사용해야 한다.

이 모든 경제와 경영 행위는 실천 불가능하지 않다. 지금이라도 당장 (최소한) 기독교 공동체 안에서 실천할 수 있다. 오순절 다락방에 성령께서 임하신 이후로 초대교회 공동체가 했던 것처럼 성령께서 우리 마음에 역사하시면 수천 년이 지난 지금도 얼마든지 실천할 수 있다. 이것으로 세상을 단번에 바꿀 수는 없지만 갱신을 시작할 수는 있다.

"믿는 사람이 다 함께 있어 모든 물건을 서로 통용하고 또 재산과 소유를 팔아 각 사람의 필요를 따라 나눠 주며"(행 2:44~45).

초대교회의 모습이 그러했다. 그러자 어떤 일이 일어났는가?

"온 백성에게 칭송을 받으니 주께서 구원받는 사람을 날마다 더하게 하시니라"(행 2:47).

교회 밖 사람들이 나눔의 혜택을 직접 받아서 초대교회 교인들을 칭송한 것이 아니다. 믿는 사람들끼리 예수님의 경제 정의와 기준을 실천하는 모습을 보고 칭송했다. 그리고 그들도 새로운 법으로 살고 싶어서 교회 공동체로 들어왔다. 초대교회 교인들이 이렇게 행동했다고 해서 당장 사회가 바뀌지는 않았다. 당장 경제구조가 하나님의 정의와 원칙으로 수정되지는 않았다. 그 뒤에도 오랜 시간이 걸렸다.

지금도 마찬가지다. 서두르지 말자. 한 걸음씩 나아가자. 포기하지 말고 성경적 원리에 가까이 가는 것을 목표로 하자. 하나님의 법을 점점 닮아 가는 방향으로 자본주의경제 제도와 경제 윤리를 재편하려는 노력을 기울이자.

하나님의 은혜와 예수 그리스도의 구속으로부터 나오는 능력, 여호와를 경외하고 서로 사랑하고 오직 필요한 양식에 자족하는(잠 30:8~9) 마음, 근면한 삶의 원칙(잠 6:6~11), 선한 사업에 부자가 되는 마음(시 37:22~26)을 가지고 도전한다면 지금보다 더 나은 경제 철학과 윤리를 제시하고 만들어 갈 수 있다. 이 땅에서 하나님의 속성을 더욱더 크게 드러내고, 과부와 고아들처럼 가난하고 소외된 사람들에게 하나님의 사랑과 자비가 풍성히 임하게 할 수 있다. 이것이 예수님의 전략이다.

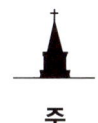

주

## 프롤로그

1 『중앙일보』, 송호근 칼럼, "불길한 망국 예감", 2013년 12월 3일자.

## 1부

1 『중앙선데이』, "교회 대출 연체율 급증… '교회 안 망한다' 믿음 흔들", 2013년 11월 10일자.
2 『노컷뉴스』, "'빚 돌려 막기' 채무자 328만 명… 빚 317조 원", 2014년 10월 14일자.
3 『매일경제』, "한국, 가계 부채 비율 GDP 93%, 아시아에서 가장 높아", 2014년 9월 25일자.
4 『노컷뉴스』, "'빚 돌려 막기' 채무자 328만 명… 빚 317조 원", 2014년 10월 14일자.
5 『아시아경제』, "한국형 눈덩이 가계 부채의 심각성", 2014년 9월 10일자.
6 『경향신문』, "한국 경제의 뇌관, 가계 부채 1,000조, 위험한 대출만 30조 이상", 2014년 10월 7일자.
7 『서울경제』, "벼랑 끝 8개국 단기 외채가 뇌관, 2년 내 외환 위기 올 수도", 2014년 1월 16일자.
8 『국민일보』, "중대형 교회 새 신자 48.4%가 수평 이동 교인", 2014년 2월 26일자.
9 『국민일보』, "2014 주요 교단 총회 결산 1. 교세 위축되는 개신교", 2014년 9월 29일자.
10 『뉴스다임』, "성도 수 계속 감소, 기독교 미래 암울해", 2013년 9월 13일자.
11 『연합뉴스』, "이대로 가면 노년층 70-80%가 은퇴 빈곤층 전락", 2014년 10월 12일자.
12 인사이트, 2014. 11. 4. "당신의 돈이 줄줄 새는 이유 6가지."

## 2부

1 지그문트 바우만,『방황하는 개인들의 사회』, 봄아필, 2013.
2 니콜라스 월터스토프,『정의와 평화가 입맞출 때까지』(서울: IVP, 2007), 11-56.
3 Ibid.
4 성경이 말하는 경제적 해방이란 프롤레타리아 해방이 아니라 경제원칙과 상황으로부터 죄의 영향력을 제거하고 하나님이 명령하신 정의로운 경제 질서를 실현하는 것이다.
5 김광열,『총체적 복음: 한국교회, 이웃과 함께 거듭나라』, 25-27.
6 루이스 벌코프,『조직신학』, 779-781.
7 박형룡,『박형룡 박사 저작 전집 5 교의신학 구원론』, 332-333. H. Barvinck,『개혁교의학 4』, 296.
8 루이스 벌코프,『조직신학』, 781.
9 Ibid., 782.
10 Ibid., 782-783. 안토니 A. 후크마,『개혁주의 구원론』, 353-371. 박형룡,『박형룡 박사 저작 전집 5 교의신학 구원론』, 335-336. 헤르만 바빙크도 "칭의와 성화는 구분되지만 그럼에도 불구하고 한순간도 분리되지 않는다"고 분명히 했다. H. Barvinck,『개혁교의학 4』, 291.
11 안토니 A. 후크마,『개혁주의 구원론』, 류호준 역(서울: 기독교문서선교회, 2003), 316-318. H. Barvinck,『개혁교의학 4』, 285-286.
12 안토니 A. 후크마,『개혁주의 구원론』, 329, 341, 344, 352.
13 Ibid., 378-381.
14 Ibid., 380, 382, 383.
15 루이스 벌코프,『조직신학』, 793.
16 Ibid., 783. 이때의 '거룩함' 이란 하나님의 거룩함을 의미한다. 하나님의 거룩함은 '삼킬 것 같은 불로 변환되는 신적 영광의 빛' 이다. 이런 수준의 하나님의 거룩함에 비추면 인간의 거룩함이나 선한 행동은 무가치한 수준으로 전락하고, 인간은 아무리 선행을 한다 해도 불결하고 죄악되며 하나님의 진노의 대상에 불과하다는 것을 깨닫게 된다. 즉 하나님의 거룩함은 인간의 행위로는 절대로 근접할 수 없으므로 하나님의 직접적인 거룩함의 덧입힘이신 예수 그리스도의 거룩함의 전가와 적용으로만 성화의 완성이 가능하다.
17 H. Barvinck,『개혁교의학 4』, 275.
18 루이스 벌코프,『조직신학』, 786.
19 Ibid., 784. H. Barvinck,『개혁교의학 4』, 292.
20 바빙크는 삼위일체적 믿음 이해를 한다. 성부 하나님은 믿음의 대상인 계시를 발출하신다. 성자 하나님은 믿음의 대상인 계시를 구속 경륜을 통해 완성하시며 인간의 외적 인식의 가능성의 길을 여셨다. 성령 하나님은 믿음의 대상인 계시를 내적 인식의 작용

을 통해 수납하게 하신다. 즉 경제를 포함한 모든 윤리적 행위의 기준은 하나님께로부터 나오고, 이를 인식하는 능력은 성자 하나님을 통해 가능하며, 하나님의 기준에 따라 윤리적 행동으로 열매 맺게 하는 것은 성령 하나님의 능력으로 가능하다. 성령께서는 우리 안에서 법정적 칭의를 적용하시고, 객관적 중생의 경험을 하게 하시며, 믿음과 그 믿음으로 인해 성화와 견인을 가능하게 하는 믿음의 능력(fides potentialis)을 부여하시고, 새로운 삶의 시작을 알리는 내적 징표인 회심과 주관적 회개의 삶에 이르게 하신다. (참고로 이 순서는 논리적 순서이며 실제적으로는 동시에 일어난다.) H. Barvinck, 『개혁교의학 4』, 109.

21　H. Barvinck, 『개혁교의학 1』, 52.
22　루이스 벌코프, 『조직신학』, 784.
23　Ibid., 793.
24　전석담, 최윤규, 『근대 조선 경제의 진로』(서울: 아세아문화사, 2000), 19-35.
25　이태진, 『고종 시대의 재조명』(서울: 태학사, 2000), 279-305.
26　류대영, 『한국 근현대사와 기독교』(서울: 푸른역사, 2009), 18-20.
27　Ibid., 20-21.
28　Ibid., 30-31.
29　Ibid., 28.
30　Ibid., 32-33.
31　Henry Loomis to Dr. Gilman, Jan. 29, April 22, 1884, 한국기독교역사연구소 소장 미국 성서공회 한국 관련 편지철. 류대영, 『한국 근현대사와 기독교』, 33에서 재인용.
32　Loomis to Gilman, June 17, 1885. 류대영, 『한국 근현대사와 기독교』, 35에서 재인용.
33　민태원, 『갑신정변과 김옥균』(서울: 국제문화협회, 1947), 75.
34　Jones to Leonard, Feb. 13, 1895, Missionary Collection, Commission on Archives and History of the United Methodist Church, Madison, New Jersey, 54-55. 류대영, 『한국 근현대사와 기독교』, 38에서 재인용.
35　류대영, 『한국 근현대사와 기독교』, 44-46.
36　류대영, 『개화기 조선과 미국 선교사: 제국주의 침략, 개화 자강, 그리고 미국 선교사』(서울: 한국기독교역사연구소, 2004), 339-346.
37　박응규, "한국교회의 정치 참여에 대한 역사적 고찰과 평가, 장로교회와 신학 5권" (2008), 164.
38　전준봉, 『한국교회 사회운동사』(서울: CLC, 2012), 198-203.
39　이만열, "한국 기독교 사회운동", 『기독교사상』 29권 8호(1984. 8월호): 150.
40　류대영, 『한국 근현대사와 기독교』, 36.
41　서재필, 『회고 갑신정변』, 이정식, 397-401.
42　류대영, 『한국 근현대사와 기독교』, 49-50.
43　『조선 그리스도인 회보』, 1897년 2월 10일자.

44 『독립신문 3권』(서울: 갑을출판사, 1981), 『독립신문』, 1898년 1월 4일자.
45 민경배, 『한국 기독교 사회운동사 1885-1945』(서울: 대한기독교출판사, 1987), 82.
46 이만열, 『한국 기독교와 역사의식』(서울: 지식산업사, 1981), 43.
47 『그리스도 신문』, 1901년 3월 7일자. 이만열, 『한국 기독교 사회운동사 1885-1945』, 39.
48 민경배, 『한국 기독교 사회운동사 1885-1945』, 86-87.
49 류대영, 『한국 근현대사와 기독교』, 156-161.
50 "론셜: 교육과 샤회의 관계", 『신문』, 1906년 9월 27일. 류대영, 『한국 근현대사와 기독교』에서 재인용.
51 이만열, 『한국 기독교사 특강』(서울: 성경읽기사, 1987), 143-144.
52 중촌철, 박섭, 『동아시아 근대 경제의 형성과 발전』(서울: 신서원, 2005), 202.
53 전석담, 최윤규, 『근대 조선 경제의 진로』, 40-74.
54 Ibid., 77-78.
55 "론셜", 『신문』, 1897년 7월 8일, "시셰론", 『신문』, 1898년 2월 10일, "농리편셜: 론셜", 『신문』, 1897년 12월 2일. 류대영, 『한국 근현대사와 기독교』, 61-63에서 재인용.
56 류대영, 『한국 근현대사와 기독교』, 72-90.
57 강만길, 『한국 자본주의의 역사』(서울: 역사비평사, 2000), 13-14.
58 류대영, 『한국 근현대사와 기독교』, 98-99.
59 전준봉, 『한국교회 사회운동사』, 204.
60 류대영, 『한국 근현대사와 기독교』, 105.
61 정규식, 『일제하 한국기독교민족주의 연구』(서울: 혜안, 2001), 106.
62 민경배, 『한국 기독교 사회운동사 1885-1945』, 179-181.
63 전준봉, 『한국교회 사회운동사』, 205.
64 전석담, 최윤규, 『근대 조선 경제의 진로』, 263-268.
65 전준봉, 『한국교회 사회운동사』, 205.
66 최덕성, 『한국교회 친일과 전통』(서울: 본문과현장사이, 2000), 272.
67 성백걸, "한국 초기 개신교인들의 교회와 국가 이해", 『한국기독교사 연구』 21호(1988, 8월호), 5.
68 그러나 초기 한국 기독교의 이런 정신은 이어지지 못했고, 훗날 국가를 위해 '반공' 한다는 명분과 연결되어 반공을 국시로 한 독재 정권들을 돕는 운동으로 변질되었다. 더 나아가 현재 한국교회의 보수 진영은 공식적으로는 정교분리를 주장하지만 정부에는 우호적이고 사회를 위한 운동은 무시하는 수준으로 전락했다. 8·15광복 이후에는 교회와 정권과의 밀월 관계를 유지하는 모습을 보였고, 반공과 북진 통일 명분에 집중하는 현상이 발생했다. 4·19민중항쟁 이후 교회는 노동조합, 사회단체, 진보 정당에 사회 변화의 주도권을 빼앗겼다. 심지어 제3공화국 시절에는 군사 쿠데타를 지지하기까지 했다. 한일회담 반대 운동에는 기독교 진보와 보수 진영이 일치된 목소리를 내기도 했지만, 3선 개헌부터는 진보와 보수가 서로 갈라지고 말았다. 박정희 정권이 4·19 이후 자

발적으로 생성된 중소 기업 중심의 경제 개혁을 말살하고 재벌 중심의 경제를 펼치자 교회 역시 초기 선교사들처럼 경제문제에 개입할 여지가 없어졌다. 대신 한국교회는 군사독재와 군부 세력의 장기 집권에 대항하고 민주화를 요구하는 사회운동으로 전환했다. 이 과정에서 진보와 보수의 차이점은 더욱 명확해졌다. 12·12쿠데타와 광주 민주화 운동이 발발했을 때는 기독교 보수주의가 전두환 등 신군부의 쿠데타의 정당성을 확보해 주는 시국 기도회를 열기도 했다.

## 3부

1. 박동석(이데일리 부장) 외 지음, 『고령화 쇼크』, 굿인포메이션, 17.
2. 테드 C. 피시먼, 『회색쇼크』, 반비, 103.
3. 이용권 기자, "조선 시대 평균수명 35세... 왕은 46세", 『문화일보』, 2013년 12월 26일자.
4. 이인열 경제부 차장, 특별취재팀장 외 4인, "6075 신중년", 『조선일보』, 2013년 11월 27일자.
5. 안준용 기자, "6075 신중년 파워 컨슈머로 급부상", 『조선일보』, 2013년 12월 3일자.
6. 이인열 차장 외 7인, "6075 신중년 열의 아홉은 '난 젊다. 일하고 싶다. 활기차다'", 『조선일보』, 2013년 9월 9일자.
7. 배성민 기자, "낀 세대, 쉰 세대는 그만", 『프레스바이플』, 2013년 11월 25일자.
8. Elliott Jaques, *Death and the Mid-life Crisis*, 506.
9. 임경수, 『중년 리모델링』, CUP, 79.
10. 『뉴스앤조이』, 2014년 12월 12일자. 이사라, "내 교회가 어디 있나? 모두 우리 교회지."
11. 니콜라스 월터스토프, 『정의와 평화가 입맞출 때까지』(서울: IVP, 2007), 162.
12. 1 Clement of Rome 33:4; 34:1; 38:2. Bong Rin Ro, "The Perspective of Church History From New Testament Times to 1960," in *In Word & Deed: Evangelism and Social Responsibility*, ed. by Bruce Nicholls(The Paternoster Press, 1985), 14-15. (김광열, 『총체적 복음: 한국교회, 이웃과 함께 거듭나라』, 229에서 재인용.)
13. Justin Martyr, *First Apology*, Peter C. Phan, *Social Thought, vol 20 of Message of the Father of the Church*, ed. Thomas Halton(Wilmington: Michael Glazier, 1984), 56. (김광열, 『총체적 복음: 한국교회, 이웃과 함께 거듭나라』, 231에서 재인용.)
14. Tertullian, *The Apology*, 39: 5-6, 16. (김광열, 『총체적 복음: 한국교회, 이웃과 함께 거듭나라』, 231에서 재인용.)
15. Catherine P. Roth, *John Chrysostom: On Wealth and Poverty*, tm. Roth(Crestwood, New York: St. Vladimir's Seminary Press, 1984), 133.
16. Tertullian, *The Apology*, Peter C. Phan, *Social Thought*, 21. (김광열, 『총체적 복음: 한국교회, 이웃과 함께 거듭나라』, 232에서 재인용.)

17 Aristides, Martin Hengel, *Property and Riches in the Early Church*(Philadelphia: Fortress Press, 1974), 42-43. (김광열, 『총체적 복음: 한국교회, 이웃과 함께 거듭나라』, 232에서 재인용.)
18 김홍기, 『존 웨슬리의 경제 윤리』(서울: 대한기독교서회, 2001), 30.
19 김광열, 『총체적 복음: 한국교회, 이웃과 함께 거듭나라』, 236.
20 정일웅, "기독교 섬김 사역(*Diakonia*)의 역사적 이해", 『신학지남』, 통권 제308호(2011년 9월호), 70.
21 니콜라스 월터스토프, 『정의와 평화가 입맞출 때까지』(서울: IVP, 2007), 164.
22 한국기독교윤리학회, 『경제문제와 기독교 윤리: 청부론과 청빈론을 넘어서』, 62-63.
23 그레드 그래함, 『건설적인 혁명가 칼빈』, 93.
24 Ibid., 95-99.
25 Ibid., 109-111.
26 Ronald S. Wallace, 『칼빈의 사회 개혁 사상』, 137.
27 Calvin, *Institutes*, 2. 8. 39.
28 Ibid., 2. 8. 45.
29 정성구, "칼빈주의와 사회", 『신학지남』, 통권 제62권(1995년 3월호), 102-106.
30 제네바는 로마가톨릭을 후원하는 이탈리아 사보이인들의 지배에서 벗어나 1527년부터 급속하게 민족주의와 개신교 신앙과의 결합이 일어났다. 1534년 9월에는 교회의 땅과 재산들이 제네바의 소유가 되었고, 1535년 10월 15일에는 미사가 폐지되었고, 1535년 말에는 수도원과 성직자 계급제도가 폐지되면서 가톨릭이 완전히 축출되었다. 안인섭, "칼빈의 목회관과 한국교회의 과제", 『개혁논총』, 논문집 제11권(2009년 9월호), 348-349.
31 김광열, 『총체적 복음: 한국교회, 이웃과 함께 거듭나라』, 238-241.
32 *The Register of the Company of Pastors of Geneva in the Times of Calvin*, ed. & trans., Philip E. Huges(Grand Rapids: Eerdmans, 1966), 35-49. (김광열, 『총체적 복음: 한국교회, 이웃과 함께 거듭나라』, 242에서 재인용.)
33 김광열, 『총체적 복음: 한국교회, 이웃과 함께 거듭나라』, 242. *Institutes*, 1559, 4. 3. 8.
34 그레드 그래함, 『건설적인 혁명가 칼빈』, 85.
35 Christopher Hill, *Puritanism and Revolution: Studies in Interpretation of the English Revolution of the seventeenth Century*(London: Secker and Warburg, 1958), 227-228. (김광열, 『총체적 복음: 한국교회, 이웃과 함께 거듭나라』, 247에서 재인용.)
36 김홍기, 『존 웨슬리의 경제 윤리』, 100-102.
37 Ibid., 55.
38 Ibid., 97-100.
39 Ibid., 163-164.
40 김광열, 『총체적 복음: 한국교회, 이웃과 함께 거듭나라』, 253.

41 존 스토트, 『현대 기독교 선교』(서울: 성광문화사, 1981), 25.
42 정준기, 『청교도 인물사』(서울: 생명의말씀사, 1996), 266-276.
43 김광열, 『총체적 복음: 한국교회, 이웃과 함께 거듭나라』, 267.
44 니콜라스 월터스토프, 『정의와 평화가 입맞출 때까지』(서울: IVP, 2007), 127.
45 Ibid., 133.
46 Ibid., 130-131.
47 『한민족문화대백과사전』
48 이홍구, 『하나님의 경제학』(서울: 두란노, 2011), 74-80.
49 학자들에 따라서는 49년 주기를 주장하기도 한다. 그러나 18-22절에 안식년과 희년의 구분, 마지막 6년째 되는 해에 3년간 먹을 수 있는 소출을 주신다는 말씀들을 종합해 볼 때 50년 주기가 좀 더 설득력을 얻는다. 장성길, "구약성경에 나타난 희년법", 『희년, 한국 사회, 하나님 나라』, 81.
50 최윤식, 『2020-2040 한국교회 미래지도』(서울: 생명의말씀사, 2013), 342.
51 Ibid., 342-343.
52 한국기독교윤리학회, 『경제문제와 기독교 윤리: 경제 정의와 예방 경제와 한반도 경제 붕괴 예방 전략』, 노정선(서울: 예영커뮤니케이션, 2004), 25.
53 Ibid.
54 한국기독교윤리학회, 『경제문제와 기독교 윤리: 청부론과 청빈론을 넘어서』, 이상원 (서울: 예영커뮤니케이션, 2004), 84.
55 Ibid.
56 Ibid., 85.
57 최윤식, 『2020-2040 한국교회 미래지도』, 344.
58 Ibid.
59 존 칼빈, 성경주석출판위원회, 『신약성경 주석 3』(서울: 신교출판사, 1978), 124-125.
60 Gordon J. Wenham, 『WBC(Word Biblical Commentary) 성경주석-창세기』, 박영호 역 (서울: 도서출판 솔로몬, 2001), 126, 128.
61 박윤선, 『성경주석, 창세기』(서울: 동아출판공사, 1978), 83-84.
62 Peter C. Craigie, 『WBC 성경주석-시편 1-50』, 손석태 역(서울: 도서출판 솔로몬, 2000), 137-138.
63 매튜 헨리, 박근용, 『매튜 헨리 주석 시리즈 1 창세기 (상)』(서울: 기독신문사, 1984), 56-62.
64 Donald A. Hagner, 『WBC 성경주석-마태복음 14-28』, 채천석 역(서울: 도서출판 솔로몬, 2000), 1122, 1124. Disciples' Publishing House, 『옥스퍼드 원어성경대전-마태복음 21-28장』(서울: 제자원, 2000), 404.
65 Disciples' Publishing House, 『옥스퍼드 원어성경대전-마태복음 21-28장』(서울: 제자원, 2000), 403.

66  고고학적인 연구에 따르면, 경제 제도로서의 제대로 된 시장은 그리스인들이 발명했다. 홍기빈,『아리스토텔레스, 경제를 말하다』(서울: 책세상, 2009), 53-54. '경제'라는 영어 단어 'economy'도 그 어원이 '가정'을 뜻하는 그리스어인 'oikos'와 '다스리다'라는 뜻을 가진 어근 'nem'에서 비롯되었다. 최초의 경제학 저서도 아테네의 크세노폰이 소크라테스와의 대화 형식으로 쓴『가정학관리』(Oikonomikos)다. (홍기빈, 38-39.)

67  매튜 헨리, 박근용,『매튜 헨리 주석 시리즈-에스겔 (하)』(서울: 기독신문사, 1984), 355-357.

68  Disciples' Publishing House,『옥스퍼드 원어성경대전-에스겔 40-48장』(서울: 제자원, 2007), 366.

69  매튜 헨리, 박근용,『매튜 헨리 주석 시리즈-에스겔 (하)』, 355-357.

70  '에바'는 고체, '밧'은 액체의 부피를 재는 단위다. 에바는 옥수수나 밀처럼 마른 물건을 재는 도량형기였고, 밧은 술이나 기름 등의 액체 상태의 것들을 재는 것이었다. 둘 다 한국의 단위로 환산하면 40두(斗) 정도이고 약 22리터에 해당한다.

71  박윤선,『성경주석-에스겔』(대구: 동아출판공사, 1978), 312.

72  Disciples' Publishing House,『옥스퍼드 원어성경대전-에스겔 40-48장』(서울: 제자원, 2007), 368.

73  Ibid.

74  Duane L. Christensen,『WBC 성경주석-신명기 21:10-34:12』, 정일오 역(서울: 도서출판 솔로몬, 2007), 265.

75  Ibid., 331-333.

76  박윤선,『성경주석-레위기, 민수기, 신명기』, 144.

77  매튜 헨리, 박근용,『매튜 헨리 주석 시리즈-신명기』, 347.

78  John Nolland,『WBC 성경주석-누가복음 1:1-9:10』, 김경진 역(서울: 도서출판 솔로몬, 2003), 663-664.

79  Norval Geldenhuys,『성경주석 뉴 인터내셔널(The New International Commentary)-누가복음』, 이장림 역(서울: 생명의말씀사, 1983), 269.

80  John Nolland,『WBC 성경주석-누가복음 1:1-9:10』, 665-668.

81  정운찬, 김영식,『거시경제론(제8판)』(서울: 율곡출판사, 2009), 428.

82  홍기빈,『아리스토텔레스, 경제를 말하다』(서울: 책세상, 2009), 61-62.

83  Ibid., 63-64.

84  정운찬, 김영식,『거시경제론(제8판)』, 121.

85  밀턴 프리드먼,『화폐경제학』, 김병주 역(서울: 한국경제신문, 2009), 69-74.

86  Disciples' Publishing House,『옥스퍼드 원어성경대전-에스겔 40-48장』(서울: 제자원, 2007), 369.

87  밀턴 프리드먼,『화폐경제학』, 240-241.

88  Ibid., 244.

89 누리엘 루비니, 스티븐 미흠, 『위기경제학』, 허익준 역(서울: 청림출판, 2010), 32-39. 최윤식, 『그들과의 전쟁』(서울: 알키, 2012), 170.
90 본원통화는 화폐 발행의 독점적 권한을 가진 한국은행(중앙은행)이 지폐나 동전 등의 형태로 발행하는 통화다. 중앙은행이 화폐를 발행할 때는 중앙은행의 자산을 기준으로 삼는다. 중앙은행의 자산은 정부에 대한 대출, 상업은행에 해준 대출, 상업어음 재할인, 외화보유액 등으로 구성된다. 한국은행은 이런 자산들과 비례하는 수준에서 본원통화를 공급한다. 결국 (한국은행이 부채를 다 갚으면 시중의 통화가 제로가 되기 때문에 엄밀히 이야기하면) 본원통화는 중앙은행의 부채다. 그리고 한국은행이 자산의 규모를 넘는 양의 본원통화를 발행하면 로마 시대에 금이나 은의 함량을 속여서 주화를 발행하는 것과 같아 화폐 사기를 자행하는 것과 같다. 최윤식, 『그들과의 전쟁』(서울: 알키, 2012), 172.
91 이외에도 정부가 미래의 세금을 미리 당겨 쓰기 위해 '지급 요구 수표(국채)'를 중앙은행에 담보로 잡히고 현금을 교환해 가는 것도 문제를 발생시킨다. 이 방식은 12세기부터 시작된 국가와 중앙은행 간의 은밀한 돈놀이 방식이었다. 또한 상업은행들도 '부분 지급 준비금'(Fractional Reserve) 제도를 활용해 통화승수(Money multiplier)를 과도하게 늘리면서 문제의 여지를 만든다.
92 이러한 시스템에서 상대적으로 큰 이익을 보는 집단은 독과점을 형성한 거대 기업들과 금융 자본가들이다. 최윤식, 『그들과의 전쟁』(서울: 알키, 2012), 177-178.
93 Duane L. Christensen, 『WBC 성경주석-신명기 1:1-21:9』, 611.
94 애덤 스미스, 『국부론』, 유인호 역(서울: 동서문화사, 2009), 103.
95 Duane L. Christensen, 『WBC 성경주석-신명기 21:10-34:12』, 204.
96 그레드 그래함, 『건설적인 혁명가 칼빈』, 김영배 역(서울: 생명의말씀사, 1995), 90, 134-135. Ronald S. Wallace, 『칼빈의 사회 개혁 사상』, 박성민 역(서울: 기독교문서선교회, 1995), 127.
97 그레드 그래함, 『건설적인 혁명가 칼빈』, 128-129.
98 Ibid., 130-131. Ronald S. Wallace, 『칼빈의 사회 개혁 사상』, 128.
99 Bieler, Andre, 『칼빈의 경제 윤리』, 황호찬 역(서울: 성광문화사, 1985), 101. Ronald S. Wallace, 『칼빈의 사회 개혁 사상』, 126.
100 Bieler, Andre, 『칼빈의 경제 윤리』, 55-69.
101 그레드 그래함, 『건설적인 혁명가 칼빈』, 185.
102 Ibid., 133. Bieler, Andre, 『칼빈의 경제 윤리』, 58-60.
103 Duane L. Christensen, 『WBC 성경주석-신명기 21:10-34:12』, 203-205.
104 Ronald S. Wallace, 『칼빈의 사회 개혁 사상』, 134.
105 Duane L. Christensen, 『WBC 성경주석-신명기 1:1-21:9』, 620-626.
106 그레드 그래함, 『건설적인 혁명가 칼빈』, 121. Bieler, Andre, 『칼빈의 경제 윤리』, 86.
107 주노종, 『알기 쉬운 경제사상사』(서울: 법문사, 2007), 134-139.

108  Ibid., 28.
109  애덤 스미스, 『국부론』, 43-46.
110  Ibid., 68-77.
111  칼 마르크스, 『자본론』, 김수행 역(서울: 비봉출판사, 2009), 189-201.
112  한국기독교윤리학회, 『경제문제와 기독교 윤리: 신자유주의 경제 체제와 기독교 윤리』, 장윤재(서울: 한국기독교윤리학회, 2004), 168-169.
113  '적은 수의 우두머리' 라는 뜻.
114  John Bellamy Foster, Robert W. McChesney, R. Jamir Jonna, "Monopoly and Competition in Twenty-First Century Capitalism," *Monopoly Review*, 2011. 4, 1-39.
115  Lawrence J. White, "Aggregate Concentration in the Global Economy: Issues and Evidence," Stern School of Business, New York University, Economic Working Papers, EC-03-13(2003), 3-4. http://archive.nyu.edu.
116  John Rawls, *A Theory of Justice*(Cambridge: Harvard University Press, 1973), 277.
117  Robert Nozick, *Anarchy, State and Utopia*(New York: Basic books, 1974), 149-152.
118  이상원, 『자본주의사회에서의 경제 정의에 대한 신학적 고찰』, 샬롬나비 제4회 학술대회-경제 정의와 기독교, 46.
119  이상원, 『기독교 윤리학: 개혁주의적 관점에서 본 이론과 실제』(서울: 총신대학교출판부, 2011), 40.
120  "기독교 윤리란 하나님의 가족으로서의 신앙 공동체들에게 부여된 삶의 방식이 무엇인지를 성경에서 그 원리를 찾아내어 명제화시킨 것이다. 때문에 구체적인 법적 체계나 성문적 규범이라기보다는 정신과 이상이며 믿는 바로서의 신앙이다." 스탠리 그렌츠, 『기독교 윤리학의 토대와 흐름』, 신원하 역(서울: IVP, 2001), 117, 135.
121  어거스틴은 '선택의 자유를 상실함', '지식에 장애가 생김', '하나님의 은혜를 상실함', '낙원을 상실함', '육욕', '육체적 죽음', '원죄와 유전적 죄책' 이라는 죄의 7가지 결과를 구분했다. 어거스틴은 하나님의 은혜가 작동하는 방식을 다음과 같이 설명했다. 가장 먼저 '사죄' 라는 소극적 효과를 발생시켜 하나님과 인간의 만남과 사귐의 장벽을 제거한다. 그다음으로는 새로운 생명의 원리를 적극적으로 전달하는 역할을 수행한다. 이 과정에서 (개신교에서의 단번에 의롭다 하심을 얻는다는 선언적 칭의가 아니라) 점진적으로 의롭게 만들어 가시는 일이 발생한다. 즉 성화와 칭의를 동일하게 본 것이다. 이런 하나님의 은혜는 인간의 인격의 중심부에서 작동하면서 인간의 자유의지에 선을 행하는 힘과 예수 그리스도를 본받을 수 있는 능력을 부여한다. 즉 아무런 능력이 없는 인간에게 전적으로 주어지는 하나님의 은혜(선의의 영감)를 강조했다. Saint Augustine, 『아우구스티누스의 자유의지론 1부』, 박일민 역(서울: 야웨의말씀, 2010), 19, 47-55, 62-64, 121-123, 133, 179, 202, 217, 232-236, 257, 263.
122  H. Barvinck, 『개혁교의학 4』, 302.

## 사명선언문

너희가 흠이 없고 순전하여······세상에서 그들 가운데 빛들로
나타내며 생명의 말씀을 밝혀 _ 빌 2:15-16

**1. 생명을 담겠습니다**
만드는 책에 주님 주신 생명을 담겠습니다.
그 책으로 복음을 선포하겠습니다.

**2. 말씀을 밝히겠습니다**
생명의 근본은 말씀입니다.
말씀을 밝혀 성도와 교회의 성장을 돕겠습니다.

**3. 빛이 되겠습니다**
시대와 영혼의 어두움을 밝혀 주님 앞으로 이끄는
빛이 되는 책을 만들겠습니다.

**4. 순전히 행하겠습니다**
책을 만들고 전하는 일과 경영하는 일에 부끄러움이 없는
정직함으로 행하겠습니다.

**5. 끝까지 전파하겠습니다**
모든 사람에게, 땅 끝까지, 주님 오시는 그날까지
복음을 전하는 사명을 다하겠습니다.

## 서점 안내

| | |
|---|---|
| 광화문점 | 서울시 종로구 새문안로 69 구세군회관 1층<br>02)737-2288 / 02)737-4623(F) |
| 강남점 | 서울시 서초구 신반포로 177 반포쇼핑타운 3동 2층<br>02)595-1211 / 02)595-3549(F) |
| 구로점 | 서울시 동작구 시흥대로 602, 3층 302호<br>02)858-8744 / 02)838-0653(F) |
| 노원점 | 서울시 노원구 동일로 1366 삼봉빌딩 지하 1층<br>02)938-7979 / 02)3391-6169(F) |
| 분당점 | 경기도 성남시 분당구 황새울로 315 대현빌딩 3층<br>031)707-5566 / 031)707-4999(F) |
| 일산점 | 경기도 고양시 일산서구 중앙로 1391 레이크타운 지하 1층<br>031)916-8787 / 031)916-8788(F) |
| 의정부점 | 경기도 의정부시 청사로47번길 12 성산타워 3층<br>031)845-0600 / 031)852-6930(F) |
| 인터넷서점 | www.lifebook.co.kr |